Die Autorin

Doreen Virtue arbeitet als Therapeutin und mediale Lebensberaterin in Kalifornien. Seit einigen Jahren setzt sie dabei auch ihre Verbindung zum Reich der Engel ein. Sie ist in den USA u. a. durch viele Fernsehauftritte bekannt und gibt regelmäßig Workshops, auch in Europa, in denen sie die von ihr entwickelte Engel-Therapie unterrichtet. Ihre zahlreichen Lebenshilfe-Bücher sind bereits in 14 Sprachen erschienen.
Weitere Informationen zu ihrer Arbeit finden Sie unter:
www.angeltherapy.com

Von Doreen Virtue sind in unserem Hause erschienen:

Medizin der Engel (Allegria) – *Erzengel und wie man sie ruft* (Allegria) – *Botschaft der Engel* (Allegria) – *Chakra Clearing* (Allegria) – *Engel-Notruf* (Allegria) – *Feen-Notruf* (Allegria) – *Der Tempel der Engel* (Allegria)

Die Zahlen der Engel – Die Heilkraft der Engel – Die Heilkraft der Feen – Engel Gespräche – Neue Engel-Gespräche – Engel der Erde – Dein Leben im Licht – Das Heilgeheimnis der Engel – Zeit-Therapie – Kristall-Therapie – Engel-Hilfe für jeden Tag – Die neuen Engel der Erde – Der Hunger nach Liebe

Medizin der Engel (CD) – *Die Engel von Atlantis* (CD) – *Die Engel der Liebe* (CD) – *Heilkraft der Engel* (CD) – *Himmlische Helfer* (CD) – *Heilgeheimnis der Engel* (CD)

Das Engel-Orakel für jeden Tag (Kartendeck) – *Das Heil-Orakel der Feen* (Kartendeck) – *Das Erzengel-Orakel* (Kartendeck) – *Das Heil-Orakel der Engel* (Kartendeck) – *Das Orakel der himmlischen Helfer* (Kartendeck) – *Das Einhorn Orakel* (Kartendeck) – *Magisches Orakel der Feen* (Kartendeck)

Angel Reading (DVD)

Doreen Virtue

Botschaft der Engel

Aus dem Amerikanischen übersetzt
von Angelika Hansen

Ullstein

Besuchen Sie uns im Internet:
www.ullstein-taschenbuch.de

Allegria im Ullstein Taschenbuch
Herausgegeben von Michael Görden

Aus dem Amerikanischen übersetzt von Angelika Hansen
Titel der Orginalausgabe
MESSAGES FROM YOUR ANGELS
Erschienen beid Hay House, Inc., Carlsbad, USA

Umwelthinweis:
Dieses Buch wurde auf chlor- und säurefreiem Papier gedruckt.

Ullstein ist ein Verlag der Ullstein Buchverlage GmbH & Co
Erstausgabe im Ullstein Taschenbuch
1. Auflage Dezember 2008
© der deutschsprachigen Ausgabe 2007
by Ullstein Buchverlage GmbH, Berlin
© der Originalausgabe 2002 by Doreen Virtue
Umschlaggestaltung: Frankl Design, München
Titelabbildung: Edward Tadiello/www.porterfieldsfineart.com
Gesetzt aus der Goudy Old Style
Satz: Pinkuin Satz und Datentechnik, Berlin
Druck und Bindearbeiten: GGP Media GmbH, Pößneck
Printed in Germany
ISBN 978-3-548-74446-9

Inhalt

ERSTER TEIL
Botschaften Ihrer Engel

ZWEITER TEIL
Botschaften der Erzengel

DRITTER TEIL
Eine Botschaft der Naturengel

VIERTER TEIL
Die Engel beantworten Ihre Fragen

FÜNFTER TEIL
Kommunizieren mit Ihren Engeln

Einführung von Doreen Virtue

Dieses Buch ist die Fortsetzung von *Das Heil-geheimnis der Engel,* einem Buch, das mein Leben verändert hat, während ich es schrieb. Es ist jedoch nicht nötig, zuerst *Das Heilgeheimnis der Engel* zu lesen, um dieses Buch zu verstehen oder die mannigfachen Segnungen zu empfangen, die es bereithält. *Botschaft der Engel* ist ein eigenständiges Werk.

An dem Tag, als mir die Idee kam, *Das Heilgeheimnis der Engel* zu schreiben, schickte ich meinem amerikanischen Verlag eine E-Mail, in der ich in einem Satz von meiner Buchidee erzählte. Normalerweise besteht ein Verlag auf einem detaillierten Exposé, bevor er sich bereit erklärt, ein Buch zu veröffentlichen. Doch zu meiner Verblüffung war der Verlag innerhalb von Stunden bereit, *Das Heilgeheimnis der Engel* herauszubringen, obwohl ich kaum mehr als einen Buchtitel geschickt hatte. Ich wäre zu dem Zeitpunkt auch gar nicht in der Lage gewesen, eine Beschreibung des Buches abzugeben – ich hatte keine Ahnung, um was genau es dabei gehen würde! Es war offensichtlich, dass die Engel den ganzen Vorgang von »oben« dirigierten, und sowohl mein Verlag als auch ich selbst unterstanden ihrem Einfluss.

Die erste Hälfte von *Das Heilgeheimnis der Engel* wurde mir von den Engeln diktiert. Ich saß dabei an meinem Computer, betete und begab mich in eine Halbtrance. Es schien, als gingen die Worte der Engel an meinem Normalbewusstsein vorbei direkt in meine Finger auf der Tastatur. Ich machte mir Sorgen, dass ihre Worte vielleicht unverständlich sein könnten, daher zögerte ich mit dem Lesen des Manuskriptes, bis es fertig war. Erst dann entdeckte ich die süße, weise Führung der Engel, aus der die erste Hälfte von *Das Heilgeheimnis der Engel* besteht. Ich habe so viel von ihren Worten gelernt, jedoch waren einige ihrer Botschaften zum damaligen Zeitpunkt jenseits meiner spirituellen Verständnisfähigkeit – nicht unbedingt ihr überlegen, doch von einem höheren geistigen Bewusstsein kommend als dem meinen. Im Laufe der Zeit begann ich zu verstehen, was die Engel sagten, und heute sind mir ihre sinnvollen Botschaften wunderbar verständlich!

Das Schreiben dieses Buches, *Botschaft der Engel*, war völlig anders. Mehrere Jahre sind seit dem Schreiben von *Das Heilgeheimnis der Engel* vergangen, in denen ich kreuz und quer durch die Welt gereist bin und in von mir geleiteten Seminaren öffentlich die Engel gechannelt habe. Als Resultat ist mir der Prozess des Schreibens und Channelns himmlischer Botschaften heute vertrauter, und ich habe mich daran gewöhnt.

Genau wie *Das Heilgeheimnis der Engel* wurde mir auch *Botschaft der Engel* von den Engeln diktiert, nachdem ich um ihre Führung gebeten hatte. Sie wählten die Themen für den ersten Teil dieses Buches, und sie sagten mir genau, was ich schreiben sollte. Jedes Kapitel enthält Wissen, das mich beim Lesen selbst überraschte, da es in den meisten Fällen eine völlig neue Information für mich war. Die Logik der Engel ist verblüffend klar und gleichzeitig erfrischend anders als die der menschlichen Erkenntnis. Also habe ich als Übermittlerin der himmlischen Botschaften wieder einmal eine Menge gelernt.

Im zweiten Teil stellte ich den Engeln eine Anzahl von Fragen – Fragen, die mir immer wieder von Seminarteilnehmern gestellt werden und Fragen, auf die ich selbst eine Antwort suchte. In diesem Teil des Buches begannen die Engel, mir umgehend zu antworten, wenn ich ihnen geistig eine bestimmte Frage stellte, doch zuweilen kam mir ihr Timing ein wenig ungelegen. Zum Beispiel beschloss ich einmal, als ich gerade durch einen am Meer gelegenen Park in La Jolla, Kalifornien, joggte, die Engel über die Natur und die Aufgabe der Delfine zu befragen. Kaum hatte ich diese Frage formuliert, hörte ich auch schon die trockene Antwort der Engel (die Sie später lesen werden). Ich flehte die Engel an: »Bitte haltet den Gedanken fest!«, bis ich wieder im Hotel an meinem Computer saß, um ihre Botschaft zu tippen.

Das gleiche Szenario wiederholte sich während mehrerer Jogging-Sessions. Nachdem die Engel jedoch das Kapitel über »Atem« »geschrieben« hatten (die Kapitel wurden nicht chronologisch durchgegeben), verstand ich ihre Methode besser. Nach Auskunft der Engel werden uns ihre Botschaften zum Teil durch Sauerstoffmoleküle übermittelt, daher werden sie uns umso klarer, je mehr wir atmen und je besser die zur Verfügung stehende Luftqualität ist. Während ich joggte, war mein Atem natürlich tiefer und schneller – und genauso waren es auch die mir übermittelten Botschaften. Wenn ich mich an einem Ort mit besserer Luftqualität aufhalte, stelle ich fest, dass meine Kommunikation mit den Engeln detaillierter und klarer ist.

Der Prozess

Der Prozess, dem ich mich unterzog, um dieses Buch schreiben zu können, bestand darin, dass ich mich an meinen Computer setzte, ein paar tiefe Atemzüge nahm, meine Augen schloss und zu den Engeln betete mit der Bitte, durch mich zu schreiben. Meine Gebete reflektierten meinen metaphysischen, christlichen Hintergrund, obwohl das hier Geschriebene definitiv überkonfessionell ist und für alle religiösen und nicht-religiösen Menschen gilt.

Nach dem Beten richtete ich meine Aufmerksamkeit dann

auf ein Thema oder eine Frage und bat die Engel, dieses Kapitel durch mich zu schreiben. Unmittelbar darauf vernahm ich eine sanfte, jedoch feste Stimme in meinem rechten Ohr, deren Ton und Energie eine ausgesprochen männliche Qualität aufwiesen. Diese Kommunikation strahlte von Erzengel Michael aus sowie einer Gruppe von Engeln, die sich einfach »Ebene der Engel« nennt. Man könnte sie als »Speichen-Engel« bezeichnen, so wie die Speichen eines Rades.

Die Stimme diktierte mir die Worte, und sie korrigierte mich, wenn ich sie falsch verstanden hatte. Sie sagte mir, wann ich ein Wort kursiv schreiben und wann ein Satz in Anführungsstriche gefasst sein sollte. Wenn ich zum Beispiel die Stimme fragte: »Bist du dir sicher bezüglich dieser bestimmten Ausdrucksweise?«, sagte sie mir fest: »Ja, lass es so, wie es ist«, oder sie korrigierte Worte, die ich falsch aufgeschrieben hatte, weil ich das Diktat nicht richtig verstanden hatte.

Als ehemalige Psychotherapeutin hatte ich während meiner Ausbildung an der Universität gelernt, aus professionellen Gründen stets skeptisch zu sein. Es ist eine der Grundlagen der Psychologie, alles, was die materiellen Sinne in Frage stellt, zunächst einmal als pathologisch zu erklären. Als ich mit dieser Art des automatischen Schreibens anfing, war es für mich daher nur natürlich, dass ich die Gültigkeit des Geschriebenen bezweifelte.

Durch zwei Dinge wurde ich jedoch von seiner Authentizität überzeugt: Das Erste war die einwandfreie männliche Qualität der Stimme. Hätte ich mir diese Worte aus den Fingern gesogen, wären sie durch eine weibliche Stimme gekommen – wahrscheinlich durch eine Stimme, die sich anhört wie meine eigene. Damit soll nicht gesagt werden, dass es sich um Einbildung handeln muss, wenn Sie eine gleichgeschlechtliche Stimme hören. Wenn die Stimme jedoch dem anderen Geschlecht angehört, ist es wesentlich leichter, sie von der eigenen Einbildung zu unterscheiden.

Zweitens erhielt ich jedes Mal, wenn ich automatisch schrieb, neuen Stoff, den ich zuvor weder jemals gelesen noch gehört oder darüber nachgedacht hatte! Es war dieser Aspekt, der mich schließlich vollkommen von der Authentizität des Geschriebenen überzeugte. Ich empfand es jedes Mal als sehr aufregend, am Computer zu sitzen und zu wissen, dass ich Zugang zu völlig neuen, mir unbekannten Informationen haben würde! Wenn es ans Schreiben ging, fragte ich mich jedes Mal: »Was werde ich heute wohl lernen?«

Also urteilen Sie bitte selbst, wenn Sie die gechannelten Worte der Engel lesen. Ihre Seele, Ihr Herz und Ihre Gefühle werden Ihnen sagen, ob sie authentisch sind oder nicht.

Zu Begin meines Studiums beschäftigte ich mich mit Philosophie und belegte ein paar Kurse in Logik und Rhetorik. Jene Kurse inspirierten mich, die der Präsentation einer Idee zugrunde liegenden Ursachen zu analysieren. Dies ist ein Grund, warum für mich die Logik der Engel in dem, was sie mir übermittelt haben, so bemerkenswert ist. Sie präsentieren neue Perspektiven, die – wenn man sie erst einmal versteht – ungeheuer sinnvoll sind. Ich fragte mich dann jedes Mal: »Wieso habe ich das nicht schon früher erkannt?« Ich empfinde die Art, wie die Engel die Menschheit und das Leben sehen, als sehr klar, und sie trauen uns wesentlich mehr zu, als wir uns selbst zutrauen.

* * *

Heute ist das Arbeiten und Kommunizieren mit den Engeln ein wesentlich integralerer Teil meines Lebens, als es beim Schreiben meines Buches *Das Heilgeheimnis der Engel* der Fall war. Es fällt mir wesentlich leichter, mich daran zu »erinnern«, die Engel in allen Bereichen meines Lebens um Hilfe zu bitten, und jedes Mal kommen sie sofort durch! Mir ist die gleiche positive Entwicklung bei den Teilnehmern meiner Seminare aufgefallen. Immer häufiger nehmen Geschäftsleute, Unternehmer oder Menschen mit traditionellem religiösen Hintergrund an den Seminaren teil. Es gibt heute eine neue Offenheit für Spiritualität, völlig ohne Paranoia und Schuldgefühle, die höchst erfrischend ist! Ich habe festgestellt, dass mein Publikum aus pragmatischen, unabhängig denkenden Menschen besteht, die einfach verschiedene Wege der Spiritualität für sich selbst erforschen wollen. Sie möchten experimentieren und ihre eigenen Entscheidungen treffen, anstatt sich von irgendeinem religiösen Führer sagen zu lassen, was man tun oder wie man beten muss. Und dies reflektiert wunderbar die dem Geist zugrunde liegende Freiheit, finden Sie nicht auch?

Wir alle hören die Engel

Wir alle hören die Stimme des Himmels – dies glaube ich aus ganzem Herzen. Die Stimme meldet sich durch unser Herz, unseren Bauch, unsere Ohren und unsere Augen. Sie beeinflusst wesentlich mehr, als wir wissen – doch nur, wenn wir ihr durch unsere formalen oder individuellen Gebete die Erlaubnis dazu geben. Selbst ein rhetorischer Ruf um Hilfe wie zum Beispiel: »Falls jemand mich hören kann, bitte hilf mir!« reicht aus, um die Hilfe unserer Engel herbeizurufen.

Meine Mission bestand nicht in erster Linie darin, Menschen zu helfen, ihre Engel zu hören, sondern vielmehr in der Schaffung einer Atmosphäre, in der wir weniger Angst haben, die Führung der himmlischen Wesen anzunehmen und ihr zu folgen. In beinahe jedem meiner Engel-Readings sagt ein Klient so etwas wie: »Ich habe mir schon *gedacht*, dass meine Engel mir genau das sagen wollten!« Meine Aufgabe ist lediglich, die Führung, die sie bereits verinnerlicht haben, zu bestätigen und eventuell als Katalysator zu agieren, damit sie dieser Führung folgen können.

Dieser Prozess wird jedoch zu oft von Ängsten verdunkelt. Das Spektrum reicht von der Angst davor, »verrückt zu werden«, »die Kontrolle zu verlieren«, »Fehler zu machen« und »bestraft zu werden« bis zu der Angst davor, »das Gefühl für das eigene Selbst zu verlieren«. Jedoch sagen die meisten meiner Seminarteilnehmer auch, dass sie sich tief nach einer stärkeren Verbindung mit dem Göttlichen sehnen. Diese Ambivalenz lässt uns oftmals mit einem Fuß das Gaspedal, mit dem anderen jedoch gleichzeitig die Bremse treten.

Der unerträgliche Schmerz, den Ketzerei und Hexenverbrennungen zwischen dem 14. und 18. Jahrhundert ausgelöst haben, als Menschen, die spirituell »anders« waren, auf die entsetzlichste Weise hingerichtet wurden, erfüllt immer noch unsere Welt. Die Inquisition ist ein Teil dessen, was Carl Jung unser »kollektives Unbewusstes« nennt, und ihre zerstörerischen Nachwirkungen haben bei einigen von uns zu einer Angst vor der Kommunikation mit den himmlischen Wesenheiten geführt. Irgendwo in unserer Seele erinnern wir uns daran, getötet worden zu sein, weil wir mit den Engeln gesprochen haben.

Glücklicherweise können die Engel und Erzengel diese tief sitzenden Ängste heilen und auf diese Weise wirksam unsere spirituellen Sinne des Hörens, Sehens und Fühlens aktivieren. Sie können uns von den alten Fesseln befreien, die uns in dunklen emotionalen Verliesen gefangen halten, isoliert vom liebevollen Ruf des Himmels.

Daher habe ich im letzten Teil dieses Buches einige Methoden beschrieben, die Ihnen helfen können, sich der Botschaft Ihrer Schutzengel bewusster zu werden. Während Sie die Engelsbotschaften in diesem Buch lesen, empfangen Sie personifizierte Botschaften Ihrer *eigenen* Engel, und diese Kommunikation wird sich durch Ihre Gefühle, Gedanken, Visionen oder eine innere Stimme bemerkbar machen. Ich lege Ihnen dringend ans Herz, auf diese persönlichen Botschaften zu achten, da sie die Antworten auf Ihre Gebete enthalten können.

Ich habe immer wieder festgestellt, dass meine Gebete jedes Mal, wenn ich die Engel um Hilfe bitte, erhört und beantwortet werden. Die Antworten erscheinen nicht immer wie ein Blitz oder eine laute Stimme von oben. In der Regel melden sie sich auf subtilere Weise – durch ein inneres Gefühl; Synchronismen; und eindringliche, sich wiederholende Ideen. In den letzten Kapiteln dieses Buches beschreibe ich Möglichkeiten, wie Sie feststellen können, ob Sie tatsächlich die Stimme der Engel hören oder nicht.

Indem wir die Ängste loslassen, die uns daran hindern, die Botschaften unserer Engel zu empfangen oder zu erkennen, werden wir uns der Präsenz der Liebe in unserem Leben immer bewusster. Unsere Herzen werden weiter, und wir werden liebevoller und mitfühlender. Wir entdecken einen tieferen Sinn im Leben und bekommen ein Gespür für unsere Lebensaufgabe und die Richtung, die wir einschlagen sollten.

Die Engel sind bei uns und haben ein Geschenk unseres Schöpfers mitgebracht, und ihr Ziel ist es, Frieden in die Welt zu bringen, einem Menschen nach dem anderen. Wenn wir mit den Engeln Flügel-in-Hand zusammenarbeiten, glaube ich, dass dieses Ziel *tatsächlich* erreicht werden kann.

Einführung von den Engeln

Ihr, die ihr Antworten sucht, werdet sie finden, indem ihr eure eigenen Engel konsultiert, während ihr unsere Worte lest. Wir weilen Tag und Nacht unter euch und weigern uns standhaft, euch anders zu sehen als durch das heilige Licht, das in eurem Inneren brennt. Wir sind eure unerschütterlichen Freunde, eure nimmermüden Gefährten und kontinuierlichen Kameraden. Wir, eure Engel, schweben nur deswegen sanft über euch, weil wir frei sind von den verschmutzten irdischen Perspektiven hinsichtlich der Existenz. Wo ihr Hoffnungslosigkeit sehen mögt, sehen wir immer Hoffnung. Wo ihr vielleicht blutende Wunden seht, sehen wir stets Gesundheit. Wo ihr vielleicht nie zu enden scheinende Qual erfahrt, sehen wir immer den Weg, der aus dem Schmerz hinausführt.

Wir sind eure Verteidiger, eure Verbündeten, eure größten Bewunderer und eure Fitnesstrainer. Wir sind eure Engel, und wir werden euch in alle Ewigkeit lieben. Wie könnte es auch anders sein? Ohne Liebe würden wir alle aufhören zu existieren. Und da Gottes Werk nie ausgelöscht oder beschlagnahmt werden kann, kann Liebe nie geringer werden. Und Liebe, so müsst ihr verstehen, ist das, was ihr seid. Eure Liebe ist unerschütterlich, wie eine stete Flamme, unbeeindruckt von dem Wind, der sie umweht. Eure Liebe *ist* Glück, *ist* Frieden, *ist* Unsterblichkeit, und sie wird von den himmlischen Mächten ewig *beschützt*.

Es ist nicht nötig, dass ihr euch auf anstrengende oder gefährliche Reisen begebt, um nach Hause zu kommen. Ihr seid bereits angekommen. Wir können all eure Bedürfnisse erfüllen, indem wir euch helfen, über die Mauer zu klettern und der Ausgeburt eurer eigenen Albträume zu entfliehen. Wir sind bei euch in diesem selbst gewählten Gefängnis und flehen euch an, den Ausweg zu wählen. Wir helfen euch, die Mauern zu überwinden und sicher zu der Erkenntnis vollkommener Freiheit zu gelangen – Freiheit von allen Ängsten, Sorgen und Befürchtungen … wenn ihr euch dazu entschließt.

Denn einige von euch entscheiden sich anders in dem Glauben, dass Schmerz unausweichlich ist. Oder vielmehr, dass Schmerz ein notwendiger Bestandteil dieses Prozesses ist, den ihr »Leben« nennt. Jedoch sind wir hier, um das Gegenteil zu bezeugen; dass andere Entscheidungen möglich sind und tatsächlich getroffen werden können und dass ihr mit eurem heiligen und machtvollen Willen einfach die schlechten Auswirkungen anderer Entscheidungen auslöschen könnt. Ihr, die ihr allmächtig seid, habt diese »Flucht-Klausel« in eurem tiefsten Wesen verankert.

Schmerz ist ein Weg zum Wachstum – ja, das ist nicht zu verleugnen. Ihr habt jedoch gehört, wie wir Engel euch über andere Möglichkeiten beraten haben, die euch zur Verfügung stehen. Denn letzten Endes seid ihr bereits »erwachsen«. Ihr seid das Ergebnis der göttlichen Schöpfung, und als solches seid ihr bereits in jeder Hinsicht vollkommen geformt. Daher ist euer Lernen eine Illusion. »Lernen« ist in Wahrheit »Verlernen«, in dessen Verlauf ihr eure auf dem Ego basierenden Ideen vergesst. Ihr reduziert den Einfluss des Ego und ersetzt seine Sichtweise nach und nach mit der eures Höheren Selbst. Ihr lernt, indem ihr das gefährliche Denkprinziep des Ego verlernt und euren göttlichen Ursprung wiederentdeckt. Braucht ihr Schmerz, um dies zu verlernen, wenn Schmerz hauptsächlich eine Erfindung des Ego ist? Sicher seid ihr euch der immer gleichen Argumentation bewusst, die das Ego benutzt, um euch mit seinem ständigen Geplapper von Wachstum zu faszinieren. Nichts kann das Verteidigungssystem des Ego durchdringen, doch eure Flucht besteht in dem einfachen Entschluss, einen Schritt beiseite zu treten und sich an die Liebe zu erinnern.

Göttliche Liebe ist stets die Antwort gewesen, die ihr gesucht habt, und sie wird es immer sein. Egal, in welcher Verpackung sie sich zeigt, ist dies eine unentrinnbare Tatsache. Noch würdet ihr der heiligen Liebe entfliehen wollen und ihrer reinen Anerkennung dessen, der ihr in Wahrheit seid. Hier ist die allumfassende Geborgenheit, die ihr gesucht habt. Hier sind der göttliche Kuss und die Umarmung, nach denen ihr euch gesehnt habt. Hier ist der Seelengefährte aller Seelengefährten: Es ist eure eigene göttliche Liebe.

Daher lernt durch das Verlernen von Irrtümern in eurem Bewusstsein, die euch zuvor unermüdlich von Fehlern in eurer Schöpfung erzählt haben. Und wachst auch, indem ihr euch an euren heiligen Ursprung erinnert. Lernt und wachst behutsam, durch das Verlernen von Schmerz und das Erinnern an Liebe, und ihr werdet die Fesseln auflösen, die euch einst umschlungen hielten. Lasst nicht einen einzigen Augenblick mehr vergehen ohne das Bewusstsein der Liebe, die wie der Rhythmus einer Trommel gleichmäßig in eurem Inneren schlägt, im vollendeten Gleichklang mit dem Fluss göttlicher Freude.

Ihr seid Gottes größter Triumph, und während ihr euer wiedergefundenes Bewusstsein dieser einfachen Tatsache von ganzem Herzen genießt, erlaubt uns Engeln, alle Schichten schmerzhaften Rußes zu entfernen, die ihr während eurer Reisen angesammelt habt. Erlaubt uns, jegliche traurigen Erinnerungen und unerfreulichen Erlebnisse einfach wegzuwischen. Eure neuen Aspekte warten auf euch, so anmutig wie eine Tänzerin, so sanft wie ein Bett aus Lilien und so sicher wie eine Festung. Ihr seid zu Hause, ihr seid in Sicherheit, und ihr werdet geliebt. Jetzt und immer.

ERSTER TEIL

Botschaften Ihrer Engel

Atem

O ja, deine Beziehung zum Sauerstoff; der Atemzug, den du in diesem Moment nimmst, ist von dem Wunsch beflügelt, den Weg weiterzugehen, auf den du dich begeben hast. Manche sagen vielleicht, dass das Atmen ein angeborener Instinkt ist, doch aus unserer Perspektive ist es ein Vorgang, der deinem Wunsch, auf der Erde zu bleiben, Ausdruck verleiht.

Jeder Atemzug enthält Informationen im Inneren seiner molekularen Struktur. Wir kontrollieren diesen Austausch von Informationen. Denn während du deinen Aufenthalt auf der Erde fortsetzt, brauchst du Nahrung und Unterhalt. Wir erfüllen jedes Molekül kostbaren Sauerstoffs mit Anweisung und Instruktionen. Der Atem ist unser wichtigstes Mittel, um mit dir im Kontakt zu bleiben und in deinem Inneren zu wirken.

Dein Atem ist gleichbedeutend mit einer kontinuierlichen Begegnung zwischen uns Engeln, deinem höheren Bewusstsein und deinem irdischen Selbst – vergleichbar mit einer Diskussion am runden Tisch, in der dein nächster Schritt geplant wird und der darauf folgende. Und all dies basiert auf deinen Intentionen. Mit jedem Ausatmen sind wir in der Lage, das aus dir herauszunehmen, was du nicht länger wünschst. Und mit deinem Einatmen verleihen wir dir eine positive Richtung, die dich angesichts augenscheinlicher Abwege auf dem richtigen Pfad hält.

Je stärker dein Wunsch, desto intensiver dein Atem. Das

ist der Grund, warum in Momenten heftigen Wünschens dein Atem tiefer wird, während in Momenten, in denen du dich hilflos fühlst, dein Atem flach ist. Wann immer du in deinem Leben starke und schnelle Bewegungen auslösen möchtest, atme einfach tiefer ein und aus und denke dabei an deinen Wunsch. Du kannst dies durch körperliche Betätigung erreichen oder einfach durch Atmen in Verbindung mit Meditation.

Dieses Rezept mag sehr einfach erscheinen, doch wir versichern dir, dass es sehr machtvoll und tief in deinem Unterbewusstsein verankert ist. Du rufst uns an, doch unsere Effektivität wird durch dein langsames und flaches Atmen behindert. Nimm jetzt einen tiefen, langsamen Atemzug, während du uns um Unterstützung bittest. Du wirst unsere Präsenz fühlen, während du einatmest.

Wenn wir dich liebevoll auffordern, deinen Körper durch Training jedweder Art fit zu halten, tun wir dies nicht zuletzt, um diese tiefere Form des Atmens zu fördern. Wir wissen, dass dir aufgefallen ist, wie viele deiner Fragen und Schwierigkeiten sich am Ende deines jeweiligen Fitnessprogramms selbst beantwortet oder erledigt haben. Das liegt daran, dass wir dir beim Joggen oder sonstigen physischen Aktivitäten auf besonders eindringliche Weise Informationen übermitteln können. Wir erfüllen dich mit Trost, Führung und neuen Perspektiven hinsichtlich der betreffenden Situation.

In dieser Zeit ist es besonders wichtig für dich, dass du dir deiner Atmung bewusst bist. Atme tief in deinen Bauch und genieße das Gefühl, deine Lungen mit Luft zu füllen. Achte auch darauf, *wo* du atmest. Wir regen häufig den Umzug an einen neuen Ort an, an dem die Luft einen höheren Sauerstoffgehalt aufweist. Je höher der prozentuale Sauerstoffanteil in jedem deiner Atemzüge ist, desto besser sind unsere Möglichkeiten, dir Informationen zu übermitteln. Aus diesem Grund ist es für dich schwieriger, uns zu hören, wenn du deinen Körper durch Aktivitäten wie Rauchen, das Trinken von alkoholhaltigen oder kohlensäurehaltigen Getränken und dem Einatmen von Abgasen und verschmutzter Luft an der Aufnahme von Sauerstoff hinderst.

Dies ist ein weiterer Grund, warum wir dich bitten, gemeinsam mit uns für die Entfernung toxischen Rußes aus deiner Luft zu sorgen, da er unsere Fähigkeiten einschränkt, frei und ungehindert mit dir und allen Wesen auf der Erde zu kommunizieren. Wir werden später mehr zu diesem Thema sagen, da es ein großes Maß an fokussierter Aufmerksamkeit erfordert. Für heute, geliebtes Kind Gottes, konzentriere dich fest auf die Vertiefung und Stärkung deines Atems. Dann werden wir sehen, welche Informationen deiner harren – Informationen, die dich in mannigfacher Hinsicht befreien können!

Übersinnliche Fähigkeiten

Du bist mit übersinnlichen Fähigkeiten gesegnet worden, da sie für deine heilige Mission erforderlich sind. Nicht alle Menschen sind sich wie du der übersinnlichen Botschaften bewusst, welche der Menschheit ständig übermittelt werden. Viele müssen sich vor diesen Botschaften schützen und vor ihnen davonlaufen, da die Erkenntnis ihrer aus dem Gleichgewicht geratenen Lebensweise sie dazu zwingen würde, Veränderungen vorzunehmen. Um die Stürme eines schweren Lebens zu meistern, sahen sich einige Menschen vielleicht gezwungen, ihre Fähigkeit zur übersinnlichen Wahrnehmung auszuschalten, was es umso schwieriger macht, sich später erneut mit dieser Kraft zu beschäftigen und sie bewusst anzunehmen. Dieses Thema bedarf einiger Diskussion, denn alle, die hören können, werden es früher oder später tun. Doch wir können in dieser Hinsicht nichts unternehmen; jedes Individuum muss selbst entscheiden, ob es sich mit diesem Thema beschäftigen will oder nicht.

Sobald ein Mensch einmal eine übersinnliche Botschaft empfangen hat, verändert dies sein Leben ein für alle Mal und in ungeheurem Ausmaß. Er sieht seine Umgebung nicht mehr mit denselben Augen, und seine alltäglichen Erledigungen fühlen sich oberflächlich und weniger sinnvoll an. Er strebt danach, auf tieferer Ebene zu wachsen und sich anderen mitzuteilen, was zu einem Chaos in seinem vordem geordneten Umfeld führt.

Das ist der Grund, warum es von essenzieller Bedeutung ist, dass jene, die entsprechend veranlagt sind, die Entwicklung ihrer übersinnlichen Seite langsam angehen. Wenn sie zu voreilig sind, kann dies neuen Stress in ihr bereits überlastetes Leben bringen. Um mit der Entwicklung Schritt halten zu können, ist es erforderlich, dass sie sich vor bestimmten übersinnlichen Übermittlungen schützen, vor allem vor denen ihrer Überseele, die sie dazu drängt, ihr Leben wesentlich einfacher zu gestalten. Sie bemühen sich und unternehmen die erforderlichen Schritte, erkennen dabei jedoch nicht die Alternativen, die sich ihnen bieten. Zu diesem Zeitpunkt sind sie einfach noch nicht in der Lage, diese spirituellen Wahrheiten zu ergründen.

Ein Teil von ihnen wurde mit dem Thema Manifestation vertraut gemacht, und sie waren fasziniert. Doch gleichzeitig hielten sie sich zurück und bekamen es mit der Angst zu tun. Sie beschlossen, dass das ganze Thema Humbug war und sie definitiv nichts damit zu tun haben wollten. Sie wandten sich von den magischen Aspekten der Spiritualität ab und konzentrierten sich auf das Konkrete oder auf allseits akzeptierte Regeln. Auf diese Weise wurde die Ordnung in ihrer Seele und in ihrem täglichen Leben aufrechterhalten.

In eurer Begeisterung, eure übersinnlichen Talente miteinander zu teilen, werden einige von euch Scham empfinden, wenn sie ihr Leben ehrlich betrachten. Es ist leichter, sich abzuwenden und den Blick ein wenig länger zu trüben, als innezuhalten, still zu werden und einfach auf die himmlische Führung zu hören. Sei nachsichtig, wenn du dieses Verhalten bemerkst, und zwinge niemals einen anderen, sein oder ihr heiliges Selbst mit urteilenden Augen zu sehen. Es ist besser, deine übersinnlichen Talente durch eine gebetsvolle Haltung mit anderen zu teilen, als jemanden dazu zu drängen, hinter den Schleier zu blicken, wenn er noch nicht bereit dazu ist. Denn Angst, die ihn erschrecken könnte, ist in diesem Stadium nicht angebracht.

Du, der du mit offenen Augen gesegnet bist, betrachte deinen verunsicherten Bruder oder deine ängstliche Schwester mit den Augen der Liebe. Sieh in ihnen ihre Wahrheit, selbst wenn sie sie nicht sehen können. Gib ihnen einen sanften Stoß in Richtung des Lichts, nicht indem du ihre Augen zwingst zu sehen, sondern indem du selbst ein leuchtendes Beispiel der Wahrheit bist. Bewundere von ganzem Herzen die Schönheit eines jeden Menschen und labe dich an dem köstlichen Duft des Göttlichen, der dich von allen Seiten umgibt. Und benutze deine übersinnlichen Fähigkeiten, um die Welt mit göttlichem Licht zu überschütten.

Dir wurde die Fähigkeit verliehen, viele Dinge zu sehen, die der durchschnittliche Mensch vielleicht nicht verstehen kann, oder – zutreffender – nicht zu erforschen bereit ist. Nimm dir genügend Zeit, deine Kräfte kennen zu lernen, und versuche nicht, andere mit deinen Fähigkeiten zu blenden. Stattdessen benutze dieses Geschenk als eine weitere Methode, Sanftmut und Wertschätzung um dich zu verbreiten. Jedes Instrument, das zu diesem Zwecke des Dienstes am Nächsten benutzt wird, ist in der Tat ein Instrument des Lichts.

Berufliche Überlastung

Viele von euch wenden sich mit der Bitte um Hilfe an die himmlischen Mächte, wenn es darum geht, einem Job zu entfliehen, den ihr nicht länger ertragen könnt. Dies ist genau der richtige Anlass, um mit deinen Engeln zusammenzuarbeiten, denn wir sind die, die dir einen Ausweg zeigen. Wir wissen, dass du dich in deinem Beruf eingeengt fühlst und nach Möglichkeiten suchst, dem natürlichen Rhythmus deines Wesens zu folgen. Du träumst davon, selbstständig zu sein, oder davon, wie du deinen Beruf auf magische Weise in eine Karriere mit größerer Autonomie und Sinnhaftigkeit verwandeln kannst. Du bist deiner gegenwärtigen Situation entwachsen, doch meinst du, es dir nicht leisten zu können, diesen Job aufzugeben.

In dieser Situation finanzieller Unsicherheit, von zahllosen Verpflichtungen niedergedrückt, laufen dir die Zeit, Energie und Inspiration davon, die der Brennstoff für deine neue Unternehmung sein könnten. Du bleibst gefangen, und deine Seele bricht erschöpft zusammen, unfähig, dieser täglichen Quälerei zu entrinnen. Deine Langeweile geht einher mit zu viel Zeit, die du in geschlossenen Räumen verbringst, ohne Frage eine explosive Mischung. All dies sind unnatürliche Verhaltensformen, und wir freuen uns, dass du und andere immer mehr einer natürlichen Lebensweise folgen oder es zumindest versuchen.

Natürlich zu sein bedeutet, dass du der Führung deines

Herzens vertraust und ihr folgst. Unnatürlich zu sein bedeutet die Weigerung, den Wegen der Liebe zu folgen und stattdessen Barrieren um dein Herz zu errichten. Doch du kannst die Liebe nicht in eine Kiste sperren, sie wegschließen und dann erwarten, dass ihr Licht erstrahlt! Du, der du der Welt soviel zu geben hast, wirst nur ein Leben als Opfer führen, wenn du dich auf diese Weise selbst betrügst. Lehrst du deine Kinder mit deiner Herangehensweise an das Thema Beruf die Erlangung innerer Kraft, oder lebst du ihnen eine Existenz als armes Opfer vor?

Falls es etwas gibt, das du dir wünschst, so sei dir versichert, dass du die Mittel hast, um es zu erreichen. Du musst dir nur im Klaren darüber sein, was dein Wunsch ist, um Führung bitten und dich dann entsprechend motivieren, die erforderlichen Schritte zu unternehmen, die dir gezeigt werden. Dir diese Möglichkeit des »Entfliehens« zu versagen bedeutet, deine Göttlichkeit zu verleugnen. Du bist nicht Opfer irgendwelcher Illusionen falscher Sicherheit, es sei denn, Selbstgefälligkeit und Stagnation hindert dich daran, positive Schritte zu unternehmen und deine Situation zu verändern. Wir werden dir einen liebevollen und allmählichen Fluchtplan enthüllen oder dir helfen, eine unerträgliche Situation zu heilen, damit sie für alle Beteiligten segensreich wird.

Es besteht keine Notwendigkeit für Wut, Impulsivität oder Frustration. Dir wurde der Schlüssel gegeben, mit dem du deinem Gefängnis sofort entfliehen kannst; du musst nur furchtlos deinen Schlüssel in das Schloss stecken. Die Kraft dazu steht dir in jedem Augenblick zur Verfügung. Myriaden von Lösungen warten darauf, von dir angewendet zu werden, und du musst nur die Entscheidung treffen, dich auf »Lösungen« anstatt auf »Probleme« zu konzentrieren. Hoffe auf eine Verbesserung deiner Situation und der deiner Familie. Hoffnungslosigkeit führt nur in geistige und emotionale Sackgassen. Gott kann dir keine Lösungen aufzwingen, doch wartet er nur auf deine Bitte um Führung, um dir zu helfen, dein eigenes Happy End zu erreichen.

Du hast der Welt viel zu bieten, geliebtes Wesen! Du hast mehr Talente, als du je begreifen kannst. Einige deiner Talente erfordern ein gewisses Aufpolieren, Geduld und Training. Doch handelt es sich dabei nichtsdestotrotz um deine Talente. Überdies sind sie die Wurzel deiner Leidenschaften, und sie bilden das Fundament des Weges deiner Lebensaufgabe. Mit deiner gerichteten Aufmerksamkeit hast du die Kraft, einen Beruf zu ergreifen, der in deiner Lebensaufgabe wurzelt. Es gibt keinen erfüllenderen Beruf als diesen!

Wir hoffen sehnlichst, dass du erkennen wirst, wie qualifiziert du bist und dass du diesen Beruf verdienst, der deiner Leidenschaft und Lebensaufgabe entspricht. Wir sind glücklich, wenn du uns um Führung bittest und sie so befolgst, wie sie dir gegeben wird. Wir hoffen von Herzen, dass du dieser Führung vertrauen wirst.

Beten

Beten ist eine innere Form der Meditation, die essenziell ist, wenn man der Angst entfliehen will. Erlaube dem Gebet, dich näher zu dem Licht zu bringen, das Gott ist, und zwar in der Art, die dir in dem Moment entspricht. Versuche nicht, dein Gebet zu kontrollieren, denn es ist ebenso frei fließend wie jede andere wichtige Konversation. Bleib mit deinem Gebet im Jetzt und akzeptiere alle Gedanken oder Gefühle, die du dabei empfindest. In einem Augenblick wirst du begeistert sein, im nächsten vielleicht traurig oder voller Reue. Dann wirst du die himmlischen Mächte um Hilfe bitten, gefolgt von einem stillen Moment der Ehrfurcht. Jeder im Gebet verbrachte Moment ist wie eine Münze, die du auf ein Bankkonto einzahlst. Wir lassen jedes Gebet auf den Flügeln des Windes eilen, und es wird immer dir gehören, mit all den Zinsen und Vorteilen, die sich täglich ansammeln. Bündle all deine Gebete und akzeptiere ihre Hilfe. Jedes von ihnen ist dein Engel und hilft dir auf deinem Weg.

Wir versuchen nicht, dir beim Beten zu helfen, sondern ermutigen dich lediglich dazu. Jeder Morgen eignet sich wunderbar dazu, mit deinen Gebeten zu beginnen. Idealerweise wirst du dich in ein Gespräch mit deinem Schöpfer vertiefen, bevor du völlig wach bist. Auf diese Weise, während dein Kopf auf dem Kopfkissen ruht und deine Augen noch schläfrig sind, wirst du beim Aufwachen die Stimme deines geliebten Schöpfers vernehmen. Welch himmlische Art, den Tag zu beginnen!

Die Macht eines solch positiven Beginns wird sicherlich viele Tage des Glücks und der Wunder nach sich ziehen!

Im Laufe des Tages dann solltest du deinen inneren Blick himmelwärts richten und dich durch bewusstes Beten und Meditation innerlich mit uns zu verbinden. Diese heiligen, flüchtigen Einblicke in das Göttliche können dich sofort erfrischen und mit neuer Energie aufladen, wenn du dich erschöpft und ausgelaugt fühlst. Übergib uns einfach deine Sorgen und Ängste und erlaube uns, sie fortzutragen, so wie es ein Hausmeister mit dem Müll tun würde. Es gibt keine Sorgen oder Ängste, die du nicht in unsere liebevollen und hilfsbereiten Händen legen kannst, geliebtes Wesen. Wirf sie alle weg und sorge dich nicht mehr!

Beten bedeutet einfach »Wiederverbindung«, und die Wiederverbindung mit dem Göttlichen ist deine Rettungsleine zu endloser Inspiration und Vitalität. Für einige ist das Beten zu einer Angelegenheit geworden, die von Regeln oder Gefühlen der Verpflichtung getrübt ist. Doch selbst formelhaften Gebeten wohnt eine ungeheure Kraft inne und schenkt jenen zusätzliche Segnungen, deren Licht bereits leuchtet. Denn du musst wissen, dass das Beten für dich etwas Ähnliches bedeutet wie für ein Auto der Halt an der Tankstelle, wo es neu mit Benzin, Öl und anderen Hilfsmitteln versorgt wird. Du kannst im Laufe des Tages jederzeit beten, indem du in deinem Herzen einfach den Entschluss fasst, zuhause im Himmel anzurufen. Erhalte den Gedanken aufrecht, dass du Gottes liebevoller Hilfe teilhaftig werden möchtest, und genauso wird es geschehen. Sei versichert, dass wir immer bereit sind, dir zur Seite zu stehen und wisse, dass deine Gebete nie ungehört verhallen.

Dankbarkeit

Dankbarkeit ist der Schlüssel zu einem Leben in Harmonie. Du musst nicht länger mit Höhen und Tiefen kämpfen, wenn du dich ausschließlich mit Dankbarkeit beschäftigst. Doch lass uns diesen Begriff näher anschauen, da er oft missverstanden wird. Dankbarkeit wird oft fälschlicherweise für Demut oder Bescheidenheit gehalten, für einen Zustand, in dem man aus Dankbarkeit für die Dinge, die einem gegeben werden, im Staub kriecht. Dies ist ohne Zweifel eine Form der Dankbarkeit, die von Zeit zu Zeit angebracht ist, doch die Dankbarkeit, die du im Herzen trägst, ist der sicherste Weg, dich selbst auf den Pfad einer harmonischen Existenz zu begeben.

Was wir damit meinen, ist folgendes: Nicht nur ist es wichtig, dass du anderen Dankbarkeit bezeugst, sondern du solltest darauf achten, auch dir selbst dankbar zu sein. Dein Herzzentrum leuchtet hell vor Liebe, wenn du es einfach nur für seine Existenz ehrst und deinen Dank zum Ausdruck bringst. Ehre dein inneres Leuchten; lass seine Funken noch heller brennen. Danke deiner innersten Seele (deinem »höheren Selbst«) dafür, dass es dir Erleichterung und Trost bietet. Danke Gott in deinem Inneren, sodass seine Liebe in einem immer weiter werdenden Kreis des Glücks durch dich nach außen strahlen kann.

Siehst du jetzt den Unterschied zwischen den beiden Formen der Dankbarkeit? In der einen Situation richtest du deinen

Dank nach außen für etwas, das dir von außen gegeben worden ist. Doch in Wahrheit ist Dankbarkeit eine Manifestation des Leuchtens in deinem Inneren. Betrachte Gott nicht als etwas, das von deiner inneren Glut getrennt ist. Wisse, dass er diese ursprüngliche Flamme ins Leben gerufen hat und sie unablässig nährt. Dein Licht kann nie ausgelöscht werden, wie wir dir schon oft versichert haben. Deine einzige Aufgabe besteht darin, dafür zu sorgen, dass sein Licht immer heller brennt und dass du allen erlaubst, dein Strahlen zu sehen.

Wenn du deinem inneren Licht Dankbarkeit bezeugst, fachst du seine Flammen mit deinem Lob an. Das Licht freut sich über deine Dankbarkeit, was es dazu ermutigt, noch heller und strahlender zu werden. Während dein Licht immer heller wird, werden auch seine äußeren Manifestationen immer beeindruckender. Du wirst auf diese Weise vieles erreichen, für das du dankbar sein kannst – das versichern wir dir!

Sorgt euch nicht, liebe Kinder, dass es sich hierbei um eine selbstsüchtige Art des Preisens und der Dankbarkeit handelt. Erinnert euch stets daran, dass die Quelle des Lichts eurer Seele Gott ist, den ihr preist. Vergesst nie, dass Gottes Licht jetzt und immer in eurem Inneren brennt. Und indem ihr dieses Licht mit Lob und Dankbarkeit ehrt, so ist es, als würdet ihr euren inneren Raum mit dem warmen Schein tausender Kerzen erfüllen.

Achte sorgfältig auf die äußeren Manifestationen, die sich dir im Verlaufe dieses Prozesses zeigen. Die erste wird Freude sein, gefolgt von einem Gefühl der Sicherheit und des Friedens. Du wirst sicher mit uns darin übereinstimmen, dass dies wertvolle Errungenschaften sind! Und wenn du dann weiterhin dein Herzzentrum segnest, wirst du feststellen, dass du eine neue Lebensweise für dich selbst entwickelst. Vielleicht wirst du einen Schatz von Emotionen finden, die jetzt noch zu stark für dich sind. Wenn diese Situation eintritt, begib dich mit Menschen, die du liebst, oder mit uns Engeln in den Schutz einer friedlichen Umgebung. Du wirst das starke Mitgefühl spüren, das wir für dich empfinden, und interessante neue Möglichkeiten entdecken. Es werden dir viele Gelegenheiten und viel Gutes geboten, was dir auf deinem Weg helfen kann.

Dein inneres Licht hat überdies noch einen anderen Vorteil, denn es ist in der Lage, die Schlacken aus jeder Manifestation zu entfernen, die deines Weges kommt. Wenn deine äußeren Manifestationen deiner Freude entgegengesetzt scheinen, kannst du dir vorstellen, wie die Fehler, der Schmerz oder die Schwierigkeiten in dem Verbrennungsofen deiner machtvollen inneren Flamme dahinschmelzen. Du hast dieses machtvolle Herzzentrum als Geschenk Gottes auf deinem irdischen Pfad bekommen … damit es dich führt, für dich manifestiert und deinen Weg von allen Hindernissen befreit.

Ehe

Die Ehe ist eine Erklärung, die besagt, dass ein Paar seine Partnerschaft auf eine höhere Stufe heben möchte, um emotional, physisch und spirituell mit den Engeln zu fliegen. In dieser Hinsicht ist die Ehe ein Symbol für den Wunsch nach Einheit mit dem Himmel durch die Liebe. Sie repräsentiert die Sehnsucht nach Vereinigung, nach Verschmelzung mit dem Göttlichen. In der Ehe suchen die Partner die Unveränderlichkeit und Beständigkeit Gottes, um eine Oase des Friedens inmitten des Chaos der äußeren Welt zu schaffen.

So viele Hoffnungen und Träume werden an der Ehe festgemacht, dass sie manchmal unter dem erdrückenden Gewicht nicht erfüllter Erwartungen scheitert. Dennoch ist es eine Tatsache, dass innerhalb des sicheren Hafens der Ehe beide Partner neue Ebenen spiritueller Seligkeit erreichen können.

Du, der du dich nach der Ehe sehnst, erinnere dich bitte daran, dass Gottes Liebe immer in dir ist. Du, der du den Gedanken an einen Ehepartner wie eine Fackel vor dir herträgst, suchst nach dem Licht in einem anderen, das mit dem deinen verschmilzt. Dein sehnsüchtiges Verlangen nach der Ehe ist mehr als der Wunsch nach einer einfachen Partnerschaft. Dein Wunsch ist es, die Glut deiner eigenen göttlichen Flamme immer höher, größer und strahlender auflodern zu lassen. Durch die Ehe können sich eure beiden Flammen verbinden, um eine noch stärkere, hellere Flamme zu bilden.

Doch du solltest diese Erfahrung zuerst alleine suchen. Bemühe dich darum, deine eigene unsterbliche Flamme höher, größer und strahlender auflodern zu lassen, um dein eigenes Wissen über göttliche Liebe zu vertiefen. Dies sorgt dafür, dass dein Licht eine Partnerschaft ermöglicht, die deines göttlichen Erbes würdig ist. Und dann, wenn ihr euer beider Licht in einer Ehe verschmelzen lasst, tut ihr es aus Freude und nicht aus einem Gefühl der Bedürftigkeit heraus. Ihr gebt einander euer Licht in einer heiligen Mitgift und helft einander, höhere Ebenen göttlichen Bewusstseins zu erreichen, sodass euer Licht aus himmlischer Höhe auf die Erde herunterstrahlen kann.

Und ihr, die ihr bereits in einer Ehe miteinander verbunden seid, erinnert euch an diese Worte: Braut und Bräutigam tragen in ihrem Inneren eine Fackel, die sich danach sehnt, ihre Wahrheit zu erfüllen. Das Verschmelzen eurer beiden Flammen und die daraus entstehende gegenseitige Intensivierung eures Lichts ist von essenzieller Bedeutung für die Heiligkeit eurer Ehe. Suche immer nach Möglichkeiten, das heilige, göttliche Licht deines Partners zu sehen und mit dem deinen zu verbinden, denn indem du die Flamme der inneren Fackel deines Partners lebendig erhältst und nährst, tust du automatisch das gleiche mit deiner eigenen Flamme. Du und dein Partner steigen auf in himmlische Gefilde der Ekstase, indem ihr stets die heilige Flamme des anderen seht. Dein Gesichtsausdruck und deine innere Haltung werden nur dann hart und mürrisch, wenn du das Licht in deinem Partner nicht mehr siehst und vergisst, nach innen zu schauen. Eine durchweg glückliche Ehe basiert auf diesem Bund der Stärkung der heiligen Flamme des jeweils anderen durch die Intensivierung der Freude, die die beiden Partner einander schenken. Schafft immer wieder Möglichkeiten dafür, sei es durch liebevolle Worte zueinander, gemeinsame Unternehmungen, die euch Freude bringen, oder die Arbeit an einer gemeinsamen Lebensaufgabe zur Verbesserung der Weltsituation.

Emotionale Heilung

Viele von euch leiden unter den Wunden der Kindheit und Jugend gelitten, die euch bis heute anzuhängen scheinen. Das liegt nur daran, dass ihr euch nicht die Zeit genommen habt, innezuhalten und diese Schmerzen zu verstehen. Wenn du Fragen zu deinen früheren Erlebnissen stellst, versucht das Leben, dir mit Situationen zu antworten, die dir potenzielle Antworten anbieten. Du magst dies als ein »Muster des Missbrauchs« bezeichnen, doch das Leben – in seiner Neutralität – antwortet einfach auf deine Fragen, wie zum Beispiel die Frage »Warum ich?«

Du rufst unbewusst ähnliche Situationen herbei, indem du deine Gedanken und dein Bewusstsein auf diese früheren Konditionen fokussierst. Du wirst sicher die Wahrheit dessen verstehen, was wir sagen. Wenn du diese Wahrheit erkannt hast, besteht deine nächste Reaktion darin, diese alten Verhaltensmuster nicht zu wiederholen. Und anstatt weitere Fragen über deine Vergangenheit zu stellen, willst du vielmehr eine Gegenwart schaffen, die von Freude und Frieden erfüllt ist. Wir warten auf diese Entscheidung von dir. Wir können sie dir unter keinen Umständen aufdrängen, sondern sie dir erst zu dem Zeitpunkt ermöglichen, an dem du darum bittest.

So oft schon hast du das Schlimmste erwartet, und das Leben hat dir deine Erwartungen perfekt erfüllt. Kannst du an diesen Beispielen sehen, wie groß deine Macht bezüglich der Schaffung deiner Lebensumstände ist? Emotionale Heilung bedeutet nicht, sich immer wieder die Wunden zu lecken; sie bedeutet, die Welt mit gesunden Augen zu betrachten. Unsere Worte sind nicht herzlos, denn wir haben großes Mitgefühl mit dir. Wir sind einfach nur bemüht, dich aus dem Griff alter Verletzungen zu befreien, damit du die Freiheit erfahren kannst, die du suchst.

So viele bleiben Zeit ihres Lebens im emotionalen Gestrüpp vergangener Erlebnisse hängen, den Gründen für ihren Zustand hinterherjagend oder sogar von dem Gedanken an Rache besessen. Erhebe dich über derlei Versuchungen, heiliges Wesen, und verpflichte dich einer neuen Lebensweise. Dein wahres, innerstes Selbst ist frei von Narben, unverletzt und vertraut vollkommen darauf, ein friedliches Leben führen zu können, zum Segen aller, mit denen du in Berührung kommst. *Heilung* bedeutet demzufolge die *Enthüllung* dessen, was bereits Realität ist. Alles, was du dir von Herzen wünschst und erreichen möchtest, wird eintreten. Wenn du die Gültigkeit deines Verwundetseins bestätigt haben willst, so wirst du diese Bestätigung mit Sicherheit finden. Doch wenn du stattdessen die Bestätigung deiner inneren Stärke und Kraft suchst, dann wirst du auch diese finden.

Heile dich daher selbst durch deine Verpflichtung, die heilige Essenz zu enthüllen, die du in Wahrheit bist. Heile deine emotionalen Narben, indem du sie unbeachtet lässt, während du zuversichtlich und mit allen Sinnen eine neue Richtung einschlägst – eine Richtung überragender innerer Stärke, die sich äußert, indem sie dir Gelegenheiten bietet, anderen bei der Meisterung ihrer eigenen Schwierigkeiten zu helfen; eine Richtung, die deinem heiligen Selbst gerecht wird.

Empfängnis

Die heilige Verbindung zweier Seelen, die gemeinsam die dritte Seele eines Kindes herbeirufen, ist eines der heiligsten Rituale auf der Erde. Auf der tiefsten Ebene ist dies ein bewusster Prozess, bei der jeder Teilnehmer seine Funktion genau erfüllt. Wie könnte es in Gottes vollkommenem Plan auch anders sein? Doch du kannst diesen wundersamen Prozess entdecken und ihn dir bewusst machen, um deine Freude und dein köstliches Wissen um diesen heiligen Vorgang zu intensivieren.

Die bewusste Empfängnis eines Kindes ähnelt dem Wissen um andere heilige Aktivitäten wie zum Beispiel Manifestation, Heilung und luzides Träumen. Doch liegt in dem Bewusstsein dieser Vorgänge eine Gefahr. Diese Gefahr ist die Verlockung, dem Ego einen Stellenwert einzuräumen, der ihm nicht gebührt. Mit anderen Worten, wenn dein Ego in heiligen Momenten die Führungsrolle einnimmt, ändert sich der Prozess und verwandelt sich in eine Situation, in der das Ego versucht, seine Macht, Stärke und Realität zu etablieren.

Das Ego drängt dich dazu, etwas zu erreichen, während die Seele dich einfach nur bittet, den Prozess zu genießen. Wenn das Ego die Kontrolle hat, stellt sich sofort ein Gefühl der Anstrengung ein, so als würdest du versuchen, etwas *unbedingt* herbeiführen zu *wollen*. Die tiefste Aufgabe der Seele ist in dieser Hinsicht der des Ego genau entgegengesetzt. Denn die Seele genießt den Vorgang ganz einfach nur, während er geschieht. Sie hat nicht den Wunsch, sich selbst zu glorifizieren, wie es das Ego tut.

Das ist der Grund, warum so viele Paare, die sich von Herzen ein Kind wünschen, kinderlos bleiben. Sie haben zugelassen, dass Anstrengung und Sorgen den heiligen Vorgang der Empfängnis beeinflussen, anstatt freudiges Bewusstsein walten zu lassen. In keiner Situation ist die Empfehlung »letting go and letting God« *(Überlass es Gott)* angebrachter als bei der Empfängnis eines Kindes. Wenn du dich ganz dem Willen Gottes hingibst, löst du jedweden Druck auf, der dein ersehntes Ziel, ein Kind zu gebären, vereiteln könnte! Wenn du mit deinem Geliebten den Liebesakt in einem gemeinsamen Gefühl der Dankbarkeit erlebst, berührt ihr die höchste Ebene der Seele eures zukünftigen Kindes.

Die Seele des Kindes zögert, sich zu inkarnieren, wenn sie in der Seele ihrer Eltern Anstrengung und Stress spürt. Sie wartet auf einen Augenblick des Friedens und der Freude, denn die optimale Manifestation des Embryos geschieht im Rahmen dieser wohltuenden Konditionen. Warum sollte sich ein Kind aussuchen, dass sein Körper unter mühsamen Bedingungen empfangen wird, wenn es sich die bestmögliche Chance wünscht, gesund und stark heranzuwachsen? Es tut gut daran zu warten, bis sich ein Moment ergibt, der mit süßer, inniger Liebe erfüllt ist. Zu einem solchen Zeitpunkt ist der Leib der Mutter warm und einladend, und die Seele des Kindes lässt sich glücklich in den Prozess der Empfängnis seines Körpers fallen.

Nur ein Kind, das tief in ein Drama von Schmerz und Leid involviert ist, würde es vorziehen, empfangen zu werden, wenn seine Eltern sich angestrengt um eine Empfängnis bemühen. Ein solches Kind wird im Laufe seines Lebens viele Möglichkeiten haben, dieses Muster zu erkennen und zu heilen. Doch ist es für alle Beteiligten um ein Vielfaches besser, wenn das Leben unter friedlichen Vorzeichen beginnt.

Wenn der Liebesakt mit der Intention der Empfängnis eines

Kindes vollzogen wird, werden weise Eltern dafür sorgen, dass ihr Herz von großer Freude und Dankbarkeit erfüllt ist. Sie werden die Entscheidung ihres Kindes zelebrieren, zu diesem optimalen Zeitpunkt zu inkarnieren. Anstatt die Situation zu erzwingen, wird sich der eine in den Armen des anderen hingeben in einem Gefühl der Dankbarkeit für die Vollkommenheit jedes Augenblicks. Warm eingehüllt in tiefe Zuneigung, pulsiert der Leib der Mutter mit einer Liebe, die für das zukünftige Kind unwiderstehlich ist. Angesichts der Anziehungskraft und des liebevollen Soges ist die Empfängnis des Kindes unvermeidlich.

Freiheit

Was wir zu diesem Zeitpunkt in deiner irdischen Umgebung sehen, ist der hohe Preis, den du für die Freiheit bezahlst. Du verzichtest zu einem großen Teil deiner Zeit auf Freiheit, und dann beginnst du, dich nach ihr zu verzehren. In solchen Augenblicken würdest du alles tun und jeden Preis bezahlen, um Freiheit zu erlangen. Doch in Wahrheit hast du jederzeit die Möglichkeit, dir jede Freiheit zu nehmen. Finde eine neue Definition von Freiheit in deinem Inneren.

Du hast dich selbst in vieler Hinsicht in eine Ecke bugsiert, indem du Schulden angesammelt hast, die aus der Anhäufung von Gegenständen resultieren, von denen du glaubst, dass sie dir Freiheit schenken. Siehst du nicht die Ironie dieser sich im Kreis drehenden Situation? Wenn du Gegenstände erwirbst oder Erfahrungen ansammelst, um dich aus einem Gefühl des Versklavtseins zu befreien, hast du in Wahrheit eine zusätzliche Barriere geschaffen, die dich von der Freiheit trennt. Überwinde und entferne alle Barrieren, die dich einengen und gefangen halten, liebes Wesen! Du bist nicht geschaffen, um dich einfangen oder kontrollieren zu lassen, denn dein Wille besitzt die gleiche uneingeschränkte Freiheit wie dein Schöpfer und kann nicht gezügelt oder eingefangen werden.

Deine Einschränkungen resultieren in erster Linie aus der Überzeugung, dass du für deine Freiheit arbeiten musst. Siehst du nicht die Ironie in diesem Glauben? Arbeit kann genau zu der Versklavung führen, der du zu entrinnen versuchst! Überlege gut, bevor du einen Arbeitsvertrag jedweder Art unterzeichnest. Wir sehen viel zu viele von euch, die ihr eure kostbaren Stunden für einen geringen Lohn eintauscht, der kaum euren Lebensunterhalt deckt. Zudem werden viele von euch durch eine selbst auferlegte Knechtschaft bei dem, was ihr »berufliche Selbstständigkeit« nennt, zu ihren eigenen Gefängniswärtern.

Siehst du nicht, dass eine einfachere Antwort gleich unter der Oberfläche auf dich wartet? Diese Antwort heißt »Selbst-Emanzipation«. Sie ermöglicht es, dass du dir durch die Vereinfachung deiner Lebensführung, Ausgabenreduzierung und Minderung deiner Schulden ein hohes Maß an Freiheit schenken kannst.

Wenn du Schulden ansammelst, versklavst du dich für die Zukunft. Dies ist genau der tödliche Kreislauf, von dem wir sprechen: Du nimmst einen Job an, der deinen Unwillen oder deinen Zorn hervorruft. Du kaufst dir Gegenstände, die du dir eigentlich nicht leisten kannst in der Annahme, dadurch besser mit deiner Lebenssituation fertig zu werden. Dann musst du auf dem eingeschlagenen Weg bleiben, musst deinen Job behalten, um deinen finanziellen Verpflichtungen nachkommen zu können. Dies ist der schnellste Weg zu absolutem Elend, Sinnlosigkeit und zeitraubenden Beschäftigungen, die deiner unwürdig sind. Siehst du nicht, dass dich jetzt und immer wesentlich schönere Aussichten erwarten?

Du kannst so frei fliegen wie die Vögel, ohne Einschränkung oder zeitliche Grenzen. Und du kannst dies jetzt, in diesem Moment, erreichen! Die einzigen Einschränkungen sind deine eigenen Glaubenssätze, die dich davon abhalten, dich aus deinem selbst erschaffenen Gefängnis zu befreien.

Nimm dir einen Moment Zeit und denk an die Dinge, die dir schwer auf der Seele lasten: Situationen, Beziehungen, Verpflichtungen und so weiter. Dann stell dir vor, wie anders das Szenario sein könnte. Wie würdest du dich fühlen, wenn du von diesem Gefangensein befreit wärst? Mach dir keine Sorgen darüber, *auf welche Weise* diese Befreiung eintreten könnte. Genieße einfach das Gefühl der Freiheit auf geistiger oder emotionaler Ebene. Stell sie nicht in Frage, wundere dich nicht darüber oder mach dir Gedanken ob ihrer Erreichbarkeit. Empfinde das köstliche Gefühl der Freiheit einfach in deinem Körper und in deinem Herzen. Posaune deine neue Errungenschaft nicht in die Welt hinaus. Behalte sie für dich. Und wenn sie dir zunehmend bewusster wird, achte auf jegliche Tendenz, deine neue Freiheit mit zusätzlicher selbst verursachter Versklavung einzuschränken.

In Wahrheit hältst du allein den Schlüssel zu deinem Gefängnis in der Hand. Stell dir einfach vor, wie die Tür zu deinem Kerker weit geöffnet wird. Kannst du dir selbst die Erlaubnis geben, dir diese Freiheit vorzustellen, geliebtes Wesen? Wir beten, dass es so sein möge, denn indem du deine Gefängnistore weit öffnest, erlaubst du auch anderen die ersehnte Flucht.

Heilung

Alles ist bereits geheilt, außer im Traum der Krankheit. Wenn du das vor dir liegende Problem betrachtest, vergrößerst du es in jeder Hinsicht. Das von dir angebotene Mitgefühl ist weder umsonst noch wird es übersehen. Es muss einfach nur neu gestaltet werden – was du benötigst, ist eine neue Art des Mitgefühls, geliebtes Wesen. Dazu gehört, dass du die Illusion durchschaust, die du »das Problem« nennst. Vielleicht kennst du schon das erste Gesetz der Metaphysik, das besagt, dass alles, worauf du deine Aufmerksamkeit richtest, größer wird. Warum stellst du dir dann vor, dass dein Selbstmitleid deinen Problemen helfen wird, zu heilen?

Warum konzentrierst du dich nicht stattdessen auf *positives* Mitgefühl, bei dem du dir vorstellst, dass die Situation bereits geheilt und abgeschlossen ist? Hab keine Angst, dass dies den Willen Gottes oder anderer usurpieren könnte. Dieses positive Mitgefühl ruft das ins Leben, was bereits von Gott geschaffen wurde: Perfektion. Diese Perfektion ist Teil der ursprünglichen Lebenskraft, die du mit jedem Atemzug in dir aufnimmst. Und indem du deine Aufmerksamkeit auf Lösungen anstatt auf Probleme richtest, lenkst du die Lebenskraft in ihre natürliche Richtung.

Betrachte einfach die Situation, unabhängig von ihrer Thematik oder Erscheinung, als bereits gelöst. Bedanke dich dafür, dass sie gelöst ist. Und akzeptiere diese geheilte Situation in deinem Herzen, ohne Rücksicht auf äußere Gegebenheiten oder Logik. Schon eine Unze Glauben reicht aus, die jedem scheinbaren Problem zugrunde liegenden geheilten Ursachen aufzudecken.

Dies trifft auf jeden Körper zu, möge er so riesig sein wie die Meere der Erde oder die Atmosphäre, oder so winzig wie ein mikroskopisch kleiner Organismus. Bewahre die Erkenntnis in deinem Bewusstsein, dass Krankheit unmöglich im Angesicht der Liebe existieren kann, und du wirst die größte aller Wahrheiten enthüllen.

Heilung des Körpers

Heilung ist auf deine Entscheidung zurückzuführen, die Liebe mit anderen zu teilen, die von Anfang an dein war. Diese Liebe zu teilen, ist eine Entscheidung und Verpflichtung. Wenn du dich für diese Aufgabe entscheidest und dich ihr von ganzem Herzen widmest, schaffst du auf ganz natürliche Weise neue Möglichkeiten, ihr gerecht zu werden. Zudem beseitigst du alles, was dir im Weg stehen könnte. Wenn die Liebe dein wichtigstes Anliegen ist, wirst du mittels deiner Handlungen dafür sorgen, dass sie Früchte trägt.

Du wirst deinen Körper heilen, dein Leben und deine Seele, da du diese göttlichen Weisheiten anwendest, um deine Liebe mit anderen zu teilen. Tue es um deiner Lebensaufgabe willen, und du wirst feststellen, dass die Heilung sich nicht aufhalten lässt! Heilung in diesem Sinne könnte auch mit dem Begriff »Enthüllung« beschrieben werden, da nur sie das zugrunde liegende Prinzip ist.

Heilung – wenn sie richtig verstanden wird – bedeutet lediglich, eine fundierte Entscheidung für die Prioritäten deines höheren Selbst zu treffen. Wenn du dich den Launen und Vorschriften deines Ego beugst, erlaubst du der Angst, dir im Weg zu stehen. Dein Selbstbewusstsein macht dich schwach, doch wie könnte Gottes Schöpfung jemals etwas anderes sein als stark? Nicht Gott hat die Schwäche erschaffen – vielmehr hast du es getan; durch deine Entscheidung, die auf der fälschlichen Annahme beruht, dass Schwäche dir mehr gegeben hat als Stärke. Doch du kannst diese Entscheidung noch einmal überdenken.

Enthüllung wird am ehesten mit einem Herzen erlangt, das offen ist für Dankbarkeit angesichts der Kraft Gottes. Du hast bereits alles, was du brauchst, und du wirst lediglich an diese essenzielle Wahrheit erinnert. Du kannst jederzeit Heilung erlangen, und du musst nichts anderes tun, als sie dir zu nehmen, weil du dir mehr Zeit und Energie für deine heilige Aufgabe wünschst. Deine klare und unerschütterliche Entscheidung für Gesundheit kann nicht behindert werden, heiliges Kind Gottes. Deine unbestrittene Macht beruht auf deiner Entscheidung, deiner Intention und deiner Hingabe. Es gibt keine Kraft, die deiner eigenen entgegensteht. In dieser Hinsicht existieren dein Wille und Gottes Wille gemeinsam in perfekter Harmonie.

Körperliche Fitness

So oft schon haben wir versucht, dich zu ermutigen, besser auf deinen physischen Körper zu achten, und so oft sind unsere Versuche vereitelt worden. Du versuchst auf unzählige Weise und bis zur Erschöpfung, dafür zu sorgen, dass dein Körper seine Spannkraft verliert und sich möglichst wenig bewegt. Die Anstrengung eventuellen Trainings verblasst angesichts der Intensität, mit der du dich dieser Beschäftigung widersetzt. Wir könnten dich wieder und wieder motivieren, mit physischem Training zu beginnen, und dennoch von deiner Entscheidung, zu warten, zu warten und noch länger zu warten, schachmatt gesetzt werden.

Warte nicht länger, heiliges Kind Gottes, denn dein Körper wurde dir zeitlich bedingt gegeben, um im heiligen Dienst des strahlenden Lichts Gottes benutzt zu werden. Deine Freude ist die Freude einer höheren Dimension, doch dieses irdische Instrument, »Körper« genannt, muss gut versorgt und instand gehalten werden, wenn du deine Lebensaufgabe bis zur Vollendung erfüllen willst. Dieses Instrument zu ignorieren wird unweigerlich zur Folge haben, dass es nach Sauerstoff und Bewegung lechzt, beides essenziell für sein Wohlergehen.

Der Körper wurde mit Bewegung ausgestattet und durch eben diese während des Liebesaktes deiner irdischen Eltern erschaffen. Er bewegte sich im Leib deiner Mutter, und er sehnt sich während deines ganzen Lebens nach Bewegung. Doch deine Überseele kontrolliert, wie oft und wie lange dem

Körper gestattet wird, sich zu bewegen. Deine Überseele kann die Bewegungen des Körpers mit ihren inneren Befehlen einschränken. Und diesen Befehlen zufolge kann es sein, dass der Körper sich zusammenzieht und leidet.

Bewegung ist essenzielle Nahrung für den Körper, geliebtes Wesen. Diese Botschaft ist ewig gültig, doch heute mehr als jemals zuvor. Unabhängig davon, auf welche Weise diese Bewegung erfolgt, ist es Bewegung um der Bewegung willen, die dein Körper benötigt.

Daher benutze jegliche Möglichkeit zur Bewegung. Steige die Treppe hinauf, gehe spazieren oder marschiere auf der Stelle. Die Bewegung ist essenziell für das Strahlen des Lichts, dessen Anliegen es ist, durch seine Bewegung das gesamte menschliche Bewusstsein zu erhellen.

Lebensweg

Jeder Augenblick deines Lebens ist eine Möglichkeit zum Dienen und auf diese Weise eine Gelegenheit, sich zu freuen. Dein Dienen kann der lebendigen Erde oder irgendeinem seiner Bewohner gelten. Einer der Gründe, warum wir Engel so voller Freude sind, liegt darin, dass wir kontinuierlich danach streben, anderen Wesen zu dienen. Dies bedeutet nicht, ein Märtyrer oder Schuhabstreifer zu sein – oh nein, weit gefehlt! Derartige negative Nebenbedeutungen drängen sich auf, wenn das Geben einem Gefühl der Schuld oder Verpflichtung entspringt. Diese Art des Gebens oder Dienens hilft weder dem Gebenden noch dem Empfangenden. Doch aus einem Gefühl der Fülle zu geben, wenn du weißt, dass du viel zu geben hast, macht allen Beteiligten Freude. Wir beziehen den Begriff *Geben* nicht unbedingt auf materielle Dinge. Das Geben und Dienen kann so einfach sein wie das Füttern eines hungrigen Tieres oder das Lächeln, das du einem einsamen Kind zuteil werden lässt. Und indem du dies tust, wird *dir* in Fülle *zurückgegeben*.

Suche den Horizont nach Gelegenheiten zum Dienen ab, und sie werden sich dir ohne Zögern präsentieren. Du hast Engel an deiner Seite, die dir bei deiner dienenden Arbeit assistieren, daher nähere dich deinem Dienst zusammen mit deinen himmlischen Teamkollegen und zögere nicht, uns anzurufen, damit wir dich bei deiner Aufgabe unterstützen können. Du hast so viel zu geben, doch erkennst du diese Tatsache nicht, wenn du nicht freiwillig und frei gibst. Dies zerstört deine »Selbstachtung«, denn nur durch das Geben wirst du dich in dein Leben und deinen Gott verlieben. Die Liebe Gottes wird von der Liebe deines höheren Selbst reflektiert, was die Meinung, die du von dir selbst hast, positiv beeinflusst – nicht auf oberflächliche oder arrogante Art, sondern auf eine Weise, die die Liebe als ihre eigentliche Natur erkennt.

Daher hängt dein Lebensweg davon ab, dass du durch Dienen und Geben deine wahre Natur erkennst. Zögere nicht beim Geben, indem du auf irgendeinen in der Zukunft liegenden perfekten Zeitpunkt oder eine bestimmte Gelegenheit wartest, um zu geben. Suche jetzt nach dieser Gelegenheit und entdecke ihre wartende Präsenz, die geduldig deiner Entdeckung harrt. Je mehr du gibst, desto mehr wirst du in Wirklichkeit haben. Und doch ist dies nichts als eine banale, abgedroschene Aussage, wenn den Worten keine Taten folgen. Experimentiere mit dem Akt des Gebens und entdecke selbst die Resultate. Auf diese Weise wirst du die Wahrheit unserer Worte erkennen. Du bist ein Gebender, und es wird dir reichlich gegeben.

Sei offen dafür, das Gute zu empfangen, das dir jeden Tag zuteil wird. Widersetze dich nicht der üppigen Fülle, die Gott über dir ausschüttet. Durch dankbares Entgegennehmen weißt du, dass du reich gesegnet bist. Dieses Wissen verleiht dir das Vertrauen, immer weiter zu geben ... durch deinen freudigen Dienst am Nächsten.

Leiden

Viele Menschen werden auf ihrem Weg Leid erfahren, und du wirst Zeuge ihres Schmerzes sein und uns flehentlich fragen: »Warum muss das sein?« Und wir sagen dir, dass du diesen Menschen geschickt wurdest, um ihr Leiden zu sehen und ihren Schmerz zu lindern. Du solltest ihr Leid nicht zu deinem machen, sondern sie vor weiteren Stürmen schützen, indem du ihnen den einzigen Trost schenkst, den wir anzubieten haben: Liebe.

Wann immer du Mitleid walten lässt, verstärkst du nur das Leiden des anderen. Doch wann immer du Mitgefühl und Liebe ausstrahlst, setzt du dem Leiden ein Ende. Mitleid betrachtet das Leiden als eine Reflektion des Opferseins. Und wenn du Menschen als Opfer betrachtest, wie können sie dann jemals ohne die gnädigen Bemühungen übernatürlicher Kräfte ihrem Leid entfliehen? Auf diese Weise verstärkst du nur ihr Gefühl der Machtlosigkeit, welches wiederum ihr innerstes Wissen vernichtet, das ihnen helfen könnte, dem Schmerz zu entkommen. Im Zustand der Machtlosigkeit müssen sie bei jeder Prüfung, die sie zu bestehen haben, außerhalb ihrer selbst nach Hilfe suchen. Sie werden schwach, abhängig und ängstlich.

Daher ist es um so vieles besser, anstatt ihres Gefühls der Machtlosigkeit die ihnen selbst innewohnende Macht zu unterstreichen! Nimm sie an die Hand und geleite sie nach Hause, indem du ihnen ihr inneres Potenzial zeigst. Enthülle es ihnen, indem du ihnen Beispiele ihres Mutes, ihrer Bescheidenheit, ihrer Weisheit und ihrer Sanftmut in Erinnerung rufst. Erinnere sie an ihre eigene innere Stärke und hilf ihnen zu fühlen, wie ihre Kraft zunimmt.

Auf diese Weise können sie sich wieder stark fühlen und bereit zum wechselseitigen Dialog. Sie erkennen die Macht in ihrer eigenen Barmherzigkeit, und diese Selbstwahrnehmung spiegelt sich in der Macht der sie umgebenden Engel wider. Sie repräsentieren ein machtvolles Zentrum inmitten eines machtvollen und gütigen Universums. Dieses Wissen hilft ihnen, sodass sie anderen helfen können. Du siehst also, dass du der Welt viel Gutes tust, wenn du durch diesen Prozess der Stärkung seiner inneren Kraft einem Menschen dazu verhilfst, das Leben wieder mit positiven und vertrauensvollen Augen zu sehen, und dennoch fährst du fort zu fragen: »Warum? Warum gibt es Leid, wenn Gott doch allliebend und allmächtig ist?« Und wir sagen, dass dies zu den Mysterien des Universums gehört und nicht leicht zu verstehen ist. Und wir versuchen weiterhin, dir liebevoll zu erklären, dass unser Schöpfer die majestätische und machtvolle Essenz der allumfassenden Liebe ist, und dass es immer so war und immer so sein wird. Diese Liebe ist so strahlend, dass sie jegliche Dunkelheit auflöst. Sie bekämpft die Dunkelheit nicht, genauso wenig wie das Licht die Dunkelheit bekämpft. Dunkelheit ist einfach nicht in der Lage, den strahlend hellen Glanz des Schöpfers zu durchdringen. Sie wird buchstäblich von der blendenden Helligkeit Gottes verscheucht.

Da keine Dunkelheit je diese Helligkeit durchdringen kann, erfährt Gott nie Dunkelheit in irgendeiner Form. Er kennt nur das Licht in all seiner Vielfalt: Freude, Frieden, Glück und Einheit. Der Eine erlebt nie Dunkelheit, und er erfährt kein Leid. Das bedeutet nicht, dass Gott Leiden ignoriert oder eines seiner Kinder dem anderen vorzieht. Es bedeutet einfach nur, dass der Eine dich beauftragt, Licht in alle Situationen der Dunkelheit zu bringen. Sei wie der Schöpfer und bringe Licht in jede Situation, die nicht auf einem Fundament der Freude beruht. Auf diese Weise fungierst du als der Erdengel, der eine Brücke des Lichts bildet und anderen erlaubt, nach Hause zu kommen.

Lichtarbeit

Da keine Zeit zu verlieren ist (in einer Welt, die mit Zeitbegriffen arbeitet, ist es das *Jetzt*, das uns beschäftigt), bitten wir dich, offen für deine Aufgaben zu sein. Wir versichern dir, dass diese Aufgaben mit deinen Interessen oder Fähigkeiten konform gehen und dass viele dieser Aufträge sogar recht angenehm sind. Und ohne Frage werden sie dich näher zu dem Ort bringen, den du als »Zuhause« bezeichnen magst.

Vielleicht machst du dir Sorgen darüber, wie du in dieser Hinsicht erfolgreich sein kannst, doch diese Gedanken sind eine Projektion deiner alten Maßstäbe dafür, was es heißt, erfolgreich zu sein – vielleicht hast du Schablonen wie Beurteilungen, Gehaltserhöhungen und Beförderung angewandt. Im Rahmen der Lichtarbeit sind solche Begriffe bedeutungslos. Ob du finanziellen Erfolg hast oder nicht, hat nichts mit deiner spirituellen Aufgabe zu tun. Das Eine hat mit Ansammeln zu tun, das Andere mit Enthüllen. Rufe dir in Erinnerung, dass du sofort beide Arten des Reichtums zur Verfügung hast – und zwar in dem Augenblick, wo du dich von deinen niedrigen oder hochfliegenden Projektionen löst und dich einfach auf eine Ebene universeller Liebe begibst.

Wenn du dem Schöpfer in deinem Inneren und über dir vertraust und in ihm die Quelle siehst, auf die du gewartet hast, kannst du ohne Schwierigkeiten mit deiner Lichtarbeit beginnen. Du musst dir weder Sorgen machen noch auf den richtigen Moment warten, um deiner alten Situation zu entfliehen, bevor du mit deiner Lehr- und Heilmission beginnst. Nein, diese Bemühungen werden am besten in die Gegenwart projiziert anstatt in die Zukunft.

Es gibt nichts und niemanden, der dich daran hindern kann, dich an der Erfüllung deiner Lebensaufgabe zu erfreuen. Du bist in jeglicher Hinsicht frei, egal, welche Gegebenheiten vorherrschen mögen. In jedem Augenblick gibt es eine Person oder eine Situation, die von deiner Anwendung des göttlichen Lichts sowie göttlicher Liebe und Vision profitieren könnte. Richte deinen Fokus darauf, diese Personen und Situationen zu finden anstatt irgendwelche vermeintlichen Hindernisse. Vergiss nie, dass du der Regisseur des Films bist, in dem du dich selbst wiederfindest. Eine positive Einstellung wird dir die gewünschten Resultate bringen, während eine pessimistische Einstellung dich stets blockieren wird.

Ist dir bewusst, dass du es verdienst, dich positiver Resultate zu erfreuen? Dabei handelt es sich nicht um Belohnungen; vielmehr sind es Möglichkeiten, die allen Menschen jederzeit zur Verfügung stehen. Der Weg des Lernens kann unzählige Formen annehmen, und keine von ihnen ist Gott lieber als eine andere. Jegliche Formen des Lernens – erhebend, deprimierend und alles dazwischen – sind dir von deinem Schöpfer zur Auswahl gegeben worden, der einfach hofft, dass du die beste für dich und die Menschen in deinem Leben treffen wirst.

Liebe Verstorbene

Die Trauer, die du beim Gedanken an deine Lieben empfindest, die die Erdenebene verlassen haben, ist mit dem Kummer vergleichbar, an dem du dich bei jedweder Veränderung festhältst in dem Wunsch, sie rückgängig machen zu können. Du unterstreichst deinen Kummer noch, indem du dein Wissen darüber verdrängst, dass dieser Übergang sowohl notwendig als auch ein Segen ist. Du verfluchst die unumstößliche Tatsache von Geburt und Tod und ersehnst ein anderes Szenario, das nicht sein kann.

Deine lieben Verstorbenen befinden sich nie außerhalb deiner Reichweite – weder jetzt noch jemals – da Seelen ständig in Kommunikation miteinander sind, vor allen Dingen wenn es sich um die Liebe innerhalb einer Familie handelt. Diese ewige Verbindung sorgt dafür, dass ihr einander während der gesamten Existenz nahe bleibt. Wie könnte es anders sein, wo dir doch deine Seele sagt, dass es so ist? Deine Seele, der Lügen oder Launenhaftigkeit unfähig, weiß, dass alle Menschen, die du liebst – auf der Erde und jenseits davon – in diesem Moment in Gottes ekstatischer Liebe eingehüllt sind. Du, der du bar jeder Freude scheinst, hast Gottes warme Decke eingetauscht gegen das Frösteln scheinbaren Getrenntseins, allein und ohne Freunde. Sicher, dieser Kummer bietet dir einen gewissen Trost, und dennoch flehen wir dich an, diese Entscheidung noch einmal zu überdenken.

Denn die wahre Vereinigung mit deinen Lieben geschieht

durch die Verbindung mit ihnen im inneren Glühen von Gottes ewiger Freude. Wenn du deinen Lieben Freude übermittelst, ist dies ein Band so tief, dass es ohne Worte auskommt. Jeder, der dieses Wunder erlebt, spürt es ganz deutlich, auf bewusster oder unbewusster Ebene. Das ist der Trost, den du suchst, geliebtes Wesen.

Im Zustand der Trauer ist dir nur eines sicher: noch mehr Trauer. Wir können dir nicht helfen, wenn du dich für diesen Seinszustand entschieden hast. Wir bleiben einfach nur in deiner Nähe, bereit, dir zu Hilfe zu kommen, wenn du von diesem Zustand genug hast.

Der Schritt von Kummer zu Freude mag zu groß sein, als dass du ihn wagen könntest, und aus diesem Grund brauchst du unsere Unterstützung. Von einer Nanosekunde zur nächsten können wir dir helfen, aus ganzem Herzen mit deinen Lieben an dem Ort in Kontakt zu kommen, wo sie gegenwärtig weilen. Ihre Seelen, genau wie deine, leben für alle Zeiten in Vereinigung mit Gott und allen anderen. Und das beste Wort, mit dem wir diesen Ort in menschlichen Begriffen bezeichnen können, heißt »Freude«.

Wenn du fragst, wie es deinen lieben Verstorbenen geht, möchtest du wissen, ob sie glücklich sind oder leiden. Außerdem stellst du diese Frage, weil du befürchtest, du könntest deine Lieben auf irgendeine Weise enttäuscht haben. Deine Trauer ist gemischt mit Gefühlen von Angst und Schuld, und es gibt niemanden, an den du dich wenden kannst, um dein Herz zu erleichtern. Doch wir können dir helfen zu wissen, dass dein geliebter Verstorbener, genau wie du selbst, von Freude umgeben ist.

Damit wir dir helfen können, wirst du jedoch ein paar Momente mit dir allein verbringen müssen. Wir müssen dich darum bitten, dir einen ruhigen und friedvollen Raum zu schaffen, in dem du nicht gestört werden kannst. Wenn du diesen irdischen Raum hergerichtet hast, rufe uns Engel herbei, um dein Bewusstsein mit dem deines lieben Verstorbenen zu verbinden. Wir werden dich bitten, tief zu atmen, dich auf den Bereich deines Herzens zu konzentrieren und es mit großer Freude anzufüllen. Wir werden dich bitten, dir freudvolle Momente in Erinnerung zu rufen, die du mit deinem Liebsten geteilt hast. Und während dir warm ums Herz wird und es sich auftut, wirst du spüren, wie die Verbindung zu der geliebten Seele immer tiefer wird. Ihr begegnet euch in einem Raum der Freude in euren miteinander verschmelzenden Herzen.

Selbst ohne unsere Unterstützung kannst du dich mit deinem geliebten Menschen jederzeit in diesem heiligen Raum der Freude vereinen. Sorge dich nicht darum, ob du durch diese Begegnung irgendwelche Grundsätze oder Regeln verletzt, denn eure Seelen sind für immer in Freude miteinander verbunden, trotz gegenteiliger äußerer Erscheinung. Wenn du dich mit bewusster Achtsamkeit an diesen heiligen Ort der Begegnung begibst, tust du dies versehen mit den Segnungen des Himmels. Du kehrst erfrischt und neu mit großer innerer Ruhe zurück, und deine Zweifel schmelzen dahin wie das Eis auf einer Sommerwiese. Freude ist das einzige, was wirklich existiert. Der Rest ist eine Beschäftigung des Ego, deiner heiligen Seele unwürdig.

Deine Lieben haben dich schon immer geliebt. Deine Lieben haben diese ewige Liebe für dich aus ganzem Herzen gefeiert. Es gibt weder Raum für Zorn noch für Leiden oder Schmerzen jeglicher Art, und deine lieben Verstorbenen flehen dich an, dein Leben, deine Arbeit und deine Zeit der Verwirklichung des Friedens auf der Erde zu widmen.

Liebesbeziehungen

Obwohl man die romantische Liebe weder mit der Helligkeit der göttlichen Flamme der Liebe noch mit dem Gipfel des Wohlbefindens vergleichen kann, das daher rührt, in Gottes Vollkommenheit geborgen zu sein, stellt die romantische Liebe eine Art wertvollen Ersatz dar. Zunächst einmal bietet sie dir ein Gefühl der Sicherheit und des Beschütztseins. Es gibt so viele Gefühle der Gefahr in dieser Welt, nicht wahr? So viele Momente, in denen die Sehnsucht nach Sicherheit und Schutz nur in den Armen deines Geliebten befriedigt werden kann.

Die romantische Liebe beginnt mit einem illusorischen Gefühl der Sicherheit, zu dem sich jedoch im Laufe der Zeit ein Gefühl von Bedrohung gesellt. Was wir damit meinen, ist folgendes: Du beginnst deine Beziehung voller Vertrauen, und irgendwann beginnst du, Dinge aus euren Unterhaltungen herauszupicken, die dich an Gefahr erinnern. Du analysierst die Details deiner Beziehung und entscheidest, dass dies oder jenes Indikationen dafür sind, dass du in Gefahr bist. Dann schmückst du diese Empfindungen mit Gefühlen der Verbitterung und Enttäuschung aus und glaubst, dass wieder einmal alle deine Hoffnungen zunichte gemacht worden sind.

Was du wirklich im Zusammenhang mit einer romantischen Liebesbeziehung suchst, ist das Gefühl der Sorglosigkeit. Eine sorglose Einstellung zum Leben und ein ebenso sorgloser Geist sind die Hoffnungen aller von Gott geschaffenen Lebewesen, und es ist unser größter Wunsch, ihnen dazu zu verhelfen. Damit meinen wir nicht, dass du deine Verantwortung und Verpflichtungen einfach links liegen lassen sollst – oh nein! Wir meinen lediglich, dass du deine Sorgen und Ängste der Liebe überlassen und in die Macht des Universums vertrauen solltest, dich sicher durch alle Stürme deines Lebens zu tragen.

Deine Sorgen und Ängste sind mühselig, sie sind eine schwere Last und verursachen dir großen Kummer. Du sehnst dich nach einer Partnerschaft, in der du diesen Belastungen – und sei es nur vorübergehend – entfliehen kannst. Eine Erholung von dem ständigen Kampf und Stress ist für den Frieden deiner Seele essenziell. Wenn eine neue Beziehung diese Fluchtmöglichkeit bietet, dann bist du natürlich ekstatisch vor Glück.

Das Gleichgewicht in einer romantischen Liebesbeziehung setzt daher voraus, dafür zu sorgen, dass die Beziehung deine Last nicht noch vergrößert. So viele Partnerschaften zerbrechen und scheitern, wenn es sich so anfühlt, als würde diese Beziehung mehr Belastung als Erleichterung bedeuten. Denn wenn die Beziehung zu zusätzlichem Stress führt, besteht die natürliche Reaktion darin, an anderer Stelle Schutz und Geborgenheit zu suchen. Das ist der Augenblick, in dem die meisten Beziehungen in Schwierigkeiten geraten – wenn ein Partner diesen Schutz außerhalb der Beziehung sucht.

Nur dann, wenn du deine Sorgen und Ängste der wahren Quelle der Liebe – Gott – übergibst, kann eine Partnerschaft auf der höchstmöglichen Ebene fortbestehen. Wenn die Partner bereit sind, dies gemeinsam zu tun, umso besser. Dann besteht Hoffnung, dass die romantische Liebe weiterhin Schutz vor dem Sturm bietet anstatt eine Fata Morgana zu sein, das heuchlerisch Schutz und Seelennahrung verspricht, die gar nicht existieren.

Die romantische Liebe ist eine Uferpromenade, die parallel zum wahren Pfad göttlicher Liebe verläuft. Romantische und göttliche Liebe können einander ergänzen, da sie im Wesentlichen aus der gleichen Quelle gespeist werden. Doch wenn die romantische Liebe als Ersatz für die Liebe Gottes gesucht wird, schleicht sich immer ein Gefühl der Unzufriedenheit ein. Vergiss nicht, ein Gefühl der Heiligkeit und der Ehrfurcht in deine romantischen Liebesbeziehungen zu bringen und gemeinsam mit deinem Partner Schutz zu suchen an dem einzigen Ort, wo dieser gefunden werden kann: in Gott, der in euren Herzen wohnt.

Manifestation

Manifestieren bedeutet »investieren« oder »anlegen«. Der Begriff trifft zu Recht auf diese beiden Definitionen zu, denn Manifestation wurzelt in dem, was du investierst oder wo du deine Aufmerksamkeit anlegst. Wir sehen viele Menschen, wie sie das Thema der Manifestation durch dieses Buch oder jenen Kurs erforschen und zu verstehen versuchen – dabei ist das Prinzip für alle einfach zu sehen. Das, worauf du deine Aufmerksamkeit richtest, zusammen mit einer klaren Intention, ist das, worauf du dich hinbewegst. Es ist das, was du in dein Leben ziehst. Dieses Prinzip kann nicht erzwungen werden, da Druck auf einem Gefühl der Angst basiert, das deine Bemühungen unterminiert. Vielmehr wird, während du vertrauensvoll auf dein Ziel zusteuerst, ein Gefühl der Leichtigkeit oder des Behagens dir dieses Prinzip sofort verfügbar machen.

Viele von euch fragen: »Was ist, wenn dies nicht Gottes Wille ist?«, und wir fragen dich unsererseits: »Stellst du diese Frage in der Annahme, dass Gott ein Teil von dir ist?« Welchen anderen Willen könnte es geben als den Willen Gottes? Es ist wahr, die niedrigeren Entscheidungen des Ego können dich auf bestimmte Ziele hinsteuern, doch wirst du sie stets korrigieren, da deine alles überragende Intention immer etwas mit Freude zu tun hat. Nie könnten die Intentionen des Ego Freude irgendeiner Art hervorbringen. Doch Gottes Intentionen haben ihre Wurzeln immer in der Freude.

Daher dirigiert dich Gottes Wille, der immer in deinem Inneren lebendig ist, hin zur Freude, indem er dich daran erinnert, dass du bereits in dieser Freude badest. Die Wonne, die du suchst, wird in dem Augenblick erreicht, in dem du dir erlaubst, das Geschenk zu genießen, das dir von Anfang an verliehen wurde. Du teilst deine Zeit ein, indem du nach äußeren Manifestationen dieser inneren Freude suchst. Es gibt keine »falschen« Manifestationen, sondern einfach nur Intentionen, die dich mit Freude erfüllen, oder Intentionen, die jedes Gefühl der Freude zunichte machen. Das »Objekt« deiner Intention kann weder falsch noch getrennt von Gottes Willen sein, da Gott – und Gottes Wille – nur Freude kennt.

Du hast die Möglichkeit, eine dauerhafte Freude in deinem Herzen zu erleben. Dies ist eine Intention, die deiner Hingabe wirklich würdig ist. Gehe jedes Mal mit dem Wunsch nach Freude an sie heran. Wisse, dass deine Freude nicht irgendwann in der Zukunft auf dich wartet, abhängig von deiner materiellen oder situationsbedingten Intention. Vielmehr ist deine Freude bereits jetzt ein integrer Teil von dir und bleibt dir erhalten, während du deine anderen Wünsche manifestierst. Die Kraft dieser Freude kann nicht genug betont werden. Sie erhellt den Weg deines Manifestationsprozesses. Sie erlaubt dir einen schnelleren Zugang zu der sicheren Führung, die du suchst.

Enthülle diese Freude jetzt, indem du die Affirmation sprichst: »Mein Herz und meine Seele sind jetzt von Freude erfüllt. Ich bin eine *machtvolle* Reflektion göttlichen Glücks.« Trainiere deinen Geist für diesen Wunsch und spüre die Freude, die durch dein Wesen pulsiert. Fürchte dich nicht vor dem Glück, auch wenn es dir wie ein unvertrauter Fremder erscheint. In Wahrheit ist es ein Engel, der dich aus deinem Herzzentrum heraus sanft in seine Flügel hüllt. Glück hält dich stark und bietet dir Zugang zu kreativer Weisheit. Seine magischen Eigenschaften haben keinerlei negative Nebenwirkungen, sondern nur die Fähigkeit, dich auf den angenehmen Weg beständiger Freude zu schicken. Es ist möglich, Freude zu finden, unabhängig davon, wie deine äußeren Umstände zu sein scheinen. Und wenn du diese Freude findest, halte sie nahe an deinem Herzen und sieh beglückt, wie alle negativen äußeren Umstände verschwinden.

Gehe hier und jetzt in dein Inneres und erkenne unverzüglich diese Wahrheit. Fühle die Essenz dessen, von dem wir sprechen, kostbares Kind Gottes. Trinke den Nektar in dich hinein, den dein Herz für dich bereithält: die Freude, die du ersehnst, die du verdienst, die dein ist, die *du bist*. Dies ist unser inständiges Gebet für dich, unser geliebtes Wesen.

Musik

Musik ist zum jetzigen Zeitpunkt von essenzieller Bedeutung für deine Lichtarbeit. Bediene dich so oft wie möglich der Musik, um deine Frequenz zu erhöhen, da sie dich in schimmerndes Licht hüllt, das jegliche Art von Negativität ablenkt. Diese scheinbar aus dem Nichts geborene Negativität, die sich in dein Bewusstsein stehlen kann, ohne dass du es bemerkst, könnte ernsthafte Schäden in deiner Seele anrichten, da du kaum etwas über ihren Ursprung weißt. Musik beschützt dich vor diesen frei schwebenden Mustern und bietet dir mehr Gelegenheiten, deinen inneren Frieden zu finden.

Du kannst jede Art von Musik wählen, solange du sie in irgendeiner Form sowohl tagsüber als auch abends nutzt. Je mehr du dich mit Musik umgibst, desto größer ist der Segen, den sie dir bietet.

Einige von euch sind in der Lage, die Farbstrahlen zu sehen, die mit den Tonwellen der Musik reisen. Ähnlich dem Regenbogeneffekt hoher Luftfeuchtigkeit trägt Musik auf ihren Schwingen Informationen, die in sichtbaren Farben verschlüsselt sind. Du, der du dich auf einer hohen visuellen Frequenz bewegst, musst lernen, diese Information an andere weiterzugeben. Du, der du die Farben siehst, die Musikinstrumenten und Verstärkern entströmen, solltest lernen, der Bedeutung deiner Bilder zu vertrauen.

Diese Farben sind Ausströmungen der molekularen Struktur

musikalischer Klänge. Sie biegen Lichtwellen und lassen niedrigere Moleküle in dem Vorgang, den wir dir an früherer Stelle beschrieben haben, von dir abprallen. Denn wenn du dich mit Musik umgibst, wickelst du dich ein in eine Decke aus verschiedenen Farben. Die Musikmoleküle interagieren mit den Energiefrequenzmustern, die von deinem Körper ausstrahlen, in einem Tanz mit den Farbtönen, die du dein »aurisches Feld« nennst. Diese elektrischen Funken sind mit den leuchtenden Farben vergleichbar, die viele von euch sehen und denen ihr die Bezeichnung »Engelslichter« oder »Engelsspuren« gegeben habt.

Fraglos gibt es Farben, die eine höhere Schwingungsfrequenz haben als andere – was ihr als »kühle Schattierungen« bezeichnen würdet. Du wählst Musik entsprechend deinen Stimmungen aus, und mitunter tust du dies, um dich in unterschiedliche Farben zu hüllen, die deinem jeweiligen inneren Zustand entsprechen. Besonders lebhafte Musik wird häufig mit den warmen Farben Rot, Orange und Gelb assoziiert, während die beruhigenderen Musikstücke – und das dürfte kaum verwundern – in erster Linie mit Variationen von Violett, Indigo und Grün in Zusammenhang gebracht wird. Benutze Musik auf diese Weise, und du wirst spüren, dass ihre intensive Wirkung deine Emotionen auf eine höhere Ebene bringt.

In Momenten, in denen du tief nach Innen gehen möchtest, wird deine Entscheidung bezüglich der Musik anders sein als dann, wenn dir nach einem lebhafteren Tempo zumute ist. Wir, die wir auf Anhieb die Wirkungen deiner musikalischen Wahl sowohl in deinem energetischen Zustand als auch in den Farben sehen können, die dich umgeben, sind in der Lage, dir zu helfen, bewusste Entscheidungen bezüglich der Musik zu treffen. Rufe uns einfach herbei, und wir werden dich ohne Zögern, Einmischung oder Kontrolle anleiten – unsere Motivation wird dabei immer auf Liebe beruhen.

Mutter

Deine Beziehung zu deiner Mutter basiert auf dem Rückgrat des Göttlichen. Es ist von wesentlicher Bedeutung, ein tieferes Verständnis dieser Beziehung zu erlangen, da sie das Fundament ist, auf dem so viele andere Beziehungen scheitern oder gedeihen. Es gibt in deinem Leben als Mensch eine Hierarchie der Beziehungen, und die Basis für so viele andere Beziehungen bildet das Verhältnis zu den Eltern, wobei die größte Bedeutung wahrscheinlich dem Aspekt des »Bemutterns« zukommt, was dich vielleicht überraschen wird.

Deine Beziehung zu deiner Mutter gehört zu den wichtigsten Beziehungen überhaupt, da deine Mutter eine direkte Verbindung entweder zu deinem Ego oder zu deiner innersten Seele besitzt (die du dein »höheres Selbst« nennst). Du kannst mit deiner Mutter die höchsten Höhen erreichen oder in die tiefsten Niederungen stürzen. Durch dieses schwindelerregende Auf und Ab hast du stets die Wahl, welche Richtung du mit deiner Mutter als nächstes einzuschlagen wünschst. Deine Entscheidung wird in erster Linie von dem motiviert, was du erwartest. Denn Erwartungen hinsichtlich einer Beziehung oder des Verhaltens einer Person in deinem Leben sind der steuernde Mechanismus, der deine nächste Begegnung bestimmt.

Wenn deine Haltung gegenüber deiner Mutter sehr starr ist – wenn du also sicher bist, dass deine Mutter so ist, wie du glaubst, und nicht anders – führt dies fast immer zu einer Situation, die diese Sichtweise bestätigt. Daher besitzt du die Fähigkeit, die Richtung, die deine Beziehung zu deiner Mutter einschlägt, willentlich zu verändern. Du, der du die Macht hast, Berge zu versetzen, kannst mit Sicherheit auch dieses Wunder vollbringen!

Denn das Bild deiner Mutter ist tief in deinem Inneren verankert. Die Art, wie du deine Mutter siehst, ist zu einem großen Teil verantwortlich dafür, wie du viele andere Menschen siehst, einschließlich deine eigene Person, deine Kinder und deine weiteren Beziehungen jedweder Art (mit Freunden, Partnern etc.).

Wenn du die Art, wie du deine Mutter siehst, auf eine liebevolle Art veränderst, ist die daraus resultierende Wirkung weitreichend und wunderbar. Es mag den Anschein haben, dass es große Mühen kosten würde, deine Mutter mit liebevolleren Augen zu betrachten. Doch in diesem Augenblick können wir Engel dir helfen; wir können deine Äußerungen der Liebe nehmen und sie wortlos in das Herz deiner Mutter legen, damit sich die Wirkung deiner liebevollen Worte in vollem Umfang in ihr entfalten kann. Geliebtes Wesen, du hast die Wahl, doch wir versichern dir, dass eine solche Entscheidung die Mühe wert ist und dir und so vielen anderen große Segen bringen würde!

Kraftorte

Ihr nennt sie »Vortexe« oder »Kraftorte«, jene geographischen Gegenden auf dem Planeten, von denen gesagt wird, dass sie eine besonders intensive spirituelle Energie aufweisen. Es ist wahr, dass sich an diesen speziellen Orten die Überreste der energetischen Fingerabdrücke früherer Bewohner befinden. Diese besonderen Orte wurden einst durch Zeremonien mit starken heilenden Intentionen erfüllt. Gebete, Rituale, Chanting und Festlichkeiten reinigten den Boden unter den Füßen der Teilnehmenden und sorgten auf diese Weise dafür, dass der Erdboden an diesen Stellen mit noch mehr Energie aufgeladen wurde.

Jene Orte bewahren die Erinnerung an ihre einstigen Bewohner und deren heilige Rituale. Diese Tatsache war früher weithin bekannt und diente dazu, den Ort zu finden, an dem in der Vergangenheit Zeremonien abgehalten wurden. In einigen Fällen herrschte ein Mangel an Bewusstsein bezüglich der aufsteigenden Energie an dem jeweiligen heiligen Ort, und die Wiederholung der Zeremonien an dieser Stelle basierte lediglich auf Bequemlichkeit, Logik und Gewohnheit. Das Echo dieser Zeremonien dringt von der Oberfläche bis in die tiefsten Tiefen des jeweiligen Ortes vor, und die sensitiven Lichtarbeiter unter euch können diesen Widerhall spüren. Dies sind die Orte, die ihr als »Kraftorte« bezeichnet.

Ja, es stimmt, du kannst die in den Boden gesunkenen Gebete an diesen Orten der Kraft anzapfen. Du wirst ihre heilenden Wirkungen verstärkt fühlen, wenn du dich an einer Stelle auf den Erdboden legst, an der Gebetszeremonien abgehalten wurden. Dann erlaube diesen Gebeten, nach oben durch deinen Körper zu fließen, vergleichbar mit lebensspendenden Sonnenstrahlen, die dein ganzes Wesen durchdringen. Bevor du diesen Ort der Kraft wieder verlässt, ist es von essenzieller Bedeutung, dass du etwas zurückgibst, indem du ein Gebet sprichst. Schließe deinen Besuch ab, indem du den Boden mit deinen göttlichen Gedanken und einer Intention liebevoller Energie durchflutest.

Reinkarnation

Gibt es einen Prozess, in dessen Verlauf die Seele des Kindes aus einem anderen Teil des Universums kommt, um mit bestimmten Menschen wiedervereint zu werden, die ihr von früher bekannt sind? Aber natürlich. Dieser Prozess dürfte dich eigentlich nicht überraschen, da du bereits über die wunderbare Macht gestaunt hast, derer Gott und die Menschen fähig sind. Warum also sollte die Seele nicht in der Lage sein, ihren Weg durch viele Lebenszeiten zurückzuverfolgen? Die grundlegende Natur des Universums hat den Menschen die Macht und Herrschaft über das Schicksal ihrer Seele gegeben, einschließlich der Fähigkeit, durch Zeit und Raum zu reisen.

Du musst wissen, dass die Reinkarnation nur einen kleinen Teil des gesamten Projekts mit der Bezeichnung »menschliches Wachstum«, wie ihr es nennt, darstellt. Wir nennen diesen Aspekt, der das Erlernen menschlicher Eigenschaften beinhaltet, einfach nur »Seelenabenteuer«. Diese Abenteuer sorgen dafür, dass die Zeit vergeht – sie bieten eine Menge Aufregung und darüber hinaus eine Menge an Erfahrungen, die jeder Seele zur Verfügung stehen. Das Ganze ist nicht »sündhaft«, wie manche vielleicht befürchten mögen. Vielmehr ist es eine weitere Möglichkeit, Spuren in der Zeit zu hinterlassen, ähnlich wie viele andere Entscheidungen, die während einer beliebigen Lebenszeit getroffen werden.

Jede Seele besitzt Erfahrungen aus diesem reichen Schatz,

der in ihrem Unterbewusstsein gespeichert ist. Einige davon sind ihre eigenen Erfahrungen; einige hat sie von anderen übernommen. Im kollektiven Unterbewusstsein sind all diese Erfahrungen gleich. Sie kennzeichnen die Vorwärtsbewegung der Zeit, was als Fortschritt betrachtet wird und angenehm ist. Doch die Entscheidung, am Reinkarnationsprozess teilzunehmen, hat auch die weniger angenehme Nebenwirkung, die Seele vorübergehend in der Illusion der Zeit einzuschließen, einfach weil der Mensch davon überzeugt ist, dass Fortschritt nur durch die Vorwärtsbewegung der Zeit entsteht. Dieser Glaubenssatz unterstreicht die Eigenschaften der Zeit und setzt die Fähigkeit des Menschen außer Kraft, ihr zu entfliehen.

Einige von euch befürchten, dass eine Seele ohne einen physischen Körper weder Bedeutung noch Form besitzt. Du fürchtest, dass die Seele, in die Leere gestoßen, eine graue und unbewusste Existenz fristet. Also hältst du an der menschlichen Form fest in dem Glauben, dass diese zumindest den Anschein von Bedeutung und Wichtigkeit erweckt. Du siehst dich selbst als jemanden, der Mangel leidet, und du hoffst, dass du im Laufe der Zeit zu jemandem wirst, dem es an nichts mangelt. Wie könnte jedoch etwas von Gott Geschaffenes irgendetwas benötigen, was es nicht bereits besitzt? Dass die Zukunft dir Gutes bringen wird, ist ein illusorischer Gedanke, der dich in einem Netz des Mangels, der Abhängigkeit von dem, was die »Zukunft« bringt und dem Bedürfnis nach der Messung der Zeit verwickelt.

Dieser Falle zu entfliehen, ist einfach, wenn du erkennst, wie sehr du durch die verstärkte Messung der Zeit eingeengt wirst, die du in deiner Umgebung reflektiert siehst. Anstatt zu versuchen, der Zeitmessung zu entfliehen, trainiere deinen Geist dahingehend, deinem Selbstmitleid hinsichtlich des vermeintlichen Mangels zu entfliehen. Es fehlt dir an nichts, und du kannst es dir nicht leisten, dieses Selbstmitleid länger fortzusetzen! Die menschliche Rasse muss aufhören, materiellen

Besitz mit menschlichem Wert gleichzusetzen. Du bist wertvoll, und du *hast bereits* alles.

Auch wenn diese Worte dich verwirren (da deine Welt scheinbar etwas anderes widerspiegelt), gehe mutig weiter. Dein Schöpfer will, dass du alles hast, jetzt und in alle Ewigkeit. Gott sieht, dass es dir an nichts fehlt und dass du in jeder Beziehung alles bekommst, was du brauchst. Doch mit deiner gottgegebenen Macht des Erschaffens kannst du auf Wunsch jederzeit ein Bild des Mangels erzeugen. Dies bereitet dir in mancher Hinsicht Vergnügen, vielleicht indem es dir erlaubt, so zu sein wie deine Mitmenschen, die ebenfalls in diesem Gefühl des Mangels verstrickt sind – und dem Bedürfnis nach Fortschritt.

Deine Seele braucht keinerlei Fortschritt, denn sie hat sich nie von der Seite Gottes entfernt, und sie hat nie ihr heiliges Selbst und ihre wunderbaren Gaben vergessen! Indem du auf deine Seele hörst, vernimmst du das Echo dieser Wahrheit. Du hast alles, was du brauchst, du bist zuhause, und du bist in Sicherheit. Jetzt. Und immer.

Schlaf

Wenn du deine Augen schließt und wegdriftest, glaubst du dann, dass deine Seele den Begrenzungen des irdischen Lebens entflieht und vorübergehend ihren Weg zum Himmel findet, um erfrischt und in wiedergewonnener Erkenntnis aus ihrer wahren Heimat zurückzukehren? Denn genauso ist es, falls du dich derartiges je gefragt hast. Geliebtes Wesen, diese Reisen deiner Traumzeit sind in so vieler Hinsicht dein Trost und deine Rettung. Sie bieten dir eine Flucht aus harten Lebensumständen an, eine Chance, sie aus der Ferne zu betrachten, und eine Möglichkeit, zu einer neuen, positiven Herangehensweise an das Leben zu gelangen.

Wir bitten dich nur um eines, nämlich darauf zu vertrauen, dass deine Reisen aus einem wichtigen Grund stattfinden und dass dir dabei kein Schaden zugefügt werden kann. Wir garantieren dir, dass deine Schlafenszeit in jeder Beziehung sicher und geschützt ist. Damit meinen wir, dass deinem Körper kein Schaden zugefügt werden kann, da wir während seiner Seelenreisen über ihn wachen. Du machst dir während dieser nächtlichen Fluchten Luft, vergleichbar dem Dampf, der beim Loslassen angespannten Druckes entweicht. Ohne diese nächtlichen Fluchten könnte dir das Leben unerträglich erscheinen.

Oft erinnerst du dich an Fragmente dieser Seelenfluchten, und du fragst dich: »Was könnte das wohl bedeuten?« Doch obwohl du dich nicht an die besonderen Einzelheiten deiner nächtlichen Abenteuer erinnern kannst, erfüllen sie ihre Aufgabe makellos: Erstens fungieren sie als eine Art Ventil, indem sie angestauten Druck innerhalb des Systems ablassen; zweitens bieten dir diese Traumreisen die bewusste Erkenntnis deiner heiligen und göttlichen Natur. Sie sind Gelegenheiten für dich, deine heilige Natur ohne Vorurteile oder Kritik deinerseits zu beobachten und zu erleben. Du bist während dieser segensreichen Ausflüge wunderbar offen für uns, und erst beim Erwachen bestreitest du vielleicht mit deinem »logischen« Verstand die Realität deiner Erfahrung. Doch selbst angesichts der Ablehnung durch deinen Verstand hat sich die nächtliche Erfahrung tief in deinem Unterbewusstsein verankert. Dein höheres Selbst ist Nacht für Nacht Zeuge der Schönheit des Himmels, was ihm die Kraft für einen weiteren Tag auf der Erde verleiht.

Deine nächtlichen Reisen machen den Schlaf erfrischend, und ob dieses inhärenten Vergnügens deiner Seele erwachst du mit einem Gefühl neuer Kraft. Wenn du dich in jeder Traumzeit für eine Lektion oder eine Aufgabe mit uns zusammentust, heißen wir dich mit offenen Armen willkommen, und du kannst dich in unsere Arme fallen lassen. Es sind die Zeiten, in denen du am stärksten nach Zuneigung und Zärtlichkeit hungerst, wo wir uns auf diese Weise mit dir verbinden. Und vielleicht ist dies der wertvollste Aspekt der Schlafenszeit: deine Chance, Zeuge des erstaunlichsten Wunders des Lebens zu werden: der Liebe – sie zu fühlen, sie in dich hineinzutrinken, dich mit neuer Kraft aufzutanken und dich an deinen heiligen Ursprung zu erinnern. Schlaf gut, geliebtes Wesen. Wir sehen uns in deinen Träumen!

Schuld

Wenn Schuldgefühle schwer auf deiner heiligen Seele lasten, weint der Himmel in deinem Namen aufgrund der Fehlentscheidung, die dazu geführt hat, dass du dich selbst vom Thron himmlischer Freude herabgestoßen hast. Weißt du nicht um die ewige Unschuld eines jeden heiligen Kindes Gottes? Der Augenblick, in dem du beschließt, »Schlechtes« in dir selbst zu sehen, setzt sich ein Teufelskreis in Gang. Zuerst schrumpft deine innerste Seele – das, was du oft als dein »höheres Selbst« bezeichnest – zusammen bei dem Gedanken, dass sie einen Fehler gemacht hat, weil sie Unbehagen in deinem Inneren hervorgerufen und deinen Zorn ausgelöst hat. Wenn deine Seele zusammenschrumpft, verliert dein inneres Licht buchstäblich an Kraft. Dies wiederum reduziert deine Kraft und Effektivität in der Welt – nicht in Wirklichkeit, doch in der Art, wie die Welt dich wahrnimmt. Personen mit einer egoistischen Sichtweise werden dich vielleicht grausam angreifen, so wie sich ein wildes Tier auf eine schwache und kranke Beute stürzt.

Deine Schuldgefühle sind wie ein lebenslängliches Urteil, das deinem Körper großes Unbehagen bereitet und ihn sogar in Gefahr bringt. Denn Schuld erwartet immer eine Strafe, und sie ruht nicht, ehe diese Bestrafung eintritt. Die von Schuldgefühlen gequälte Seele wird Schmerz suchen, um für ihre Fehler zu büßen. Dies erzeugt eine negative Denk- und Sichtweise und führt zu negativen Intentionen. Deine Seele erwartet Bestrafung, daher beginnst du, den Horizont abzusuchen in der Erwartung, Bestrafung zu *finden*. Und du weißt bereits, dass du alles, was du suchst, finden wirst. Eine von Schuldgefühlen geplagte Seele wird eine negative Situation nach der anderen anziehen. Deine innerste Seele wird die Entscheidung treffen, dass du diesen Schmerz verdient hast, und sie wird endlos immer weiter ähnlich schmerzhafte Situationen erzeugen.

Siehst du also die große Gefahr, die dem Festhalten an Schuldgefühlen innewohnt? In Wahrheit hast du keinerlei Fehler begangen, und mit Sicherheit hast du keine Bestrafung irgendwelcher Art verdient. Es gibt keine irdischen Fehler, die du machen könntest und die Gottes heilige Schöpfung rückgängig machen könnten. Er hat dich perfekt erschaffen, und du hast nicht die Macht, dich selbst unvollkommen zu machen – egal, wie sehr du es auch versuchen magst!

Deine irdischen Fehler mögen schlimm sein und viel Schmerz verursacht haben, doch für Gott bist du nach wie vor unschuldig. In seinen Augen sind du und deine Mitmenschen die schönsten Wesen im ganzen Universum. Gott und die Engel sehen durch deine irdischen Fehler hindurch und erkennen die ewige Flamme göttlicher Liebe in deinem Inneren. Wir wissen, dass dies die einzige Perspektive ist, die dir helfen kann. Indem wir unverwandt auf dein inneres göttliches Selbst blicken, vergrößern wir den Umfang und die Helligkeit deines Lichts. Dieses größere Licht in deiner innersten Seele ist das einzige Heilmittel für deine Fehler, geliebtes Wesen. Nur ein stärkeres Licht wird dir helfen, dich von negativen Situationen fernzuhalten. Und nur indem du dieses Licht, das Gott in dein Inneres gestellt hat, liebst, kannst du die Laterne finden, mit deren Hilfe du deinen Weg zum Glück erhellen kannst.

Sage dir selbst: »Ich bin Liebe. Ich bin Liebe und Licht.« Sieh es und wisse, dass es wahr ist. Und wann immer du dich versucht fühlst, Schmerz oder Bestrafung zu suchen, erinnere dich an unsere Worte.

Seelengefährte

Der Begriff »Seelengefährte« enthält mehr Wahrheit, als manchem bewusst sein mag. Denn ein Seelengefährte ist buchstäblich ein Gefährte aus deiner Seelengruppe, ein Wesen, das dir als irdischer Begleiter zur Seite gestellt wurde, so wie du ihm oder ihr zur Seite gestellt wurdest. Du musst dich auf der tiefsten Ebene deines Wesens daran erinnern, dass du ursprünglich aus einer anderen Dimension kommst und die Erde nur deine vorübergehende Heimat ist. Diese Dimension ist die Stratosphäre des »Himmels«, in dem die Seelen residieren. Zwischen einigen dieser Seelen bestehen enge Verbindungen, und in manchen Fällen entwickeln sich tiefe Freundschaften und Gruppen. Diese Verbindungen variieren in Größe und Umfang, entsprechend den gemeinsamen Interessen der beteiligten Wesen.

Diese Wesen werden zu »Gefährten« im Sinne von Freunden und Kameraden. Sie verlassen sich hinsichtlich Rat und Führung aufeinander. Wenn ein Gefährte die Gruppe vorübergehend verlässt und sich für eine Lebenszeit auf einem Planeten entscheidet, ist es in der Regel so, dass ein anderer Gefährte sich freiwillig bereit erklärt, ihn oder sie auf ihrem Weg zu begleiten. Einen Seelengefährten zu erkennen, während du auf der Erde weilst, ist ein aufregender und kostbarer Moment. Es existiert eine Vertrautheit mit einem solchen Menschen, die nicht von dieser Welt ist.

Dies ist jedoch nicht zu verwechseln mit dem Wunsch nach

einer engen Liebesverbindung mit einem Partner, von dem du hoffst, er möge dein idealer Gefährte sein. Die Tatsache ist unbestritten, dass dein Seelengefährte mit dir verbunden ist. Daraus folgt jedoch nicht automatisch, dass dieser Seelengenfährte ein Leben lang physisch an deiner Seite sein wird. Dieser Mensch kommt zu dir, um dir zu helfen und dir Trost von zuhause zu bringen. Er oder sie kommt, um über dich zu wachen, dich an deine irdischen Lektionen zu erinnern und dir irdische Geschenke zu bringen. Doch ist es eine falsche, wenn auch verständliche Annahme, dass dieser Mensch »der Eine« sein könnte, nach dem du dich in deinen romantischen Fantasien sehnst.

»Der Eine« in diesem Sinne ist zumeist eine Illusion. Es handelt sich dabei ohne Frage um eine romantische Vorstellung, die viele Menschen tatsächlich realisieren und der sie sogar nachjagen. Doch »der Eine« ist nicht unbedingt dasselbe wie ein Seelengefährte. Denn ein Seelengefährte ist jemand, den du stattdessen vielleicht einen »hilfreichen Freund« nennen könntest – jemand, der dir hilft, die Aufgabe zu erfüllen, die du dir in dieser Lebenszeit zur Aufgabe gemacht hast. Dein Seelengefährte ist im wahrsten Sinne des Wortes ein Freund aus der Heimat, zu dir geschickt, um dir zu der Erkenntnis des Einen zu verhelfen, der deine Quelle und dein Schöpfer ist. Dein Seelengefährte hilft dir, dich an das Licht Gottes und seine ewige Liebe zu erinnern. Wenn du dich zu einem Seelengefährten hingezogen fühlst, fühlst du dich in Wahrheit zu den Eigenschaften des Göttlichen hingezogen, die du in jenem Wesen erkennst. Wenn du einen Seelengefährten liebst, liebst du buchstäblich Gott.

Jede Partnerschaft in deinem Leben wird dir aus einem speziellen Grund und zu einem bestimmten Zweck zuteil, und du wirst in deinem Herzen ein unwiderstehliches Gefühl für deinen Geliebten verspüren, das dich zu ihm hinzieht. Diese Anziehungskraft entspringt in Wahrheit der Aufgabe, die der

Partnerschaft zugrunde liegt. Das Ziel einer Partnerschaft kann innerhalb von Minuten oder im Laufe von Jahrzehnten erfüllt werden. Doch eines ist sicher: Wenn der Zweck erfüllt ist, wird das anziehende Gefühl in der Partnerschaft nachlassen. Die Partner werden vielleicht sagen, dass sie sich »auseinander entwickelt« haben, doch in Wahrheit ist es so, dass sie sich jetzt anderen Aufgaben zuwenden und sich wahrscheinlich mit neuen Partnern verbinden werden. Ihre Liebe wird nie vergehen, und die Partner sollten einander dankbar sein für die wichtige Rolle, die sie im Leben des anderen gespielt haben. Danach ist es an der Zeit, nicht länger zurückzublicken, sondern sich von ganzem Herzen der Aufgabe zuzuwenden, die in diesem Moment ansteht.

Es kann sein, dass du vielen Seelengefährten begegnen und sie lieben wirst, heiliges Wesen, je nach der Größe und dem Umfang deiner Seelengruppe. Einige deiner Seelengefährten leben momentan noch auf der geistigen Ebene und warten auf eine Inkarnation. Du wirst während deiner Zeit auf der Erde vielen von ihnen ein Lehrmeister sein und gleichzeitig viel von ihnen lernen. Und schließlich wird die Rückkehr zu deiner Seelengruppe ein Moment des Glücks und der Freude sein. Warum dieses Glück und diese Freude nicht schon jetzt genießen, während du mit diesen wunderbaren Wesen zusammen bist, die dir von zuhause geschickt wurden?

Wenn du einem Seelengefährten begegnest, versuche nicht, diesen Menschen einzufangen, sondern erfreue dich an seinen himmlischen Gaben.

Trinke diese Geschenke in dich hinein, damit sie dir Kraft für deine Lebensaufgabe geben. Ob diese Partnerschaft in einer Vereinigung kulminiert, ist nicht von Bedeutung. Sie bietet die Möglichkeit, den Himmel in den heiligen Augen dieses Wesens zu sehen und die Vision deines eigenen göttlichen Selbst widergespiegelt zu sehen, die wirklich wichtig ist. Seelengefährten, ihr seid wahrhaftig gesegnet. Wir Engel küssen euch in Dankbarkeit, während ihr euch gegenseitig im Licht der heiligen Gnade und Liebe des Schöpfers erstrahlen lasst.

Selbstachtung

Es gibt einen Teil deines menschlichen Bewusstseins, der dich oft auf eine harsche Weise kritisiert. Diese Kritik verletzt deine Emotionen und setzt dich in deinen eigenen Augen herab. Wenn dies passiert, fällt es dir schwer, deine eigene Göttlichkeit zu erkennen, und es kann sein, dass du sie auch in anderen nicht mehr wahrnimmst. Eine Folge dieser verminderten Selbstachtung ist Überheblichkeit, da diese dich auf eine Ebene der »Sicherheit« hebt, wo dich nichts mehr berührt und keiner dir was antun kann.

Das Gefühl der Überheblichkeit oder sonstige Störungen in der eigenen Wahrnehmung deines göttlichen Selbst verursachen Krisen in deiner Seele, geliebtes Wesen. Vergiss nicht deinen himmlischen Schöpfer, der jetzt und immer in deinem Inneren residiert. Er irrt sich nie, und nichts, was er geschaffen hat, kann jemals seinen Zustand absoluter Perfektion verändern. Diese schmerzende Kritik, die du dir selbst zufügst, ist deine eigene Erfindung, darauf angelegt, dich aus den himmlischen Höhen herabzuholen und in die Tiefen selbst verursachten Leids zu stürzen. Doch warum wählt eine himmlische Schöpfung, wie du es bist, einen solchen Kurs? Die Ursache für diese Entscheidung liegt zum Teil in dem Bedürfnis zu Experimentieren. Kreatives Leiden ist für den Menschen ein Weg, seine Sehnsucht nach der Heimkehr in die himmlischen Sphären zu stillen. Indem du dich selbst in einem schlechten Licht siehst, sorgst du dafür, dass du das Wissen um dein himmlisches Zuhause »vergisst«, und auf diese Weise fühlst du dich in deinem irdischen Zuhause wohler.

Doch wir sind hier, um einen neuen und andersartigen Weg zur Eliminierung deines schmerzhaften Verlangens anzukündigen, nach Hause zurückzukehren, liebstes Kind Gottes! Du kannst diesen Schmerz umkehren und ihn benutzen, um dein Bewusstsein auf eine neue Ebene der Wahrheit zu führen. Die »Wahrheit«, die in deiner Seele leidet, ist lediglich ein Nadelstich in der Unendlichkeit der Wahrnehmung, die jetzt auf dich wartet. Lernen durch Leiden ist eine langsame und mühsame Aufgabe, während wir still daneben stehen, bereit, dir sekundenschnell zu einer bewussten Wahrnehmung deiner inneren Wahrheit zu verhelfen.

Du, der du eine solche Größe besitzt, die darauf wartet, von dir entdeckt zu werden, solltest keinen Augenblick länger zögern, diese Gelegenheit zu ergreifen, die nur darauf wartet, dass du dir ihrer bewusst wirst. Ergreife sie und drück sie eng an deinen Busen. Denn du bist allmächtig wie dein Schöpfer, doch auf eine andere Weise. Deine Schöpfung kann die des Erwachens zur Freude sein, wenn du die Entscheidung triffst, diese Freude zu erleben. Deine Freude schäumt über, sprudelt nach außen und ist für andere so ansteckend wie ein Lachen, das sich von einem Menschen auf den nächsten überträgt. Du hast jetzt viele Gelegenheiten, diese Freude in deinem Inneren und nach außen überströmen zu lassen, und es ist an der Zeit, das Leiden aufzugeben und es ein für allemal zurückzulassen.

Deine »Selbstachtung« ist nichts anderes als eine Einschätzung dessen, wie du diesen gegenwärtigen Moment lebst. Es ähnelt der Erkenntnis, wie und wofür du dein Geld ausgibst, und ob du diese wertvolle Ressource entsprechend achtest. Wenn du leidest, missachtest du die wertvolle Gelegenheit dieses Augenblickes und negierst die Möglichkeiten zur Freude, die sich dir gegenwärtig bieten. Wenn du dich jedoch auf den Flügeln eines freudigen Lachens in himmlische Höhen schwingst, ist dies ein Zeichen dafür, dass du deine Möglichkeiten geachtet und weise gewählt hast. Dies gilt auch dann, wenn du Verpflichtungen übernommen hast, die du als »ernst« betrachtest. Es gibt immer und in jeder Situation Raum für ein Lachen in deinem Herzen, egal worum es geht.

Wenn du von hoher Selbstachtung sprichst, wissen wir, was du damit sagen willst: nämlich dass du große Achtung und Respekt vor dir selbst hast. Und wir versprechen dir, dass du diesen Zustand der Selbstachtung erreichst, indem du die Ressourcen des *gegenwärtigen* Augenblickes wahrnimmst und achtest. Presse auch noch den letzten Tropfen der Freude aus diesem Moment, und du wirst glücklich sein, dass du eine Entscheidung getroffen hast, die deinem inneren Selbst hilft, friedlich in sich zu ruhen.

Du, in dessen tiefster Seele die Macht aller himmlischen Ebenen ruht, hast nie auch nur die geringste Veranlassung, dich jemals zu missachten, denn du bist so heilig wie jede himmlische Schöpfung. Du bist ein leuchtendes Beispiel für das goldene Handwerk Gottes, verkörpert in einem Wesen, das so lieblich ist, dass es allen himmlischen Wesen bei deinem Anblick einen tiefen Seufzer der Freude entlockt. Erkennst du nicht, dass wir dich ewig lieben und dass wir unermüdlich daran arbeiten, dich durch Zeiten der Ruhelosigkeit, des Kummers und der Not ins Licht der Freude zu bringen? Alles ist so angelegt, dass es dir Segen bringt, geliebtes Wesen, und wir warten auf deine Entscheidung, im strahlenden Licht dieser Freude zu stehen.

Sexualität

Sex ist eine Verbindung von Körper, Geist und Seele, angespornt von dem Wunsch nach Fortpflanzung und der Wiedervereinigung mit Gott. Diese sich vermischenden Formen des Verlangens sind so stark, dass der Drang nach sexueller Verbindung zu den mächtigsten aller Instinkte zählt. Wir werden das Thema unter diesem Gesichtspunkt näher betrachten.

In der Seele aller irdischen Lebewesen gibt es ein instinktives Verlangen nach Fortpflanzung. Der Grund dafür liegt darin, dass die Reproduktion immer neuer Lebewesen auf solchen Fortpflanzungstendenzen beruht. Ohne dieses Verlangen würden sich die verschiedenen Spezies nicht vermehren, oder was meinst du? Es war notwendig, den Aspekt des Vergnügens in die Sache einzubauen, um damit das Überleben der verschiedenen Arten zu sichern.

Neben diesem elementaren Instinkt gibt es andere, die noch mehr in die Tiefe gehen. Diese Instinkte gelten der Wiedervereinigung mit dem Christus-Selbst, womit die Gruppenseele gemeint ist, die eins mit unserem Schöpfer geworden sind. Du bist gegenwärtig ein Mitglied dieser Gottheit, und du bist in diesem Moment sowohl mit ihr als auch mit Gott vereinigt. Doch dein Ego hat eine Aufspaltung der Wahrnehmung kreiert, die dich an dieser Erkenntnis hindert.

Die innerste Seele (das höhere Selbst) erinnert sich jedoch an diese Vereinigung und sehnt sich danach, sie durch die

Erkenntnis der Einheit mit Gott und dem Christus-Selbst wiederzuerlangen. Die dieser Vereinigung am nächsten kommende Erfahrung auf der Erde wird in der Meditation, beim Beten und beim Geschlechtsakt erlebt. Beim Sex entsteht ein Gefühl der Nähe, das dem der *Vereinigung* und *Einheit* sehr nahe kommt. Die sexuellen Organe verbinden sich, und die Partner öffnen einander ihr Herz. Der physische Raum zwischen den beiden Herzen ist überbrückt, was ein Gefühl der Einheit entstehen lässt.

Die Ekstase dieses Aktes vereint die physische Intensität mit einem Verlust der Wahrnehmung der Zeit. Wenn du das Gefühl für die Zeit verlierst, reist deine Seele auf eine höhere Ebene, wo ihr kostbare Blicke auf die Wahrheit zuteil werden können. Die Seele wird nicht länger von irdischen Gesetzen eingeschränkt, was es dir ermöglicht, für einen kurzen Augenblick das Entzücken der Einheit buchstäblich zu fühlen – nicht nur mit deinem irdischen Geliebten, sondern auch mit dem höchsten Geliebten, dem Christus-Selbst.

Jene Momente, in denen du den stärksten Drang nach Sex verspürst, sind die, in denen du das größte Bedürfnis nach der Wiedervereinigung mit Gott und dem Christus-Selbst hast. Rufe dir ins Bewusstsein, dass du wirklich und jederzeit mit dem Christus-Selbst verbunden bist. Solltest du diese Wahrheit jedoch vergessen, stellt der Liebesakt einen irdischen Ersatz dar, der dein Bewusstsein nach Hause bringen kann.

Stress

Wo immer dir Stress begegnet, begegnen dir auch eine Opferhaltung. Wut darüber, zu etwas gezwungen zu werden, zu dem man nicht bereit ist, ist die Essenz von Stress. Die Spannung wird zudem von nicht artikuliertem Widerwillen gegenüber missverstandenen Autoritäten verstärkt – missverstanden, weil in Wahrheit niemand Befehlsgewalt über dich besitzt. Niemand kann dich zwingen – niemand außer deinem eigenen machtvollen Selbst. Jeglicher Stress ist selbst auferlegt, da alle Stress verursachenden Situationen von deinem eigenen freien Willen gewählt worden sind. Ausnahmen gibt es nicht, da du bei allem, was du tust, die Wahl hast, dich aus der stressigen Situation hinauszugeben. Wenn es auch wahr ist, dass dieser Schritt bestimmte Konsequenzen nach sich ziehen würde, so ist es dennoch eine Tatsache, dass du immer die Wahl hast, dich frei zu entscheiden.

Geliebtes Wesen, in Wahrheit verhält es sich bei Stress so, dass du den Schmerz wählst, wenn du Angst davor hast, mit der Arbeit an deiner heiligen Lebensaufgabe zu beginnen. Schmerz ist ein Betrüger, der die Löcher in deinem Terminplan verdeckt, die sich danach sehnen, für die Erfüllung deiner Lebensmission benutzt zu werden. Wenn du deiner selbst unsicher bist, deiner Fähigkeiten, deiner Stärken und deiner gottgegebenen Talente, lenkst du dich durch Schmerz ab. Stress ist vielleicht das am weitesten verbreitete Phänomen, das wir bei euch sehen, denn dieser Schmerz obliegt deiner freien Entscheidung, ist akzeptabel und wird von der Gesellschaft unterstützt.

Du hast jedoch keinen Grund, dich deswegen zu schämen, da Scham zu den schmerzhaftesten Stressfaktoren gehört, die du mit dir herumtragen kannst. Schmerz ist verletzend und verhindernd; er hält dich davon ab, deine göttliche Macht zu erfahren. Stress aufgrund von Scham verdunkelt dein Licht und macht dich blind für dein göttliches Selbst, was dazu führt, dass du dich unfähig fühlst, zum Wohlergehen der Welt beizutragen.

Wenn du Stress empfindest, rufe uns Engel herbei und erlaube uns, die Tore des selbst erschaffenen Gefängnisses zu öffnen, hinter denen du dich verschanzt hast. Gestatte uns, deine Schutzmauer abzubauen, dir dein Gefühl der Wertlosigkeit zu nehmen. Erlaube uns, die Flammen deines göttlichen Lichts anzufachen, sodass du dich ohne Zögern und ohne Kompromiss der Arbeit an deiner Lebensaufgabe widmen kannst.

Nicht der Stress ist dein Gefängniswärter. Du selbst bist es. Halte dich nicht länger selbst gefangen, denn du bist ein heiliges Kind der Macht. Du bist geboren worden, um diese Macht in die Welt hinauszubringen und sie als die lebensverändernde Kraft zu erfahren, die vielen Menschen große Freude bringen wird. Du bist dazu ausersehen, mit großzügigen und freudigen Schritten durch dein Leben zu gehen und dabei sanft zu atmen. Du kannst die Bewegung des Kindes Gottes nicht mit der Illusion des Gefangenseins stoppen, ebenso wenig wie du die Funken der Sonne ersticken kannst. Während du dich nach außen katapultierst, überlasse jegliche Ängste oder Zweifel uns Engeln. Auf diese Weise wirst du keinen Bedarf haben für den Schutzschild des Stresses, der dich vor jeglichem Schaden »beschützen« soll, der dich bei der Erfüllung deiner Lebensaufgabe ereilen könnte. Lediglich das Ego hat Angst, dass deine Lebensaufgabe dir schaden könnte, und es fordert dich auf, dich mit Ablenkungen verschiedenster Art vor diesem »Schaden« zu schützen.

Es spielt keine Rolle, ob du dir bezüglich der Richtung oder des Resultates deiner Lebensaufgabe unsicher bist. Es macht nichts, dass du keine Garantie für Erfolg hast, abgesehen von dem unablässigen Rufen deiner Seele. Deine Seele weiß, dass sie erst dann wirklich glücklich sein wird, wenn sie ihr Glück nach außen scheinen lässt, wie eine Quelle, die übersprudelt mit ihrem kostbaren Geschenk reinen Wassers. Indem du dich verströmst, vermeidest du automatisch Situationen, die dich ablenken oder aufhalten würden. Du hast die Wahl, und du hast die Fähigkeit, dich jetzt zu entscheiden.

Wir möchten dich daran erinnern, dass du schon immer in der Lage warst, mit jeder Situation umzugehen, die sich dir präsentiert hat. Dies gilt genauso für deine Zukunft wie für deine Vergangenheit. Es gibt keine Gefahr, die in irgendeiner dunklen Ecke lauert, bereit, dich zu überfallen. Doch diese Angst vor der Kontrolle über deine Zukunft ist ein wichtiger Beitrag zu deinem Stress, ist es nicht so? Du musst darauf vertrauen, dass du in jedem Augenblick bereit bist für alles, was deines Weges kommt. Du wirst nicht zugrunde gehen, verlassen sein oder auf irgendeine Weise Mangel leiden. Alles, was du benötigst, wird dir auf deinem Weg gegeben werden. Oh ja, du wirst die Verantwortung für dein Handeln tragen müssen, keine Frage.

Doch erlaube uns, dir noch einmal zu versichern, dass es nichts gibt, was dir auf deinem Weg widerfährt, das du nicht durchstehen kannst. Wir werden stets deine Hand halten und dich führen. Wie könnten wir dir nicht helfen, deine vielen Übergänge zu meistern? Wir sind deine Engel, und wir lieben dich so sehr.

Umweltverschmutzung

Wir sind dankbar, dass du dich mit dem Thema Umweltverschmutzung beschäftigst und dass du uns diesbezüglich nach unserer Meinung fragst und um Führung bittest. Denn so traurig dich die Konfrontation mit diesem Thema auch stimmen mag, so sehr ist direktes Handeln der einzige Weg, um messbare Wirkungen herbeizuführen. Der Grund für die Sorgen in Bezug auf die Umweltverschmutzung liegt in ihren vielfältigen Auswirkungen auf alle Lebewesen der Erde, da sie deren Energie und Stimmung niederdrückt, während der erstickende Smog und der von Giftstoffen getränkte Boden überall ein Gefühl hemmender Schwere erzeugen.

Dies ist eine Situation, in der Himmel und Erde gemeinsam daran arbeiten müssen, eine Veränderung in der Materie herbeizuführen, um zu verhindern, dass die Erde noch weiter mit Toxinen und Schadstoffen übersättigt wird, die das Immunsystem deines Körpers außer Kraft setzen. Du, der du für das Licht arbeitest, musst dem Planeten mehr physisches Licht bringen, indem du den Strahlen der Sonne ermöglichst, deinen Planeten ungehindert zu erreichen.

In einigen Bereichen des Universums existiert die Notwendigkeit der Sauerstoffaufnahme nicht, da die Lebewesen, die andere Planeten bewohnen, anders gebaut sind als ihr. Sie bestehen aus leichter, weniger dichter Materie, für das menschliche Auge kaum sichtbar. Eure eigenen Körper könnten sich einer solchen Umgebung jedoch nicht anpassen, da ihr Lungen habt, die sich aufblasen, um euer kardiovaskuläres System mit Sauerstoffmolekülen in Gang zu halten. Ohne Sauerstoff würde euer Licht zwar immer noch leuchten, jedoch schwächer und ohne den Segen eures Körpers als Lerninstrument.

Daher ist es uns ein Anliegen, die rußige Dunkelheit aus der Atmosphäre zu entfernen, die diesen heiligen Planeten umgibt, und euch die frische Luft atmen zu lassen, die Gott für euch vorgesehen hat. Diese Luft ist ein derart köstliches und sanftes Geschenk, dass jeder Atemzug dich in einen Zustand reinsten Entzückens versetzen könnte. Allerdings haben viele von euch das Gefühl vergessen, wie es ist, süßen Sauerstoff zu atmen, und haben sich einer Luft von geringerer Qualität angepasst.

Die gegenwärtige Umweltverschmutzung auf eurem Planeten basiert auf eurer Intention, euch durch die Erfüllung dichter, materieller Bedürfnisse Gutes zu tun. Mit der heutigen Hinwendung zu den Lehren oder dem Wiedererlernen der alten Wissenschaften von der Manifestation dürften diese alten Bedürfnisse bald verschwinden. Wenn dieser Moment gekommen ist, wird eure geringere Abhängigkeit von Maschinen aller Art dem Boden und der Atmosphäre der Erde große Erleichterung bringen! Ihr werdet Zeugen einer Reinigung werden, wie die Erde sie noch nie gesehen hat!

Doch während dieser Zeit des Übergangs, in der die Menschheit weiterhin von Maschinen und der verstärkten Nutzung elektronischer Kommunikationsmittel abhängig ist, legen wir euch dringend nahe, einen anderen Weg für die Manifestation einer saubereren Umwelt zu wählen. Wir sehen viele von euch, die bemüht sind, in ihrem Haushalt umweltschonende Reinigungsmittel anzuwenden, und wir versichern dir, dass diese Bemühungen auf keinen Fall gering zu schätzen sind! Deine Intentionen sind mit einer Energie aufgeladen, die andere in deiner Umgebung inspiriert und zu entsprechenden Schritten veranlasst, und auf diese Weise wirst du zu einem Vorbild, wenn es darum geht, die Umwelt zu schonen. Fürchte nie, dass deine Bemühungen nicht beachtet werden oder dass sie sinnlos sind. Geliebtes Wesen, du wirst zutiefst verehrt ob deines Beitrages, und jede fürsorgliche Handlung für das Wohlergehen deines Planeten wird als höchst bedeutsamer Akt großer Liebe betrachtet.

Ihr alle, die ihr versucht, euch aus der Abhängigkeit von Maschinen und Elektrizität zu befreien, lasst euch gesagt sein, dass eure Intentionen gewürdigt werden! Ihr, die ihr freiwillig eure Lebensweise ändert, um den Tieren und der Landwirtschaft zu helfen, frei zu sein von giftigen Chemikalien, werdet gewürdigt! Ihr, die ihr den Müll aus der freien Natur einsammelt, ihr alle werdet gewürdigt! Ihr, die ihr Haushaltsmittel wählt, die die Umwelt weniger belasten, ihr alle werdet für eure Entscheidung gewürdigt!

Und gemeinsam halten wir eine Sichtweise der Natur in ihrer ganzen reinen, herrlichen Schönheit aufrecht. Wir belasten unsere Gedanken über den Planeten weder mit Zorn, noch verdunkeln wir unsere Vision, indem wir nur die verrußte Luft sehen. Nein! Wir weigern uns, unseren Blick auf die Fehler und Irrtümer zu richten und schauen stattdessen auf die wunderbare Tatsache, dass das Bedürfnis des Planeten nach Heilung stärker ist als alle Umweltsünden, die an ihm vorübergehend begangen werden könnten. Daher geselle dich zu uns Engeln und erhalte gemeinsam mit uns diese erhabene Sichtweise des sauberen und gesunden Planetenkörpers aufrecht. Sieh den Körper von Mutter Erde als gesund und geheilt, und bald wirst du die enorme Kraft entdecken, die dieser Sichtweise innewohnt.

Vater

So viele von euch haben unbefriedigende Beziehungen zu ihren physischen Vätern, resultierend aus einer unbefriedigenden Beziehung mit der eigenen männlichen Seite. Denn du musst wissen, dass trotz der genetischen Kodierung deines Körpers deine Männlichkeit ein Teil der menschlichen Kondition ist, genau wie deine Weiblichkeit. Zu diesem Zeitpunkt in der Geschichte der Menschheit drängt die Weiblichkeit nach oben und macht auf ihre Präsenz aufmerksam. Es entsteht die Gefahr einer Disharmonie, wenn du gestattest, dass das Weibliche das Männliche überwiegt, denn keines von beiden ist dem anderen überlegen, und beide sind für Harmonie und Fruchtbarkeit unerlässlich.

Dein physischer Vater ist aufgrund dieser Übergangzeit, in der das menschliche Drama sich von der Betonung des Männlichen entfernt und es in vieler Hinsicht diskriminiert hat, unter sehr großen Schwierigkeiten aufgewachsen. Dieser Übergang hat deinen Vater in Angst und Schrecken versetzt, da er diesen Aufruhr in der menschlichen Gesellschaft weder vorhersagen noch verstehen konnte. Alles, was er wusste, war, dass seine Männlichkeit abgelehnt und als etwas Befremdliches und Unakzeptables betrachtet wurde. Und doch ist es so, dass seine Männlichkeit einen großen Teil seiner Identität ausmachte. Ohne dass ihm irgendwelche Ressourcen zur Verfügung standen, an die er sich wenden oder derer er sich bedienen konnte, wandte sich dein Vater mit einer Form des

Selbsthasses gegen sein ureigenes Selbst. Er war völlig entmutigt, und sein Herz war gebrochen.

Er löste sich innerlich von dir und deinen Geschwistern in dem vergeblichen Versuch, euch vor ihm zu retten. Unter einem Gefühl der Wertlosigkeit leidend, führte er seine Charade als Versorger für die Familie fort, während er sich gleichzeitig wertlos fühlte. Er hatte nicht die geringste Ahnung seines wahren Wertes als heiliges Kind Gottes und als Beschützer der Familie in so vieler Hinsicht. Du, mein Kind, hast aufgrund seines Mangels an Bewusstsein unter der Hand deines Vaters gelitten. Weder wusste er, was Liebe ist, noch konnte er sie genügend zum Ausdruck bringen. Auf diese Weise hast du dein Leben in dem tapferen Bemühen neu organisiert, deine Überlegenheit zu zeigen, damit der Stolz deines Vaters auf dich scheinen konnte. Jedoch bist du stets davor zurückgeschreckt, dich deiner meistgefürchteten Wahrheit zu stellen: dass dein Vater dich nicht lieben konnte und nicht auf die Weise für dich sorgen konnte, die du erhofft hattest.

Also hast du seine Anerkennung auf viele andere Arten gesucht, bis du schließlich vor lauter Mühe schwach und erschöpft aufgegeben hast in dem Wissen, dass du den ersehnten Preis seiner Anerkennung nie erringen würdest. Wirst du dich heute von Versuchen fernhalten, das Unerreichbare einzufangen, geliebtes Wesen? Wirst du jetzt erkennen, dass dein Vater dich so sehr geschätzt hat, wie es ihm möglich war, doch dass er es nicht vermochte, dies in Worten auszudrücken? Der Grund für sein Verhalten war die Natur der gesellschaftlichen Veränderung, die Entwertung des männlichen Prinzips, liebes Wesen. Dieser Absturz des männlichen Selbstwertgefühls verursachte in ihm das Gefühl, keine sichere Position in deinem Leben zu haben, keinen Einfluss, der irgendeinen wirklichen Wert hatte. Stattdessen überließ er die Sorge für die Kinder deiner Mutter, die genauso unsicher war hinsichtlich ihrer Position in deinem Leben. Du, auf der Suche nach einem soliden

Fundament der Anerkennung, Wärme und Liebe, nahmst an, dass mit dir etwas nicht stimmte, denn sonst wäre es dir sicher gelungen, die kontinuierliche Liebe und Anerkennung deiner Eltern zu gewinnen. *Was habe ich falsch gemacht, dass sie sich von mir abgewandt haben?* hast du dich gefragt.

Geliebtes Kind Gottes, du hast nichts falsch gemacht, und wir versichern dir, dass du in jeder Hinsicht uneingeschränkt liebenswürdig warst – damals, jetzt und immerdar. Vergib deinem Vater. Vergib dir selbst. Mach dich auf den Weg in die Ewigkeit mit einem frohen Herzen, in dem Wissen, dass dein wahrer Vater und deine wahre Mutter im Himmel immer für dich da sein, dich immer lieben, schützen und trösten werden.

Vergebung

Vergebung beendet jedes Leid, das auf den Groll zurückzuführen ist, den wir gegenüber uns selbst oder anderen hegen. Es ist, als würde unser Atem wie Luft aus einem Ballon entweichen, vergiftet mit Wut und Zorn. Wenn deiner Meinung nach etwas Schlechtes geschehen ist – unabhängig davon, wer der Übeltäter ist – schließt du diese Situation in eine Gefängniszelle ein und hältst sie in deinem Bewusstsein gefangen. Die Wahrnehmung von »Schlecht« oder »Böse«, die du in deinem Inneren aufrechterhältst, ist vergleichbar mit dem Inhalieren eines fremden Virus, das in der Folge dein physisches Selbst attackiert. Es ist unmöglich, Böses als solches wahrzunehmen, es im Bewusstsein zu speichern und keine negativen Auswirkungen zu verspüren.

Vergebung befreit diese unerwünschten Mieter aus deinem System und gibt dir die Möglichkeit, auf vielen Ebenen deines Seins heil zu werden. Wenn wir jedoch lediglich von Vergebung sprechen, so werden unsere Bemühungen keine Früchte tragen. Vergebung und gleichzeitiges Verurteilen zeigt keine Wirkung. Frei zu sein bedeutet, den Gedanken an Missetat oder Schlechtigkeit komplett loszulassen. Übergib die Situation Gott und den Engeln und wisse, dass wir die Situation führen werden – und alle, die darin involviert sind. Auf diese Weise musst du nicht über andere urteilen, egal ob sie »Täter« oder »Opfer« sind.

Dir ist die Kraft der Heilung gegeben worden, eine Kraft,

die so wunderbar ist, dass du aus Ehrfurcht vor diesem wunderbaren Geschenk Gottes auf die Knie fallen würdest, könntest du deinen Blick erheben und es in all seinem Glanz sehen! Deine Bereitschaft, die dir verliehene Kraft im Namen der Heilung einzusetzen, ist einer der wichtigsten Anreize für dich, der Vergebung die Zügel zu überlassen. Du vergibst nicht aufgrund einer Anordnung, sondern weil du *vergeben kannst*. Du vergibst nicht, weil du etwas gewinnen oder verlieren willst, sondern weil du *vergeben kannst*. Deine Macht ist so groß, dass du die Fähigkeit besitzt, allen alles zu vergeben.

Vergib dir selbst, geliebtes Kind Gottes, für dein harsches Urteil deiner eigenen Realität! Du hast Augenblicke und Ereignisse deines Lebens ausgewählt und sie unerbittlich und böswillig verurteilt. Doch ist dies wirklich der Weg, dich und andere zu heilen? Entfernt diese Art der Selbstverurteilung nicht vielmehr dein Bewusstsein vom Lichte Gottes? Denn das einzige Urteil, das deiner würdig ist, ist dieses: Stell dir in allen Situationen die Frage, ob dieser Gedanke, dieses Wort oder jene Tat mit dem Gesetz der Liebe harmoniert, dann dürfte dir die richtige Haltung nicht schwer fallen.

Yoga

Wir haben bereits über die Wichtigkeit des Atems, körperlicher Fitness und Meditation gesprochen, und es ist nicht unsere Absicht, bezüglich dieses Themas an dir herumzunörgeln. Doch Yoga wird dir als ein Weg angeboten, all diesen Notwendigkeiten innerhalb einer kurzen Zeitspanne Beachtung zu schenken. Wenn du dir die Praxis des Yoga zu Eigen machst, führt die daraus resultierende Verjüngung zu einem gewaltigen Energieschub. Die Festsetzung und Einhaltung einer bestimmten Zeit für deine Yoga-Übungen sorgen dafür, dass dir diese Gewohnheit zur zweiten Natur wird, was wir sehr empfehlen. Für einige wird dies auf eine zwanglose Art geschehen, während andere es als einen notwendigen Aspekt zur Erhaltung ihrer Lebenskraft betrachten werden.

Yoga-Praktiken sind der Menschheit schon sehr lange bekannt, doch erwachten sie in euren Ländern erst vor kurzem zum Leben. Heute wird dir diese Praxis mit einer Ansammlung von Gebeten dargeboten, und es entsteht eine Kraft, die so gewaltig ist, dass eine große Verwandlung stattfinden kann, wenn du dich in ihr versenkst. Jene, die ursprünglich Yoga praktizierten, haben Gebete in die Zukunft gesandt mit der Bitte, dass diese Gebete allen, die nach ihnen Yoga praktizieren würden, zum Segen gereichen mögen. Wenn du dich mit Yoga beschäftigst, bist du Teil des gewaltigen Flusses jener Gebete aus längst vergangenen Zeiten.

Du, der du eingeschüchtert bist vom Ausmaß deiner Flexibilität, höre unseren Ruf: Die Praxis des Yoga ist ein stiller Weg, der dich von innen heraus bereichert. Wende ihn als Mittel an, um dich friedvoll zu zentrieren und nicht als Möglichkeit, anderen gegenüber deine »Minderwertigkeit« oder »Überlegenheit« zu demonstrieren. Yoga ist eine heilige Kunst und keine Waffe für den Einsatz in irgendwelchen Konkurrenzkämpfen.

Du befindest dich in diesem Moment und immer vollkommen in Übereinstimmung mit allem, was ist, und der natürliche nächste Schritt besteht darin, dein Bewusstsein in dem Strom des Atems zu baden, der dich erfüllt, während du dich dehnst und biegst.

Zögere nicht einen Augenblick länger mit deiner Yoga-Praxis, geliebtes Wesen, denn wir sehen zahllose Segnungen, die du durch diese heilige Beschäftigung erlangen wirst. Wir werden dir Situationen und Lehrer bringen, die das Yoga in dir verankern und dir diese neue und dauerhafte Angewohnheit des tiefen und reinigenden Atmens, zusammen mit periodischen Dehnungsübungen, leicht machen werden.

In jedem Augenblick der Stille wartet eine kraftvolle Aktion darauf, dass du sie entdeckst. Durch Stille sorgst du dafür, dass dein Geist nicht länger unaufhörlich von Informationen überflutet wird, die alle um deine Aufmerksamkeit kämpfen. Aufgrund dieser Stille hörst du unsere Worte, die mit der Stille deines Atems zu dir kommen. Daher sei froh, dass dieser Ausdruck himmlischer Liebe durch tägliche Yoga-Übungen zu dir kommt. Für dich, dessen Terminplan so eng ist, dass du den Gedanken einer zusätzlichen Verpflichtung nicht ertragen kannst, ist dies ein Aufruf zu größerer Aufmerksamkeit durch eine regelmäßige Yoga-Praxis. Sie ist ein wunderbares Beispiel dafür, wie du durch Geben mehr empfangen kannst; je intensiver du dich dem Yoga widmest, desto mehr wirst du empfangen.

Bitte denke nicht, dass wir gefühllos oder desinteressiert sind, wenn wir uns auf deinen Terminplan beziehen, geliebtes Wesen. Wir klopfen dir mit unseren Worten nur einfach ganz sacht auf die Schulter und weisen dich liebevoll auf das hin, von dem du bereits weißt, dass es richtig ist, denn dein freier Wille strahlt in jedem Augenblick wie ein Leuchtfeuer am Horizont. Es ist nicht unsere Absicht, und wir sind auch gar nicht dazu in der Lage, dieses Licht zu brechen, um irgendeinem Willen anders als deinem eigenen zu dienen, der in Wahrheit ein Teil des Willens Gottes ist. Denn du wirst deinen individuellen Weg in die Stille des Yogas finden, und unsere Worte sollen dir heute ein Geschenk in diese Richtung sein. Wir sehen das Resultat jeder Entscheidung, die du triffst, und unser einziges Anliegen ist es, dich dazu zu ermutigen, in jeder Beziehung und bei allem, was du tust, Glück und Freude zu wählen.

Zwillingsflamme

 Mit der Tatsache, dass die Liebe auch in eurer Welt zunehmend ins Zentrum der Aufmerksamkeit rückt, geht eine gewisse Neugier bezüglich der Formen einher, die die Liebe innerhalb menschlicher Beziehungen annehmen kann. Der »Hauptgewinn« in der Liebe, den die meisten von euch suchen, ist der heilige Gral der Liebe zwischen Seelengefährten: das, was ihr als eure »Zwillingsflamme« bezeichnet.

Die Suche nach einem Zwilling ist so alt wie die Menschheit. Sie stellt einen Wunsch nach der Bestätigung dessen dar, dass du liebenswert bist als der, der du bist. Wenn du jemanden finden würdest, der dich in all deinen Aspekten hundertprozentig widerspiegelt, und wenn ihr einander lieben würdet, würde dies deine auf dem Ego basierenden Ängste beseitigen. Dein Ego verfolgt dich mit Zweifeln bezüglich deines Selbstwertgefühls, und die Vorstellung einer Zwillingsflamme hält die Hoffnung aufrecht, dass du ganz und gar und ohne Einschränkungen liebenswert bist.

Lass uns dir zunächst versichern, dass du – mit oder ohne Seelengefährten und mit oder ohne eine Zwillingsflamme in deiner näheren Umgebung – absolut und ohne Einschränkungen liebenswert *bist*! Du, der du das wunderbarste Beispiel der Liebe im Universum verkörperst, bist auf den Flügeln der Liebe auf die Erde gekommen. Du wirst geschätzt und begehrt von allem, was heilig ist, und es sind deine heiligen Brüder, die von deiner in ihnen widergespiegelten Existenz flüstern, mit einer Stimme, die kaum vom sanften Säuseln des Windes zu unterscheiden ist. Denn du musst wissen, dass grundsätzlich alle Wesen deine Zwillinge sind, deine Brüder, deine Schwestern.

Wir wissen, es ist eine spezielle Flamme, die du suchst, und es ist nicht unser Bestreben, uns über diesen Wunsch lustig zu machen oder ihn ins Lächerliche zu ziehen. Wir sind hier, um Liebe zu fördern, nicht um dich davon abzubringen. Du bist in erster Linie hier, um die Liebe in all ihren wunderbaren Formen zu erleben. Und nichts berauscht dein Herz so sehr wie der süße Kuss der Liebe. Wir sind deine Bewunderer, und wir können dich zu der Partnerschaft führen, nach der du dich so sehr sehnst.

Das Konzept einer Zwillingsflamme wurde vor langer Zeit ins Leben gerufen. Die Hülle, aus der sich deine Seele vor ihrer Reise auf die Erde gelöst hat, weist viele Komponenten auf. Diese sind in gewisser Weise deine Ursprungsfamilie, wenn in Wahrheit auch *alle* Menschen, die existieren, ein Teil von dir sind. Nichtsdestotrotz formten sich innerhalb deiner Seelenhülle im Himmel enge Verbindungen mit bestimmten Seelen. Und genauso, wie Erfahrungen deine Persönlichkeit und dein Schicksal auf der Erde formen, führen gemeinsam erlebte Erfahrungen zu Ähnlichkeiten hinsichtlich der Sicht- und Denkweise innerhalb von Gruppen allgemein. Ein einfaches Beispiel dafür sind zwei Kinder, die derselben Familie entstammen und gemeinsame Lebenserfahrungen machen, was zur Folge hat, dass sie bestimmte Dinge auf die gleiche Weise sehen.

In der Seelenhülle innerhalb der himmlischen Sphäre gilt das gleiche Prinzip. Eine Zwillingsflamme ist vergleichbar mit einem besten Freund oder einer besten Freundin auf der Erde, und sie ist jemand, der dir in Worten und Taten so ähnlich ist, dass du dich durch seine oder ihre Augen in dein eigenes »Selbst« verliebst. Dieser Mensch ist ein Wesen, das reiche Erfahrungen mit dir geteilt hat – einige in dieser Inkarnation, andere in der Vergangenheit. Zuweilen mögt ihr einander als »Geistführer« gedient haben. Diese Beziehungen haben euch beide durch eure gemeinsamen Erfahrungen im Himmel und auf der Erde in ähnliche Richtungen gesteuert. Das ist der Grund, warum es für Zwillingsflammen nicht ungewöhnlich ist festzustellen, dass sie bei ihrer Wiedervereinigung als Erwachsene einen erstaunlich ähnlichen Werdegang hinter sich haben.

»Werde ich meiner Zwillingsflamme in dieser Inkarnation begegnen?«, möchtest du wissen. Deine Frage ist auf den wahren, tiefer liegenden Wunsch zurückzuführen, dich vollkommen geliebt zu fühlen. Und wir erinnern dich noch einmal daran, deine Suche mit einem vollen Glas zu beginnen und nicht als jemand, der nach Liebe hungert. Eine verzweifelte Angst begleitet jenen, der sich leer fühlt, und eine solche Angst ist keine gute Voraussetzung dafür, die Liebe anzuziehen, die du suchst. Beten, Meditation, stiller Rückzug in die Natur … dies alles sind Wege zu dem Ziel, nach dem du dich sehnst.

Wenn dein Wunsch nach dieser Liebe erst einmal auf die richtige Weise gestillt ist, nämlich durch die einströmende Erkenntnis der unermesslichen Liebe Gottes, die bereits in deinem Inneren strahlt, wirst du die Reflektion dieser Liebe in deinen irdischen Erfahrungen finden. Du wirst Liebe in solch ungeheurem Ausmaß erleben, dass es sich anfühlt, als schütte der Himmel riesige Eimer voller Liebe aus einer nie endenden Quelle über dir aus! Freunde werden lächeln und mit dir lachen, und du wirst dich nie wieder einsam oder ungeliebt fühlen.

Du hast in jedem Moment große Liebe in deinem Herzen. Diese Schatztruhe zu entdecken, wird deinen Hunger nach Liebe vollkommen stillen, sodass dein Licht über die ganze Erde und hinauf in den Kosmos strahlt. Wunder werden unaufhaltsam jenen zuteil, die so bedingungslos lieben, und wenn du Liebe in Form einer zwischenmenschlichen Beziehung suchst, wirst du sie auf diese Weise finden.

ZWEITER TEIL

Botschaften der Erzengel

Eine Botschaft von Erzengel Michael

FRAGE: Erzengel Michael, was möchtest du mir sagen?

ANTWORT: Setze dich still hin, atme tief ein und öffne dein Kronenchakra, damit ich ein Gefäß habe, in das ich mein Wissen, meine tiefe Liebe und meinen Respekt für dich hineingießen kann. So häufig läufst du fort vor der Möglichkeit, mir von Angesicht zu Angesicht gegenüberzustehen aus Angst vor dem, was ich dir sagen könnte. Fürchte dich nicht, denn ich komme im Namen des Herrn aller Planeten und aller Räume jenseits davon! Ich habe die Aufsicht über die »Lichtbrigade«, und die momentane Situation auf der Erde erfordert unser aller Aufmerksamkeit und Arbeit. Was glaubst du, was in Zeiten großer Umwälzungen und Not die Struktur wie ein starker Leim zusammenhält? Es ist unser gemeinsames Licht, das selbst Situationen großer Gefahr durchdringt. Es gibt wirklich nichts zu fürchten, da du die wunderbare Fähigkeit hast, auf der Ebene des Lichts zu reisen und Gefahr in jedweder Form aus dem Weg zu gehen.

Daher lehne dich still zurück und werde dir des wunderbaren Lichts bewusst, das in diesem Augenblick in dir und um dich herum erstrahlt. Meditiere über die Intention, dieses Licht kennen zu lernen. Es besitzt eine Macht, die größer ist als alle Mächte, die die Menschheit je gekannt hat. Es ist das Geheimnis des Universums, die Ursache und die Macht großer Entschlossenheit. Dieses Licht, geliebtes Wesen, ist eine gewaltige und unbesiegbare Kraft, die nie ausgelöscht oder dir genommen werden kann. Es ist grenzenlos und reicht von dem Ort, an dem du dich in diesem Augenblick befindest, bis hinein ins tiefste Universum und jenseits davon. Es ist zeitlos, und in Sekundenschnelle kann es einen ganzen Planeten einhüllen.

Nimm dieses Licht und bring es überall hin, wo dein menschliches Auge Kummer und Not erblickt. Zeige dein Engagement für den Frieden, indem du dein göttliches, heiliges Licht auf der Erde erstrahlen lässt. Und vergiss nie: Du gehörst zu den Verfechtern der Wahrheit und des göttlichen Bewusstseins, und wenn du deinen Blick auf diese verborgene Fähigkeit heilender Kraft richtest, trägst du dazu bei, dass es der Welt besser geht. Lass Wunder geschehen, geliebtes Wesen, indem du Licht aus deinem Herzen, deiner Seele und deinem Geist strömen lässt und die vielen Dimensionen des Lebens mit diesem Geschenk des Lichts überschüttest und einhüllst.

Wie ein heilender Balsam wird es alle schlechten Absichten heilen und zum Verschwinden bringen. Das Licht kann in den verschiedensten Farben leuchten, entsprechend deiner Wahl und inneren Führung. Zum Beispiel kann blassblaues Licht die Flammen des Zorns löschen, wie Wasser, das rauchende Flammen erstickt. Dunkelblaues Licht beruhigt angegriffene Nerven und bringt das Bewusstsein auf eine höhere Ebene. Du wirst merken, dass dunkelblaues Licht schläfrige, philosophische Diskussionen auslöst. Es gibt so viele Farben, und du wirst mit jeder experimentieren und die jeweiligen Wirkungen notieren wollen. Rosafarbenes Licht führt, wie du dir vielleicht vorstellen kannst, zu Freundschaft und Liebesbeziehungen und bringt ganz allgemein Menschen auf eine liebevolle Weise einander näher. Gelbes Licht stimuliert die Arbeitsumgebung und hilft jenen, die schnell abgelenkt werden, sich stärker auf die Botschaften und Führung ihres höheren Selbst zu konzentrieren. Wie ich schon gesagt habe;

du kannst vertrauensvoll mit diesen strahlenden Lichtern experimentieren, die nie Schaden anrichten oder irrtümlich verströmt werden können. Sollte die Notwendigkeit multidimensionaler Heilung bestehen, nimm einfach weißes Licht, da in ihm alle Farben enthalten sind, vor allem mein geliebtes Violett, das der höchsten Stufe des Spektrums entspricht. Violettes Licht hilft den Menschen, ihr intensivstes Licht auszustrahlen, damit sie ihre innere Weisheit in jeder Hinsicht entfalten können. Es regt die Sinne sowie die Adrenalinproduktion an und erzeugt eine tatkräftige Energie, mit deren Hilfe diese hoch entwickelten Sinne auf eine angemessene Weise benutzt werden können.

Verstehst du also, warum ich sage, dass ich das Oberhaupt der »Lichtbrigade« bin? Du, der du zu den zahllosen Mitgliedern dieser heiligen Gruppe gehörst, hast viel Arbeit vor dir. Zunächst musst du deine schlafenden Brüder und Schwestern aufwecken, indem du dein Licht jederzeit erstrahlen lässt, sobald du dich daran erinnerst. Das innere Licht deiner Mitmenschen, ähnlich dem deinen vor nicht allzu langer Zeit, schlummert noch – ebenso wie ihr Bewusstsein. Den schmerzhaften Stachel der Illusion gefangenen Opferdaseins spürend, drehen sie ihr Lebensrad, ohne auch nur einen Schritt weiterzukommen. Oh, wie sehr sie in diesem Moment deines strahlenden Lichts der Liebe bedürfen, um den Schützengräben zu entfliehen, in denen sie verschüchtert kauern! Hilf ihnen, ihr höchstes Potenzial zu erreichen, liebstes Wesen, indem du ihnen das leuchtende Beispiel eines in der Wahrheit geführten Lebens gibst.

Du solltest stets und in jeder Hinsicht auf Frieden achten und in all deinen Handlungen für Frieden einstehen. Gib dich innerhalb deines eigenen Familiensystems mit nicht weniger zufrieden als einer lebendigen Form der Friedfertigkeit in deinem eigenen Inneren. Dies bedeutet eine stille innere Freude und hat nichts mit der allgemeinen Definition von Friedfertigkeit zu tun, die mehr einer »Apathie« gleicht. Wirklich erlebt und verstanden, ist innerer Frieden ein stimulierender und begeisternder Zustand. Er bedeutet, von dem Glauben und Vertrauen erfüllt zu sein, dass der himmlische Schöpfer ausnahmslos für alle Angelegenheiten Sorge trägt. Innerer Frieden bedeutet, den Mut zu haben, immer zu lieben, auf eine Weise, die dich jenseits der Schwelle deiner Leidenschaften führt. Wenn deine Interessen dich also beispielsweise in eine Bücherei führen, zu einem Telefonanruf, einer »zufälligen« Begegnung oder einem Spaziergang, wirst du der Führungsqualität deines heiligen Selbst und des göttlichen Willens vertrauen.

Ich komme oft in deinen Traumreisen zu dir, und häufig führe ich dich, damit du die Aufgaben erkennen kannst, um die du gebeten und die zu übernehmen du dich bereit erklärt hast. Das ist der Grund, warum du so häufig ein Gefühl hast, welches du als »Déjà-vu-Erlebnis« bezeichnest, bei dem dir Vorschauen deiner dringendsten und wichtigsten Unternehmungen zuteil werden. Wenn du dieses Gefühl einer bereits erlebten Erfahrung hast – wie die durch irgendein Erlebnis im Laufe des Tages hervorgerufene Erinnerung an einen nächtlichen Traum – erlaube dir, zeitlos zu fließen und dich mit mir zu verbinden, und sei es nur für einen flüchtigen Augenblick. Ich werde dir ein Zeichen geben, dass ich es bin, der bei dir ist, entweder durch ein aufblitzendes Licht, das du siehst, oder eine spürbare Empfindung, die dir zeigt, dass ich in deiner Nähe bin. Du magst dieses Gefühl wahrnehmen als eine Art Wickel um deinen Kopf herum oder einen sanften Druck auf deine Schultern.

Wie auch immer, ängstige dich nicht, denn es handelt sich hierbei um unser vorher abgestimmtes Signal, das dir erlaubt, die Bedeutung einer Situation richtig einzuschätzen. Es bietet dir die Gelegenheit, Angst zu verscheuchen und an ihrer Stelle Freude zu empfinden und zu verbreiten. Sei versichert, dass du wunderbar für diese Friedenstaten qualifiziert bist und dass ich immer bei dir bin, in alle Ewigkeit, und dich mit einer unermesslichen Fülle von Liebe und Hingabe überschütte. Denn ich bin Michael, direkt von Gott gesandt, um dir bei allem, was du tust, dein Leuchten bewusst zu machen.

Eine Botschaft von Erzengel Raphael

FRAGE: Erzengel Raphael, was möchtest du mir sagen?

ANTWORT: So häufig kommt es vor, dass du mich wegen physischer Heilungen anrufst, und dies zu Recht, denn meine Bestimmung ist es, diese Funktion im physischen Universum auszuüben. Doch ich bin ausgerüstet, noch soviel mehr zu tun, und darüber möchte ich dir heute berichten.

Unordnung im Universum ist ein Ding der Unmöglichkeit, und doch ist die Wahrnehmung von Unordnung sehr weit verbreitet. Wenn du Chaos in irgendeiner Form wahrnimmst, sei es die Unordnung in deinem Zuhause oder finanzielles Durcheinander, bringst du das Prinzip der Ordnung durcheinander, dem das Universum basiert. Denn es ist eine Tatsache, dass ein großer Teil dieses Prinzips deine Kooperation erfordert, damit du dich seiner stärkenden Kraft erfreuen kannst. Du kannst zwar kein wirkliches Chaos kreieren, doch du kannst chaotische Wirkungen hervorrufen, indem du eine Situation als unkontrollierbar betrachtest. Dein Urteil sorgt dafür, dass deine Welt aus den Fugen gerät und du dich auf diese Weise jenseits der normalen Gesetze von Ordnung und Kontrolle beförderst. Und wenn du dich erst einmal außerhalb dieser Gesetze befindest, nimmst du noch mehr Chaos wahr, was deine Verzweiflung oder das, was du »Stress« nennst, intensiviert. Dies ist die Wurzel aller Krankheit, Brüder und Schwestern, die Wurzel allen Leidens und allen Schmerzes.

Nichts in diesem Universum kann jemals in Unordnung geraten, doch du kannst im Glauben sein, dass es so ist. Und die ungeheure Macht deiner Gedanken kann dir dein Leben chaotisch erscheinen lassen, weil du es so affirmierst. Vielleicht wirst du fragen: »Wie kann ich Gottes Gesetz perfekter Ordnung zunichte machen?« Und die Antwort lautet ganz einfach: »Du kannst es nicht.« Allerdings kannst du das Gesetz nutzlos machen, einfach weil deine Wahrnehmung es nicht erfasst. Du siehst Chaos und erlebst es als »Stress«. Wo in Wahrheit göttliche Ordnung herrscht, siehst du etwas ganz anderes. Wo in Wahrheit perfekter Frieden herrscht, siehst du Störung. Wo Gesundheit ist, siehst du Krankheit. Und auf diese Weise wirst du ein anderes Universum sehen als das, welches der Schöpfer für dich erschaffen hat. Und was du siehst, ist *tatsächlich* das, was du bekommst.

Dabei spielt es keine Rolle, ob deine Wahrnehmung nur eine Illusion ist. In deiner eigenen Welt denkst du, dass es wahr ist, was du siehst. Also rufst du mich und meine himmlischen Brüder an, die Sache in die Hand zu nehmen, das wir durchaus zu tun gewillt und woran wir gewöhnt sind. Doch kannst du sehen, dass es sich hierbei um einen Umweg handelt? Bereits eine Ahnung der Wahrnehmung göttlicher Ordnung reicht aus, um das Chaos ein für allemal unmöglich zu machen.

Wenn du dich von vermeintlicher Unordnung umgeben siehst, rufe uns Engel herbei, um dir zu einem anderen Bewusstsein zu verhelfen – einem Bewusstsein perfekten Friedens. Wir werden dir helfen, wenn du uns erlaubst, dir eine andere Sichtweise der Welt zu vermitteln. Du wirst den perfekten Plan hinter allem erkennen, selbst hinter dem scheinbaren Chaos. Du wirst die mathematische Präzision erkennen, mit der alles komponiert ist – der Gleichklang, die Balance, die Abstimmung, einfach alles.

Und auf diese Weise wirst du große Schönheit erblicken, sowohl in deinem Inneren als auch in der äußeren Welt. Du wirst staunen über die Pracht, von der du für alle Ewigkeit umgeben bist – nicht nur in diesem Augenblick, sondern immer. Voller Ehrfurcht wirst du einen tiefen Atemzug nehmen, und du wirst froh sein.

Der Weg zu vollkommener Gesundheit beginnt daher mit einem einfachen Atemzug. Es kann in einem völlig unerwarteten Augenblick beginnen, vielleicht wenn du traurig bist aufgrund eines falsch wahrgenommenen Ereignisses. Das ist die Gelegenheit, dir deine Wahrnehmungen noch einmal genau anzuschauen! Sag dir selbst immer wieder: »Es *kann nicht* so sein!« Verneine die Existenz von Chaos und mache dir die Wahrheit von Gottes ewigem Plan der Liebe zu Eigen. Wisse, dass die Unordnung in Gottes Universum keinen Raum hat, und deine Wahrnehmung von Unordnung und Durcheinander wird in dem Grad ausradiert, den du zulässt. Mit dieser Änderung deiner Einstellung geht eine komplette und allumfassende Heilung einher. Daher kannst du, wenn ich das so sagen darf, Heilung als eine »Verhaltensadjustierung« bezeichnen.

Denke nicht, dass ich das menschliche Gefühl der Trauer missachte oder gefühllos bin gegenüber menschlichem Leid. Ganz im Gegenteil, liebstes Wesen! Vielmehr kündige ich ein neues Zeitalter der Wahrnehmung an, in der die Trübheit dem strahlendsten Sonnenlicht Raum macht, das du dir vorstellen kannst; wo Trauer und Leid in dem Augenblick geheilt sind, in dem die Erkenntnis von Gottes heiligem Plan in die Tat umgesetzt wird; wo gebrochene Knochen in der Sekunde dieser Erkenntnis wieder zusammenwachsen; und wo Menschenleben, die in einem Sumpf der Unordnung zu versinken drohten, wieder dahin gebracht werden, wo sie hingehören: in Gottes herrliches Reich, zusammen mit allen anderen Schätzen seiner Schöpfung, die in jeder Beziehung perfekt und vollkommen ist. Dafür hat Er gesorgt, und dank deiner wieder intakten heiligen Wahrnehmung befindest du dich nicht länger außerhalb dieser Schönheit.

Du bist bereits geheilt, und ich bin als Schutzengel bei dir, damit deine Wahrnehmung in dieser geheilten Position erhalten bleibt. Wenn du dich ein Stück weit fortbewegst von dem Wissen um deine Heiligkeit, so bitte mich, dir wie ein himmlischer Tanzlehrer zu helfen, diesen Schritt wieder rückgängig zu machen. Die Bewegung ist einfach; schwierig ist es für dich, die Bereitschaft aufzubringen, deine Wahrnehmung immer wieder zu korrigieren. Du hast so viele wunderbare Fähigkeiten, die von nichts anderem als deiner eigenen Vergesslichkeit eingeschränkt werden. Lass dies den Zeitpunkt und den Ort deiner verstärkten Bereitschaft sein, Wundern zu erlauben, durch deine Wahrnehmung von Licht und Ordnung Realität zu werden, indem du diese Qualitäten in allem nutzt, auf das der Blick deiner Augen fällt.

Eine Botschaft von Erzengel Uriel

FRAGE: Erzengel Uriel, ich habe das Gefühl, dass ich dich nicht so gut kenne wie die anderen Engel. Deine Persönlichkeit scheint nicht so klar umrissen zu sein. Was möchtest du mich über dich und deine Rolle wissen lassen, und welche Botschaften hast du für mich?

ANTWORT: Ich bin froh, dass du mich eingeladen hast, beim Schreiben dieses Buches in deiner Nähe zu sein, Doreen, denn ich habe lange über viele deiner Projekte gewacht, und wenn es auch den Anschein haben mag, als sei ich schwer zu fassen oder festzulegen, war ich dennoch immer in deiner Nähe. Ich bringe Licht in viele Situationen, die du als schwierig betrachtest und helfe dir, sie in der gleichen Weise zu entwirren, wie ein Kamm deine Haare entwirrt. Ich halte mich in den meisten Fällen aus Respekt verbal zurück und spreche nicht direkt mit dir, sondern ziehe es stattdessen vor, hinter den Kulissen zu bleiben, von wo aus ich dir in schwierigen Zeiten am besten helfen kann.

Meine Liebe für dich fließt unentwegt aus meinem Herzen in das deinige (und das gilt ebenso für jeden anderen Menschen, der diese Worte irgendwann liest). Ich bin ununterbrochen damit beschäftigt, Liebe auszuschütten, ähnlich einem Feuerwehrmann, der bei einem heftigen Waldbrand alles tut, um die wütenden Flammen zu löschen. Ich beseitige Schmerz in Situationen, in denen Verzweiflung zu herrschen scheint, damit du klar sehen und denken kannst, um der Situation zu entfliehen. Ich bringe Erleuchtung in dein Bewusstsein, damit die Hoffnung in dein Herz zurückkehren kann. Auf vielerlei Weise helfe ich dir, Zugang zu den kreativen Lösungen zu finden, die die himmlischen Kräfte dir ständig anbieten, die du jedoch ohne einen klaren Geist nicht empfangen kannst.

Demzufolge bin ich der »Fensterputzer« deiner Sichtweise. Ich entferne einfach die Schatten, damit du das Leben klarer sehen kannst. Viele Male hast du von mir als dem »Engel-Psychologen« gesprochen, und das trifft im Großen und Ganzen zu. Ich habe tatsächlich die Fähigkeit, dein Herz zu erweichen und den Weg für Vergebung zu ebnen – selbst in scheinbar ausweglosen Situationen, in denen Hass und Wut jenseits jeglichen Begriffsvermögens brodeln. Ich lösche die Flammen des Hasses und bringe die Menschen zurück zur Wahrnehmung ihrer eigenen göttlichen Liebe. Dennoch wäre es eine Einschränkung, würdest du mich nur als Erzengel der Vergebung betrachten, während es doch soviel mehr gibt, was ich tun kann, um der Menschheit und den Wesen aller Welten zu helfen.

Ich gehöre zu den neueren Erzengeln an der Seite der Menschen auf der Erde. Die anderen Erzengel, von denen du bereits viele kennen gelernt hast (und von denen einige auf dem Weg sind, dir in deinem Wachbewusstsein zu begegnen), haben – wie du es nennst – »klarer umrissene« Persönlichkeitsmerkmale, anhand derer man sie sofort erkennen kann. Michael, mit seinem unfehlbaren Schwert, ist ein machtvoller Kämpfer um dein Bewusstsein. Wer könnte seine donnernde Stimme und seinen gebieterischen Geist ignorieren? Raphael, mit seiner nie nachlassenden Sanftmut und eifrigen Hilfsbereitschaft, ist einem besten Freund vergleichbar, den du am liebsten immer an deiner Seite haben möchtest. Und Gabriel ist der stets gegenwärtige Helfer für all jene mit einem brillanten und kreativen Geist, deren Kreativität er in hilfreiche Taten auf der Erde kanalisiert. Und wer bin ich in diesem Wirkungsfeld der Erzengel? Ich bin der, der bereit ist, aus der

Ferne zu helfen; derjenige, der mit seiner Bereitschaft, größere Ströme von Licht in eure Seele und in die Situation zu lenken, jede Heilungssituation mit Heilungskraft versieht.

Dieses Licht ist der Lebenssaft bei allen Heilungen, da er deine Seele und dein Herz öffnet, sodass du die Situation aus einer neuen Perspektive sehen kannst. Mein strahlendes Licht hilft dir, einen Schritt zurückzutreten und die Sache noch einmal zu überdenken. Es hilft dir, dein Herz auf Vergebung vorzubereiten, selbst wenn dein Kopf noch nach Vergeltung ruft. Es überspringt den Angriffsreflex und schützt dich vor automatischen Rachereflexen. Auf diese Weise wirst du zwar innerlich weicher, jedoch nicht so, dass du dir wie ein »Narr« vorkommst. Du wirst auf eine Weise weicher, die dir neue Entschlusskraft, Einsicht und innere Stärke gibt.

Betrachte mich daher als einen weisen Onkel, der dir in schwierigen Situationen eine neue Perspektive anbietet. Ich bringe dir Äonen von Weisheit, gesammelt aus dem reichen Erfahrungsschatz des Lebens selbst. Und dennoch wird dir meine wichtigste Hinterlassenschaft in Form des größten Reichtums zuteil: meine Urne des Lichts, die ich mit Freuden über deinem heiligen Haupt ausschütte, wann immer es vor Kummer herabsinkt. Meine Urne ist ewig mit erneuerndem Licht gefüllt, und ich habe endlos viel Zeit, die ich mit dir verbringen kann.

Dieses Licht ist nicht nur ein heilender Katalysator, sondern es ist darüber hinaus angefüllt mit den Besonderheiten unserer endlosen Konversationen, die auf einer so hohen Frequenz stattfinden, dass dein Bewusstsein sie häufig nicht wahrnimmt. Dies sind die Momente, die ich am meisten genieße: die hohen Frequenzebenen, die unsere »Gespräche« sind, unsere »Zusammentreffen«, die oft in deinen Meditationen, deinen Träumen und in Zeiten besonderer Offenheit deiner Seele stattfinden. Die profunden Wahrheiten, die wir während dieser unsichtbaren Konversationen austauschen, sind mir ein ganz besonderer Genuss, und mein Herz hüpft vor Freude, wenn ich sehe, wie du diese Gedanken niederschreibst und so ihre Weisheit zu deiner eigenen Freude und für dein Wohlergehen festhältst.

Wende dich oft an mich, denn mein ganzes Bestreben ist es, dir wohl zu sein. Denke nie, dass ich deiner Gesellschaft müde werde, denn ich bin dir treu ergeben und immer für dich da. Mir ist die Zeit kostbar, die wir gemeinsam im Gespräch verbringen, und ebenso kostbar sind mir die Momente, in denen du dir meiner Mission nicht bewusst bist. Ich bin das Licht, genau wie du es bist, und die Strahlen unseres gebündelten Lichts bringen dem ganzen Universum große Freude.

Eine Botschaft von Erzengel Gabriel

FRAGE: Erzengel Gabriel, welche Botschaft hast du für uns?

ANTWORT: Du weißt, dass ich der Engel bin, der die tiefste Art von Kommunikation ermöglicht. Meine wichtigste Funktion ist es, dir die Möglichkeit zu geben, die Wahrheit zu sagen und dich gleichzeitig beschützt und sicher zu fühlen. Ich sehe, dass viele von euch dabei sind, den Rahmen ihres Horizontes zu erweitern, indem sie sich heute mehr denn je der geistigen Ebene bewusst sind. Ihr assimiliert diese Veränderungen außerordentlich schnell, und ich beglückwünsche euch zu eurem Mut!

Ein Großteil meiner Arbeit hat damit zu tun, euch auf eurem Weg zu führen, während ich euch dazu anhalte, Lügen, Täuschungen und Halbwahrheiten zu vermeiden – vor allem euch selbst gegenüber. Du zitterst vor Furcht und Einsamkeit, nicht bereit, durch das Ausdrücken der Wahrheit Freiheit und Frieden zu finden. Das ist der Moment, wo ich die Bühne betrete. Ich bin dir ein machtvoller Verbündeter bei deinen Versuchen, für dich selbst einzustehen. Doch ich muss dich noch einmal daran erinnern, dass du zunächst dir selbst gegenüber ehrlich sein musst, bevor du nach außen hin für deine Wahrheit einstehen kannst.

Wahrheit muss im Inneren deiner eigenen Seele beginnen, wo du dir selbst eine Phase des Chaos' und der Konfusion erlaubst, während du dich durch die vielen Arten der Verwirrung hindurcharbeitest, die einer gründlichen Inventur deines Lebensbildes unweigerlich folgen. Du hast schon so oft auf einen weit in der Zukunft liegenden Tag gewartet, an dem du dein Leben endlich genau inspizieren würdest, voller Angst, dass eine solche Inventur dich dazu veranlassen könnte, alles über Bord zu werfen, was du bisher so hoch geschätzt hast. Die vielen verschiedenen und einander entgegengesetzten Wünsche würden dich in Verwirrung stürzen. Es gibt nur einen Weg aus diesem Dilemma, und der besteht darin, dass du deine Wahrheit zum Ausdruck bringst, und ich wiederhole noch einmal: *Als erstes musst du dir selbst gegenüber deine Wahrheit eingestehen.*

Wenn du deine gegenwärtige Situation mit dem klaren Blick der Wahrheit betrachtest, wirst du in deinem Inneren die Kraft fühlen, alle mit der Situation verbundenen Sorgen und Bedenken zuversichtlich in Angriff zu nehmen und aufzulösen. Doch wenn sich dein Blick aufgrund ständigen Zögerns und Aufschiebens vernebelt, stellst du dein innerstes Wesen hintan und lässt es an den Wunden der Selbstmissachtung leiden. Du hast es nicht verdient, in irgendeiner Weise nachlässig behandelt zu werden! Setze dir gleich heute höhere Maßstäbe, und sei versichert, dass du keine Angst davor haben musst, von den chaotischen Umständen überwältigt zu werden.

Dir selbst die Wahrheit einzugestehen ist nicht gleichbedeutend damit, alles über Bord zu werfen, was dir lieb und teuer ist. Keineswegs! Vielmehr ist es ein Prozess, der das Ungleichgewicht in deinem Inneren wieder ins Lot bringt, das dich von dir selbst entfernt und ins Wanken gebracht hat. Du hast viele Geheimnisse in den Tiefen deiner Seele versteckt, nicht bereit, sie deinem eigenen Selbst einzugestehen. Was glaubst du, was diese Geheimnistuerei mit dir macht? Denke daran, wie negativ Geheimnisse sich auf jede Art von Beziehung auswirken, und du wirst die Antwort wissen. Wann immer wir in unserem Bewusstsein Barrieren errichten und sagen: »Nein, ich werde mir das nicht anschauen!«, berauben wir uns selbst eines Teiles unserer Kraft. Unser Bewusstsein spaltet sich, und unsere Selbsttreue wird verzerrt. Die Vereinigung mit deinem eigenen Selbst erfordert die erneute Zusammenfügung dieser gespaltenen Bewusstseinsbereiche, und wenn dies auch hochtrabend und kompliziert klingen mag, ist es dennoch einfach. Ich bin bei dir, um dich auf dem zuweilen schwierig erscheinenden Weg der Selbsterkenntnis zu führen.

Du hast Angst, nach innen zu schauen, weil du dich vor dem fürchtest, was du dort vielleicht finden wirst. Du hast Angst, Dunkelheit zu finden, fürchtest dich davor, als unvermeidliche Folge deiner Lebensinventur Veränderungen vornehmen zu müssen, und du hast Angst, in Selbstverachtung zu versinken aufgrund dessen, was du vielleicht finden wirst. All diese Ängste führen dazu, dass du wegläufst und dich vor deinem eigenen Selbst versteckst. Doch kannst du, der du für alle Ewigkeit mit deinem heiligen Selbst verbunden bist, dich nicht wirklich verstecken. Du weißt, dass es einen Teil deines Selbst gibt, der absolut heilig und unantastbar ist. Auf der anderen Seite weißt du aber auch, dass es einen Teil deines Selbst gibt, der zu Missetaten fähig ist. Dieser Zwiespalt sorgt dafür, dass du es vermeidest, nach innen zu schauen und du dich stattdessen in ständigen Beschäftigungen verzettelst, die dich eisern im Griff haben und dir für nichts anderes Zeit lassen.

Ich werde dich aus der Dunkelheit führen und dir das Licht zeigen, das in deinem Inneren strahlt, heiliger Engel! Ich werde dich mit liebevoller Strenge halten, sodass du dich nicht fürchtest, wenn du dein heiliges Selbst erkennst. Wenn du mir nur für eine Weile vertraust, werde ich dich zu Höhen führen, die du heute nur erahnen kannst. Die Wahrheit wird all deine Ängste beseitigen, während ich dich sanft anleite, mit liebevoller Ehrlichkeit nach innen zu blicken.

All dies bedeutet nichts anderes, als dass du eine Liste der Dinge erstellst, die dir in deinem Leben nicht länger gut tun. Zu dieser Liste können zum Beispiel Charaktereigenschaften gehören, die du gerne ablegen würdest; oder sie mag Personen, Orte oder Bedingungen beinhalten, die deiner heiligen Mission nicht länger dienlich sind. Dies kann zu Veränderungen unterschiedlichster Art und neuen Pläne führen. Lass dich davon nicht ängstigen, geliebtes Wesen! Ich werde dich auf jedem Schritt deines Weges führen. Gemeinsam bündeln wir das Licht des Glücks zu einem frischen Frühlingsstrauß, den wir mit der Welt teilen wollen.

Du meinst, es sei an der Zeit, »Unordnung zu beseitigen«, und damit hast du recht. Energie macht sich am Alten fest und klebt an dir wie Klebstoff. In ähnlicher Weise musst du bereit sein, die Unordnung in deinem eigenen innersten Wesen zu beseitigen in dem Vertrauen, dass neues Licht auf jeden Bereich scheinen wird, den zu heilen du gewillt bist. Denn Heilung bedeutet nicht, etwas »abzulegen«. Du musst nicht deine Beziehungen aufgeben – lediglich deine Beziehungsmuster! Du musst weder dein Zuhause noch deinen materiellen Besitz loswerden – nur die Art, wie sie dir zusetzen, so als würden diese Dinge *dich* besitzen! Deine Umorganisierung ist ein Weg zu größerer Freiheit. Auf diesen Weg gelangst du durch deine Bereitschaft, dir die Wahrheit über jene Bereiche deines Lebens einzugestehen, in denen du dich eingeengt, überwältigt oder kontrolliert fühlst.

Wenn du für dich selbst einstehst, zuerst in deinem Gewissen und dann in deinem ganzen Bewusstsein, folgen die nächsten Schritte ganz automatisch. Der schwierige Teil ist vorbei, und neue Türen tun sich auf. Indem du dir mit dieser erfrischenden Welle der Ehrlichkeit deinem eigenen Selbst gegenüber neue Kraft schenkst, erfüllt deine Aufrichtigkeit jeden Aspekt deines Seins. Du leuchtest in jeder Beziehung heller, und andere sehen die Liebe, die aus deinen Augen strahlt. Diese Liebe ist das Resultat echter Fürsorge für dein wahres Selbst, heiliges Wesen, die aus deinem Mut geboren wird, dich dir selbst zu stellen und zu fragen: »Was ist die Wahrheit?«

DRITTER TEIL

Eine Botschaft von den Naturengeln

Ihr bezeichnet uns oft als Feen, Devas und Elementarwesen, doch so nennen wir uns nicht; diese Namen habt ihr uns gegeben. Und wenn es auch stimmt, dass es geringfügige Unterschiede zwischen uns gibt, so überwiegen dennoch unsere Gemeinsamkeiten. Der entscheidendste Faktor ist die Tatsache, dass wir alle die irdische Dimension teilen, und wir müssen Wege des Zusammenwirkens suchen, um das Gleichgewicht auf dem Planeten aufrechtzuerhalten. Vielleicht ist euch nicht bewusst, welche erderschütternden Probleme viele eurer großen Unternehmen mit ihrem industriellen Abfall und ihren Abgasen erzeugt haben. Sie haben ihren Anteil an dieser Umweltverschmutzung verleugnet, doch wir sind Zeugen ihrer schändlichen Aktionen, die sie geheimzuhalten versuchen. Und wenn es auch nicht unsere Absicht ist, Desillusionierung zu predigen oder Schuld zuzuweisen, so benötigen wir dennoch eure Mithilfe, um die Erde von ihren furchtbaren Schmerzen zu befreien.

Die Verschmutzung der Erde ist unter anderem auf die Abwässer zurückzuführen, die in unsere Flüsse, Seen und Ozeane gelangen. Über diese Missstände informiert zu sein und dann den Mut zu haben, aufzustehen und darüber zu sprechen, mit dem Ziel, ökologisch verträgliche Systeme zu finden, ist für das Überleben auf dem Planeten unentbehrlich! Fürchte nicht, dass deine Stimme zu leise ist, indem du denkst: »*Wer bin ich schon? Ich bin nur ein kleines Rad im Getriebe*«, wo du in Wahrheit soviel Gutes tun könntest, wenn du zum Beispiel nur einmal zu einer Gemeinderatsversammlung gehst! Die Erde zählt auf deine Stimme, die durch eine direkte Begegnung oder einen geschriebenen Brief gehört wird!

Das Wissen über ökologisch verträgliche Möglichkeiten für eure diversen Systeme existiert bereits. Wir haben dieses Wissen bereits vor langer Zeit an eure sensitiven Wissenschaftler weitergegeben, doch zögern sie, ihre Stimme zu erheben angesichts machtvoller Unternehmen, die darauf bestehen, dass diese neuen Möglichkeiten nicht funktionieren. Ihre wahren Motive sind jedoch, wie du dir vielleicht denken kannst, Rentabilität auf Kosten der Umwelt. Diese Unternehmen sind nicht »böse« oder »schlecht« im traditionellen Sinn; sie haben jedoch die Rationalisierung bis zum Äußersten getrieben! Sie glauben wirklich, dass die von ihnen verursachten Verschmutzungen zu einem späteren Zeitpunkt rückgängig gemacht werden können, doch dass dies nicht ihr Problem ist, sondern das einer anderen Generation. Sie werden erdrückt von finanzieller Verantwortung, die sie veranlasst, sich mehr um ihren Profit zu kümmern als um den Erhalt ihrer Umwelt. Wir versichern dir, dass diese Manager und Unternehmensführer sich ihrer Aktionen schmerzhaft bewusst sind. Wir erinnern sie jede Nacht daran, wenn sie schlafen. Das ist der Grund, warum so viele von ihnen sich bis zum Gehtnichtmehr mit Medikamenten vollstopfen – um die Stimme ihres schlechten Gewissens davon abzuhalten, sich in ihren Schlaf zu drängen.

Und dennoch müsst ihr euch bemühen, die Situation mit eurem Zorn nicht noch schlimmer zu machen. Denn die zweite Form der Umweltverschmutzung, ebenfalls größtenteils von Großunternehmen verursacht, ist die kalte Atmosphäre innerhalb der Firmen, die selbst ihre höchstbezahlten Angestellten abstößt. Das Gefühl der Unzufriedenheit, das jemand empfindet, der seinen Job in einer Firma hasst – egal ob es sich um einen Topmanager oder einen kleinen Angestellten handelt – ist wie ein giftiger Brennstoff, der täglich in die Erdatmosphäre entladen wird und der die Erde mit seiner toxischen Dichte zu ersticken droht. Du, der du dich sehr um die Erde und ihr Überleben sorgst, kannst viel für die Situation tun, indem du einfach deine eigenen Gedanken überwachst und sie von jeglicher Unzufriedenheit befreist. Damit meinen wir nicht, dass du deinen Kopf in den Sand stecken und deine Traurigkeit oder deinen Zorn ignorieren sollst – ganz und gar nicht! Wir fordern dich lediglich auf, diese Gefühle auf eine Weise zum Ausdruck zu bringen, die nicht länger der Umwelt schadet. Denn die zweitgrößte Quelle der Umweltverschmutzung ist die geistige Haltung jener, die unzufrieden sind. Nichts ist, aus unserer Perspektive betrachtet, schmutziger als der Ruß eines Geistes, der von Bitterkeit und Ablehnung vergiftet ist. Dieser Unrat durchdringt den ganzen Planeten, vom Sauerstoff, den ihr atmet, bis hinunter in die unterirdischen Schichten.

Im Gegensatz dazu ist Dankbarkeit vergleichbar mit den ehrfurchtgebietendsten Sonnenaufgängen und Sonnenuntergängen. Dankbarkeit ist eine taubenetzte Blüte, das Miauen eines Kätzchens; sie ist das, was du als das Schönste auf diesem Planeten betrachtest.

Wir sind hier als wohlwollende Verwalter dieses wunderbaren Planeten, und es gibt vieles, für das wir dankbar sein sollten. Daher lass uns die bestehenden Probleme mit einem von Liebe und Einfallsreichtum erfüllten Herzen und einem kühlen Kopf angehen. Wir wollen unsere Stimmen erheben, damit sie durch den Lärm unternehmerischer Gier hindurch gehört werden können. Lass uns individuelle Schritte vornehmen, um die Wut auf unserem Planeten abzukühlen. Jeder unserer Beiträge ist von ungeheurer Wichtigkeit auf dem Weg zu einer sauberen Erde!

Während du deinen Blick über die Schönheiten der Natur schweifen lässt, oder besser noch, während du mit uns durch die Wälder, Wüsten und Wiesen wandelst, bitte uns, wenn du magst, um tägliche Aufgaben. Wir werden dich erfolgreich zu den Aufgaben führen, die in unserer Sorge um das Wohl der

Umwelt von allergrößter Wichtigkeit sind. Wir werden Türen für dich öffnen und dafür sorgen, dass andere von deinen Aktivitäten Notiz nehmen. Sorge dich nicht um die Aufmerksamkeit, die du dadurch erregen wirst, da wir unerschütterlich an deiner Seite sind. Wir sind von Natur aus Magier, und wir werden dir mit Freuden unsere Geheimnisse enthüllen.

Wir haben den größten Respekt vor Menschen wie dir, die ihre gottgegebene Macht auf solch noble Weise benutzen. Fürchte nicht, dass andere dich missverstehen werden. Wie wir bereits gesagt haben, werden wir bei dir sein und einen Großteil der Ereignisse lenken! Vertraue darauf, dass wir uns um die notwendigen Hintergrundaktivitäten kümmern, damit andere deine Worte hören und deinen Taten folgen können. Deine Macht wird leuchten, damit andere sie sehen und deiner mutiger Herangehensweise nacheifern können. Auf diese Weise wirst du auch andere inspirieren, mit leuchtendem Beispiel voranzugehen, und du wirst froh sein über deinen Beitrag zur Rettung der Umwelt, der zu diesem Zeitpunkt von so großer Wichtigkeit ist.

Bleibe stets im Kontakt mit der Natur, geliebtes Wesen, und entferne dich nicht zu weit von Pflanzen, Vögeln und Bäumen, denn eure Städte, in denen es keine Natur mehr gibt, sind in Gefahr, da sie uns keinen Raum zum Leben bieten. Wenn Gebäude und Straßen die Natur verschlingen, dann ist ein solcher Ort tatsächlich tot, alles Lebendigen beraubt. Sei daher nicht überrascht, wenn alles verwest und zerfällt. Selbst die Parks in den Städten sind im Übermaß mit Insektiziden gesprüht! Begib dich nur an Orte, wo sich die Natur wirklich ungehindert entfalten kann, denn dort wirst du viele unserer Freunde finden. Wir sind, wie alle Ökosysteme, das Bindemittel, das die Umwelt zusammenhält. Wenn wir durch übermäßige Bebauung und Pestizide verscheucht werden, gerät eure unmittelbare Umwelt aus dem Gleichgewicht.

Daher halte dich immer nahe der Natur auf, und sei es durch

Topfpflanzen und Sträucher, denen du gestattest, wild zu wuchern. Beehre uns häufig mit deinem Besuch und sprich mit uns wie mit guten Freunden und Nachbarn. Indem du mit uns kommunizierst, entweder in deinem Herzen oder mit lauter Stimme, kannst du die Antwort in deinem Bauch fühlen und in deinem Inneren hören. Wir sprechen deutlich hörbar zu dir, und du solltest unsere dringenden Botschaften nicht als Fantasie abtun aus Angst, dass wir dich irrtümlich ausgewählt haben. *Wir brauchen dich!* Du bist der, auf den andere Menschen hören werden, und indem wir als Team zusammenarbeiten, können wir dieses Kapitel der Menschheit zu einem guten Abschluss bringen und müssen uns nie mehr mit dem Problem der Umweltverschmutzung beschäftigen.

VIERTER TEIL

*Die Engel beantworten
Ihre Fragen*

Fragen und Antworten

FRAGE: Ich spüre häufig die Gegenwart meiner Engel, und ich weiß, dass sie mir etwas mitzuteilen versuchen, weiß aber nicht, was es ist. Was kann ich tun, um meine Engel besser zu hören?

ANTWORT: Deinem eigenen Herzen zu vertrauen, stellt zuweilen eine Herausforderung dar. Du zögerst, den Gefühlen und Eingebungen Vertrauen zu schenken, die dir sagen, dass es an der Zeit ist, in deinem Leben Veränderungen vorzunehmen und eine positivere Sichtweise zu erlangen. Du zögerst, weil du Zweifel an deiner eigenen Kraft hast und dich selbst als unbedeutend und schwach siehst. Du, der du das machtvollste Wesen im ganzen Universum bist, hast deine eigene Macht durch diese Kurzsichtigkeit verringert.

Wenn du dich weigerst, an deine gottgegebenen Veranlagungen zu glauben, wie können wir Engel dann die dadurch entstandene Barriere durchdringen? Wir begegnen deinen Gedanken mit liebevoller Sanftmut, doch können wir dir unseren guten Willen nicht aufzwingen.

Geliebtes Wesen, manchmal zweifelst du daran, dass ein gutes Leben für dich vorgesehen ist. Doch warum sollte eines der geliebten Kinder Gottes etwas anderes verdienen? Denn hier geht es tatsächlich um ein Gefühl des Verdienstes. Zweifle nicht eine Sekunde lang an deiner Fähigkeit, eine gewaltige Veränderung in deinem Leben herbeiführen zu können, indem du dein Selbstwertgefühl verbesserst.

Wir bringen dieses Thema nicht zur Sprache, um dich von deiner Demut oder Bescheidenheit abzubringen, denn jeder Gedanke an Größenwahn liegt uns fern. Doch das Gefühl der Trennung, das dich zweifeln lässt, ob dein eigener Wille mit dem Gottes identisch ist, stellt eine besondere Form von Größenwahn dar. Du erhebst dich über Gottes Schöpfung oder stellst dich darunter, indem du dich als getrennt von deinen vollkommenen Brüdern und Schwestern betrachtest. Glaubst du wirklich, dass Gott dich auf eine andere Art erschaffen hat als sie?

Wenn du ein Talent in einem deiner spirituellen Geschwister erkennst, muss es notwendigerweise wahr sein, dass auch du diese Gabe mitbekommen hast. Sei dankbar jenen gegenüber, die vor dir die Tür geöffnet haben, denn sie haben dir neue Möglichkeiten gezeigt. Du kannst das Gute in deinem Leben bedenkenlos hinnehmen, indem du verstehst, dass du nicht der Schöpfer deines eigenen Lebens bist. Du bist von Gott erschaffen worden, und er hatte einen guten Grund dafür. Sein Königreich breitet sich durch deine strahlende Präsenz aus, während dein Licht in immer größer werdenden Kreisen der Manifestation nach außen leuchtet.

Indem du deine Göttlichkeit akzeptierst, wirst du wahrscheinlich auch unsere Präsenz als deine Engel akzeptieren. Wir umkreisen dich ähnlich den Sternen am Himmel, die sich in der Nähe der Planeten befinden. Wenn du diese Tatsache akzeptierst, geliebtes Wesen, wird sich dein Herz öffnen wie ein Lichtkegel und uns erlauben, hereinzukommen. Das ist der Augenblick, in dem du dir selbst gestattest, unseren Lobgesang und unsere hilfreiche Führung klar zu hören. Je mehr du dein wahres Erbe als himmlisches Wesen annehmen kannst, das von einer großen Liebe gezeugt wurde, desto bereiter wirst du sein, die Segnungen zu akzeptieren, die allen Kindern der Liebe zuteil werden. Deine Präsenz in der Welt macht alle Wesen froh, und unser Wunsch ist es, dich genauso froh zu machen!

FRAGE: Wie kann ich herausfinden, worin meine Lebensaufgabe besteht?

ANTWORT: Die Antwort auf deine Frage bezüglich der Lebensaufgabe ist stets dieselbe: »Liebe«. Du wirst dies vielleicht als zu einfach und unspezifisch ablehnen; deine akute Sorge bezieht sich auf die Form und Richtung deiner Lebensaufgabe. In Wahrheit möchtest du um deine nächsten Schritte wissen und wie du dich aus Verhältnissen lösen kannst, die dich unglücklich machen.

Dein höheres Selbst drängt dich, jeden Augenblick sinnvoll zu gestalten, und wir sagen, dass dies Teil des göttlichen Plans für dich ist. Benutze jeden Augenblick dazu, die Augen eines anderen Menschen leuchten zu lassen und sein Herz zu erwärmen. Benutze deine tröstende Kraft, um jene zu erreichen, die Not leiden, und deine fähigen Hände, um den Stress auf der irdischen Ebene Gottes zu verringern. Setze deine Talente auf diese Weise ein, und du wirst alle Tage deines Lebens belohnt werden.

Du träumst davon, größere Freiheit zu haben in Bezug auf Zeit und finanzielle Mittel, damit du dir deine tiefsten Wünsche erfüllen kannst. Wir bitten dich dringend, dir solche Träume zu gönnen und sie nicht als unsinnig abzutun. Sie sind die Wegweiser zu deiner Lebensaufgabe.

Wir erkennen, dass du diese Frage stellst, weil du kaum glauben kannst, dass deine Träume echte Möglichkeiten darstellen. Doch alle, die träumen und diesen Träumen folgen, können bezeugen, dass ihr Erfolg auf diesen Wünschen beruht, angereichert mit Mut und Tat. Du hast die gleichen Rechte wie deine menschlichen Geschwister, deine Träume zu erfüllen, geliebtes Wesen!

Vergegenwärtige dir deine Wünsche, indem du sie heute noch einmal genau anschaust. Je mehr du daran glaubst, dass sie nur darauf warten, sich dir zu erfüllen, desto schneller wird es geschehen. Wenn du auf diese Weise für deine Lebensaufgabe betest, antworten wir dir umgehend in deinem Herzen. Wir bringen dir alles, was du dir nur wünschen kannst. Und dennoch hältst du dich selbst davon ab, die Erfüllung deiner Herzenswünsche zu erlangen, indem du dich von dem Traum ab- und stattdessen dem zuwendest, was du als »Realität« siehst. Das muss nicht so sein – nicht mehr, geliebtes Wesen.

Aktiviere jetzt in diesem Augenblick all deine positiven Intentionen. Befreie dich zunächst von jeglichem selbst verursachten Elend, indem du neue Dimensionen des Lichts in dein tägliches Leben bringst. Jede wohlwollende Handlung ist dafür geeignet: Leihe einem Kollegen dein Ohr, verzeihe einem Freund, füttere ein hungriges Tier. Diese Handlungen werden dir die Kraft geben, mit jeder Situation umzugehen, die du zuvor als unerträglich betrachtet hast.

Indem du neues Licht in dein Leben bringst, wird dein Herz von neu gefundenem Mut erfüllt. Verwende diesen Mut weise, um mehr und mehr Schritte zu integrieren, die dich an deine Wünsche und Träume erinnern und sie Wahrheit werden lassen. Einer nach dem anderen vorgenommen, werden diese Schritte dazu führen, dass du den Gipfel des Berges sicheren Fußes erreichst – bis du eines Tages in der Lage bist, anderen genau die Frage zu beantworten, die du selbst einst gestellt hast: »Worin besteht meine Lebensaufgabe?« Dann wirst du den anderen die Hand reichen und ihnen durch dein Beispiel den Weg zu Freude, Sinnhaftigkeit und Erfüllung zeigen, die jedem teilhaftig werden, der sich für den Herzensweg seines tiefsten Wunsches entscheidet.

FRAGE: Wie kann ich glücklicher werden?

ANTWORT: Zweifellos bezieht sich diese Frage darauf, wie der Fluch aufgehoben werden kann, der auf dem menschlichen Verhalten lastet und der dazu führt, dass du Elend suchst und findest. In Wahrheit ist das Glück dein natürlicher Seinszustand, genauso wie makellose Gesundheit. Deine Suche nach dem Glück ist in Wahrheit der Wunsch nach Ganzheit. Da du bereits hast, was du ersehnst, besteht kein weiterer Handlungsbedarf. Es gibt nichts, was du suchen müsstest.

Die Gewohnheit des Elends verliert sich in dem Moment, in dem du ein helleres Licht in Form einer besseren Alternative siehst. Du kannst dem Leiden nicht entfliehen, indem du es in seine einzelnen Komponenten zerlegst – dies zu tun, würde deine Misere nur noch vergrößern! Heiliges Wesen, die Antworten auf deine Frage liegen genau vor deinen Augen. *Sei* glücklich darüber, dass du *bereits glücklich bist*, dann wird es genauso sein.

Es ist wahr, dass bestimmte Ereignisse zu so genanntem Glück führen können, doch ist diese Form des Glücks kurzlebig, denn die Macht des Glücks von äußeren Dingen abhängig zu machen, ist ein sicherer Weg ins Elend. Wie ein dürstender Mensch, der in der Wüste herumirrt, kontinuierlich von der Illusion einer Oase zum Narren gehalten, so musst auch du, der du das Glück durch andere Menschen zu finden suchst, zuerst in dein eigenes heiliges Selbst schauen. Dort wirst du Glück im Überfluss finden.

Derjenige, der sich in seinem Inneren elend fühlt, wird selten von den Bedingungen in seiner Umwelt geheilt. Stattdessen ist es eine Richtungsänderung in seinem Herzen, die ihn dazu bringt, das Glück als seinen normalen Seinszustand zu akzeptieren. Kindern wird diese einfache Wahrheit viel zu selten gelehrt. Wir sehen, wie häufig sich kindliche Visionen des Glücks nach außen auf diesen oder jenen Preis richten.

Wir versichern dir, dass du *bereits glücklich bist*, und das *Genießen* dieses Glücks ist der Faktor, der dich zu dem hinzieht, was du suchst. Mache häufig Gebrauch von dieser Fähigkeit – durch die Übung wird dein Glück in immer größerem Ausmaß strahlen. Mit der richtigen Einstellung kannst du das Glück in deinem Körper spüren und seine Intensität noch vergrößern. Es ist uns eine große Freude, dir bei der Bewusstmachung des

Glücks zu helfen und dich immer wieder an seine große Bedeutung zu erinnern.

FRAGE: Ich glaube wirklich, dass alle Gebete gehört werden, doch ist es oft vorgekommen, dass meine Gebete nicht beantwortet wurden. Ich habe gebetet, dass mein Geliebter am Leben bleibt, aber er ist trotzdem gestorben. Ich habe um eine glückliche Ehe gebetet, doch mittlerweile bin ich geschieden. Warum wurden meine Gebete nicht beantwortet?

ANTWORT: Alle Gebete werden gehört, was bedeutet, dass Gott alle Hilferufe und alle Fragen empfängt, die Antworten benötigen. Und diese Gebete werden sofort beantwortet. Die Antworten können als Trost oder Führung kommen, als Instruktion oder Information oder als etwas, was du eine wundersame »göttliche Fügung« nennen würdest. Ein beantwortetes Gebet bedeutet nicht immer, dass deine »Wünsche« Wahrheit werden, doch bedeutet es stets, dass dir und der Situation ohne Zögern Aufmerksamkeit geschenkt wird.

Daher ist das Beten sinnvoll und lebenswichtig. Es sorgt dafür, dass die unsichtbaren Ebenen sich über die sichtbare legen und auf diese Weise zusätzliche Segnungen bringen. Alle Kreaturen besitzen diese bemerkenswerte Fähigkeit, Segnungen herbeizuführen, einfach indem sie der Gegenwart der Liebe gegenüber offen sind. Und wenn ein Mensch sich mit Ängsten und Sorgen plagt, können unsere Segnungen ihm helfen, sich über das irdische Bewusstsein zu erheben und gen Himmel zu steigen, wo ihm Heilung zuteil wird.

Wenn du also fragst, ob du blockiert bist oder irgendetwas »falsch« machst, antworten wir dir, dass du niemals irren kannst, wenn du betest. Ob du nun immer dasselbe Gebet wiederholst oder von ganzem Herzen einen Schwur oder eine Bitte formulierst, sei versichert, dass dein Gebet in *jeder* Situation ein wirksames Mittel ist!

Wenn es scheint, als würden Gebete unbeantwortet bleiben,

kann es einfach daran liegen, dass Ängste und Zweifel dein Verständnis des Lichts in der jeweiligen Situation blockieren. Denn oftmals ist der Grund dafür, dass deine Wünsche unerhört zu bleiben scheinen, ein Mangel an Information, die dir helfen würde, die profunden Segnungen wahrzunehmen, die aus der gegenwärtigen Situation hervorgehen. Je ehrenhafter deine Gedanken sind, desto größer sind die Segnungen, derer du teilhaftig wirst. Wir bitten dich, darauf zu vertrauen, dass das geistige Resultat göttlicher Liebe immer gewährleistet ist, egal wie die Situation physisch ausgeht.

Es kann kein anderes Resultat geben als Glück und Liebe, da *nichts anderes möglich ist*. Und selbst wenn dein Herz vor Sorgen schmerzt, dein Geist vor Unsicherheit erzittert und deine Einsamkeit unerträglich scheint, so wisse, dass wir dir helfen werden, diese Bande zu entwirren. Höre nicht auf zu beten, nur weil du glaubst, dass wir deine Gebete nicht erhören! Du und deine Wünsche sind extrem wichtig für Gott, doch müssen viele andere Faktoren berücksichtigt werden: Göttliche Zeiteinteilung, der Wille einer anderen Person, die an der Situation beteiligt ist, und schließlich das übergeordnete Glück sind einige der Gründe, warum es den Anschein haben kann, dass deine Wünsche ignoriert werden.

Wenn du einfach Gott und seinen Helfern erlaubst, dir Trost und Zuversicht zu geben, wirst du deine Arme weit öffnen, um diese Geschenke entgegenzunehmen. Zweifel und Selbstmitleid hingegen sorgen dafür, dass deine Arme vor der Brust verschränkt bleiben und du nicht in der Lage bist, Hilfe und Segnungen zu empfangen.

Geliebtes Wesen, es ist der Wunsch deines himmlischen Vaters, dir die ganze Welt zu schenken! Jage nichts und niemandem hinterher, sondern bitte stattdessen um das, was du dir wünschst, und sei offen dafür, es entgegenzunehmen. Achte auf innere Reaktionen, die dich dazu veranlassen, aktiv zu werden, denn diese Impulse sind Gottes Stimme, die dich zum Empfang aufruft. Gott ist allmächtig, das ist wahr, doch will er in keinerlei Weise dein Glück behindern. Gottes Wille bezüglich deines Glücks ist stärker als dein eigener! Was dich behindert und dein Glück zuweilen unmöglich macht, ist deine Definition dessen, was dich glücklich machen würde. Denn wenn du diesbezüglich Bedingungen aufstellst, verschiebst du damit dein Glück auf eine Zeit in der Zukunft. Wie viel besser würdest du dich fühlen, wenn du dir jetzt, in diesem Augenblick, Glück gestatten würdest? Siehst du nicht die vielen Geschenke, die folgen würden? Und dass sie dir, je empfänglicher du für diese Geschenke bist, immer stärker zufließen werden?

Fürchte dich nicht vor dem Glücklichsein, liebstes Wesen. Es gibt nichts in Gottes Bewusstsein, das dich testen, dir Schmerzen zufügen oder dich ablehnen will. Du bist Gottes größte Schöpfung und in seinen Augen genauso wunderbar wie alle anderen! Erlaube uns, dir das Werkzeug zu geben, das du brauchst, damit auch du die Welt mit deinen Geschenken beglücken kannst; damit du in einem endlosen Kreislauf des Gebens und Nehmens das Entzücken erleben kannst, das daraus resultiert, ein Erdenengel zu sein.

FRAGE: Gibt es Außerirdische, und wenn ja, sind sie ihrer Natur nach gut oder böse?

ANTWORT: Wenn du nach Außerirdischen fragst, gehen wir davon aus, dass du dich auf Wesen beziehst, die auf anderen Planeten leben. Wenn dem so ist, lautet die Antwort: »Ja, auf jeden Fall.« Es gibt unendlich viele Lebensformen in den zahllosen Galaxien, die sich wie Sterne durch das Universum ziehen. Einige sind Lebensformen, die gesehen werden können, während andere weder vom menschlichen Auge erblickt noch von menschlichen Händen berührt werden können. Diese Wesen, die du als »unsichtbar« bezeichnen würdest, leben in einer Dimension, die anders ist als deine eigene. Für sie wäre eure dichte menschliche Form unerträglich, daher existieren sie in einer anderen Struktur – einer Struktur, die auf ihrer Dimensionsebene durchaus physisch ist, von euren Wissenschaftlern jedoch als »nicht-existent« bezeichnet werden würde.

Es ist ein bedauerlicher Fehler, von menschlichen Bedingungen auszugehen und diese auf andere Spezies mit unterschiedlicher Herkunft zu projizieren! Das Konzept von »Zeitreisen« beispielsweise entspringt der menschlichen Vorstellung und wird von Wesen, denen das Konzept von Zeit unbekannt ist, nicht benötigt. Die »Geschwindigkeiten von Reisen« (Lichtjahre etc.) ist ein weiteres menschliches Parameter, projiziert auf jene Wesen, deren Fortbewegungs-Fähigkeiten eure eigenen übertreffen. Urteilt also nicht über die Merkmale dieser oder jener Kultur. Betrachtet außerirdische Lebensformen mit unschuldigen Augen als das, was sie sind: im Inneren die gleichen Wesen wie ihr – eingebettet in unterschiedliche Kulturen, ausgestattet mit unterschiedlichen Fähigkeiten.

Und jetzt willst du also wissen, ob Außerirdische auf dem Planeten Erde unter euch leben? Überrascht es dich, wenn wir dies verneinen? Vielleicht wirst du sagen, dass wir Haarspalterei betreiben, doch Tatsache ist, dass jeder, der auf der Erde lebt, diesem Planeten zugehörig ist. Es handelt sich nur dann um Außerirdische, wenn sie *nicht* auf der Erde leben. Viele Wesen auf dem Planeten sind außerirdischen Ursprungs, einschließlich der Menschen. Ihr kommt aus einer anderen Dimension, und eure Herkunft ist nicht-physischer Natur. Du kannst dieser Wahrheit nicht entfliehen, egal wie sehr du dich von ihr distanzierst.

Was die Besucher aus anderen Dimensionen betrifft, so strömen sie ohne Frage mit diversen Missionen in die Erdatmosphäre. Wir von der Ebene der Engel gehören zu diesen Besuchern, und ja, es gibt viele Wesen, die aus anderen Dimensionen bei euch »vorbeischauen«. Einige von ihnen sind Wissenschaftler, die Beweise für die menschliche Existenz suchen, denn du musst wissen, dass es auf anderen Planeten

Gerüchte über eure Realität gibt, darüber, dass ihr tatsächlich existiert. Daher haben viele den Versuch gemacht, mittels ihrer Visiten auf der menschenbevölkerten Erde eure Existenz oder das Gegenteil davon zu beweisen. Jene, die aufgrund ihrer Wahrnehmungsfähigkeiten in der Lage waren, Zugang zu eurer Dimension zu finden, konzentrierten sich darauf, euch zu studieren und Berichte nach Hause zu schicken. Andere, denen es infolge ihrer beschränkten Wahrnehmungsfähigkeit nicht möglich war, sandten Berichte über eure Nicht-Existenz zurück.

Wenn ihr über Parallelwelten sprecht, ist folgendes damit gemeint: die verschiedenen und mannigfaltigen Dimensionen, von denen einige physischer Natur sind und andere nicht. Einige der »höheren Dimensionen« sind für die menschliche Form unerreichbar, doch könnt ihr zuweilen mit Hilfe eurer übersinnlichen Fähigkeiten Wesen aus diesen Dimensionen wahrnehmen. Sie alle sind wohlwollend, und ja, ihr könnt ihnen vertrauen, da alle Wesen aus höheren Dimensionen aus Liebe heraus handeln – etwas anderes ist ihnen nicht möglich. Nur die Wesen aus niederen Dimensionen können jenseits der Liebe existieren, und dann sind sie in ihrer Effektivität ernstlich behindert, was bedeutet, dass ihr sie nicht fürchten müsst.

FRAGE: Delfine scheinen überirdische Wesen zu sein, und ich frage mich, woher sie kommen und ob sie eine bestimmte Aufgabe auf der Erde haben. Können Delfine den Menschen wirklich helfen?

ANTWORT: Wir lachen, denn im Grunde weißt du bereits die Antwort auf diese Frage, wenn du sie auch kaum glauben kannst. Ist es dem menschlichen Verstand wirklich nicht möglich zu glauben, dass diese majestätischen und sanften Wesen aus einer höheren Dimension kommen? Warum sollten sie eine andere Herkunft haben als du und alle anderen Menschen?

Denn auch deine Spezies ist himmlischen Ursprungs. Jedes Wesen, das dein Auge erblickt, ist himmlischen Ursprungs, doch weist die Erde eine schwere und dichte Umwelt auf, die nicht allen betroffenen Wesen zusagt. Die Wesen, die diesen Ort bevölkern, neigen dazu, selbst schwer und von dichter Konsistenz zu sein – auf keinen Fall minderwertig, vergiss das nicht – sondern lediglich ihre Umgebung reflektierend.

Du erkennst in den Delfinen das Königreich, aus dem du selbst kommst. Ihr unbeschwertes Lachen, die Leichtigkeit und Eleganz ihrer Bewegungen, mit welchen sie sich in den Wellen tummeln, und ihre sanften Seelen erinnern dich an dein eigenes himmlisches Zuhause. Und genau das ist die Verheißung, die die Delfine diesem Planeten bringen: dass eure Herkunft jenseits der Mauern eurer Umwelt liegt. Die Delfine erinnern euch daran, und sie erinnern euch an eure Aufgabe. Das ist der Grund, warum ihr sie so sehr liebt. Ihre geheiligte Lebensaufgabe besteht darin, den Planeten mit dem so dringend benötigten Licht zu weihen und alle auf ihm lebenden Wesen mit einer gesunden Dosis himmlischen Lichts und göttlicher Leichtigkeit zu erfüllen.

Meditiere so oft du kannst mit den Delfinen. Sie bringen der Erde in dieser Zeit große Kraft, und alle, die es möchten, können aus ihrer Quelle trinken. Wenn ihr es auch liebt, euren Delfin-Freunden physisch nahe zu sein, müssen eure Beziehungen mit ihnen nicht in Erwartung einer physischen Begegnung hinausgezögert werden, denn die wunderbaren Delfine werden eurem Wunsch entsprechen und in höheren nicht-physischen Dimensionen Kontakt mit euch aufnehmen. Sie lassen euch jederzeit ihrer Essenz teilhaftig werden – unabhängig von Zeit und Umgebung.

Doreen, du hast die Aufgabe, vielen Menschen über die Natur der Delfine zu berichten, da diese Wesen leichter erreichbar sind als wir Engel. Jene, die eine physische Bestätigung für die Worte ihrer Engel benötigen, werden ihre Hände nach den

Delfinen ausstrecken und auf diese Weise zu Gläubigen werden. Delfine können Berge versetzen und Glauben initiieren, und je mehr Menschen mit ihnen schwimmen, desto besser. Hört die Rufe der Delfine, die sie an unsere Seelen richten und mit denen sie uns bitten, gemeinsam mit ihnen tiefer zu gehen, bis wir die Wahrheit unserer eigenen Essenz in unserem innersten Wesen berühren. Lasst die Delfine euer Symbol des Friedens sein, euer leuchtendes Vorbild der Freude.

FRAGE: Ich fühle mich oft so abgespannt, als ob ich mich nicht genug ausruhen kann, obwohl ich jede Nacht acht Stunden schlafe und mir im Laufe des Tages öfters mal ein Nickerchen gönne. Warum bin ich oft so müde?

ANTWORT: Du, der du dich aufgrund deiner täglichen Routine erschöpft und abgespannt fühlst, hast das Bewusstsein für einzigartige Momente verloren. Du siehst nicht mehr die Schmetterlinge, wie sie auf Blumen landen; kleine Kätzchen, die sich an deinem Bein reiben; und Wolken, die immer wieder neue Formen bilden. Deine Konzentration auf zukünftige Ziele hat dich der heiteren Verspieltheit dieses Augenblickes beraubt. Indem du in der Zukunft lebst, bist du nicht in der Lage, dich an den Dingen zu erfreuen, die dir jetzt in diesem Moment Kraft geben können.

Stattdessen hast du einen Glauben verinnerlicht, der besagt: »Ich werde mich besser fühlen, sobald ich …«. So stellst du Bedingungen bezüglich deines zukünftigen Glücks und deiner Vitalität. Warum beschließt du nicht stattdessen, *jetzt* glücklich zu sein? Warum das Unvermeidliche hinauszögern? Würde gegenwärtiges Glück dir nicht helfen, diese Fixierung auf die Zukunft loszulassen – und dir derweil gestatten, dich der Erfüllung deiner wichtigsten Wünsche zu widmen?

Du hast dein Leben selbst verkompliziert, weil du glaubst, dass viele Faktoren nötig sind, um dich glücklich zu machen – eines fernen Tages. Wenn du dir stattdessen das Vergnügen einfachen Glücks in diesem Augenblick erlaubst, könntest du unnötige Komplikationen aus deinem Leben verbannen. Durch Einfachheit kannst du den Würgegriff deines überlasteten Terminkalenders lockern und das Gewicht übermäßiger materieller Besitztümer reduzieren.

FRAGE: Ich fühle mich in einem Job gefangen, der mir nichts bedeutet. Ich möchte wirklich etwas zur Verbesserung der Welt beitragen, doch kann ich es mir nicht leisten, meinen Job aufzugeben. Was kann ich tun, um entweder eine neue Arbeit zu finden oder in meinem gegenwärtigen Job mehr Sinn und Freude zu finden?

ANTWORT: Dein Gefühl hat bereits zu einer Distanz von deinem Job geführt, und wir werden dir helfen, in die von dir gewählte Richtung zu steuern. Wenn dein Herz dich drängt, eine Veränderung vorzunehmen, hast du die Wahl, diesem Ruf entweder zu folgen oder ihn zu verleugnen. Wenn du dem Ruf deines Herzens folgst, tust du dies zuerst, indem du dir deine Unzufriedenheit eingestehst. Das ist der Moment, in dem das Beten ins Spiel kommt – wenn du um Hilfe bittest, um eine Veränderung herbeizuführen. Es ist wichtig, dass du dich von jeglichen Erwartungen bezüglich dessen löst, wie diese Veränderung eintreten wird. Der unendlichen Weisheit stehen viele Möglichkeiten zur Auswahl, und du würdest sie sicher nicht in eine Richtung geringerer Befriedigung steuern wollen, indem du auf einer bestimmten Vorgehensweise beharrst. Also bete darum, durch eine sinnvolle Arbeit glücklich zu werden, und trete dann einen Schritt zurück und warte auf Eingebungen aus deinem Inneren. Die Zusammenarbeit mit himmlischen Helfern sorgt dafür, dass umfassende Veränderungen eintreten. Wie könnte es auch anders sein, wenn es doch nichts gibt, was die Mächte des Himmels aufhalten kann?

Das *Verleugnen* deines Herzensrufes hingegen führt dazu, dass Unzufriedenheit eintritt. Denn wir sagen dir, dass dein

Herz von dem Moment an von Freude erfüllt sein wird, wo du im Fluss deiner göttlichen Inspirationen fließt, die schließlich zu einer Veränderung führen.

Doch wenn du dir erlaubst zu zögern, zu zweifeln oder unentschieden zu sein, stoppst du den Fluss himmlischer Hilfsbereitschaft. Fokussiere dich nicht auf die dunklen Bilder der Angst, sondern gehe nach innen, wo das Licht immer hell erstrahlt. Wir werden dein Herz mit Mut, Frieden und Motivation erfüllen.

Wenn du behauptest, eine Gegebenheit aus diesem oder jenem Grund nicht ändern zu können, hast du sie damit zu deiner Realität gemacht. Wir können dich in deiner Entscheidung nicht beeinflussen, wenn wir dich auch sanft daran erinnern werden, dass es nichts gibt, was göttlich geführte Veränderungen beeinträchtigen kann. Daher halte in deiner Situation nicht an der Illusion finanzieller Enge fest, sondern überlasse sie stattdessen Gott, denn in seinem Königreich gibt es keine Beschränkungen

Wenn du die gewünschten Veränderungen vornimmst, wird dies in einem Tempo geschehen, das dir angenehm ist. Wenn du es für notwendig erachtest, kannst du ihren Fluss jederzeit verlangsamen. Solltest du dagegen eine sofortige Veränderung ersehnen, so ist dir auch dies jederzeit möglich, ganz wie dein Herz es wünscht.

Während dieser Zeit des Übergangs ist es für dein Wohlergehen wichtig, dich auf das Unveränderliche in deinem Inneren und in der Situation zu konzentrieren. Gib nicht einer anderen Personen die Schuld an diesen Umständen, sondern sieh stets die unveränderliche Wahrhaftigkeit jedes einzelnen Wesens, einschließlich deiner selbst: göttliches Licht und Liebe. Sieh die innere Freude in jedem Menschen, unabhängig von den jeweiligen Umständen. Je mehr du das Heilige in jedem Einzelnen siehst, desto stärker wirst du dir des Göttlichen in deinem eigenen Wesen bewusst. Diese erhöhte Sicht der anderen hilft dir, dir viel mehr zuzutrauen, als es bisher der Fall war, sodass du dich in deiner neuen Situation sogleich wohl fühlen kannst. Eine geringere Sicht deiner eigenen Person dagegen würde neue Unzufriedenheiten in deinem Herzen auslösen, sobald du dein erwünschtes Ziel erreicht hast.

Lass die Heilung daher sowohl eine innere als auch eine äußere sein. Lass dein Bewusstsein von der Unveränderlichkeit deines göttlichen Zustandes erfüllt sein, damit du seine Essenz in deiner physischen Dimension einfangen kannst.

FRAGE: Ich habe seit sehr langer Zeit keine Beziehung mehr gehabt. Ich bete darum, dass ein Seelengefährte in mein Leben kommt, und dennoch habe ich seit einem Jahr nicht eine einzige Verabredung gehabt! Was ist es, das mich so blockiert?

ANTWORT: Wir sind bemüht, jenen zu helfen, die einsam und voller Angst sind. Deine Angst, dass du für immer alleine bleiben wirst, ist das größte Hindernis bei deiner Suche nach einer Partnerschaft. Du machst die Erfüllung deines Wunsches durch Aktionen unmöglich, die auf der Angst vor der Einsamkeit basieren. Letzten Endes fürchtest du, nicht liebenswert zu sein, und diese Furcht verringert die Intensität des Lichts, das aus dir strahlt. Ziehe deinen Geliebten mit dem sicheren Wissen um deine göttliche Natur an. *Wisse, dass du Gottes perfektes Kind bist!* Dies ist das Wissen, das alles in dein Leben bringt, was du dir wünschst, und noch vieles mehr.

Du glaubst, dass deine Angst, unwürdig zu sein, verborgen ist, doch in Wahrheit ist sie so deutlich, dass alle Welt sie sehen kann. Deine Angst ist auf die vielen Erlebnisse in deinem Leben zurückzuführen, die genau diese Angst immer wieder bestätigt haben, und so sendest du immer wieder dieselben Signale aus. Siehst du also, dass deine Frage, ob du liebenswert bist oder nicht, Antworten aus dem Universum anzieht, die deine Sicht deiner selbst bestätigen? Triff eine neue Entscheidung und erlebe, wie dir völlig neue Erlebnisse zuteil werden. Die Welt wird den Grad der Attraktivität bestätigen, den du zu besitzen glaubst. Glaube uns in dieser Beziehung, geliebtes Wesen. Du *bist* ganz und gar liebenswert, doch solange du es nicht selbst glaubst, wird dir diese Wahrheit verborgen bleiben.

FRAGE: Wie kann ich wissen, ob mein gegenwärtiger Partner mein Seelengefährte ist?

ANTWORT: Wir hören diese Frage wieder und wieder, und wir wissen, dass die eigentliche Frage lautet: »Gibt es jemand anderen, mit dem ich glücklicher sein könnte und der besser zu mir passt?« Zu fragen, ob es sich bei dieser Person um deinen Seelengefährten handelt, ist für die wahre, zugrunde liegende Frage unerheblich, denn selbst ein Seelengefährte aus deiner Seelengruppe im Himmel reicht nicht aus, um dir das Glück zu sichern, das du suchst.

In jeder Partnerschaft treten irgendwann Veränderungen aufgrund sich verlagernder Interessen ein; Prioritäten werden neu gesetzt. Nie haben zwei Menschen völlig identische Fertigkeiten und Interessen – doch trotz ihrer Unterschiedlichkeit können sie eine harmonische und erfüllende Beziehung führen. Die Schlüsselkomponente hierbei ist gegenseitiges Vertrauen. Mit Vertrauen regelt sich alles andere ganz von selbst. Vertrauen baut sich auf und wächst, indem sich die Partner gegenseitig Achtung erweisen. Und Vertrauen sorgt dafür, dass das Band der Liebe immer stärker wird.

Wenn ihr euch vertraut, seid ihr bereit, einander den Inhalt eurer Herzen darzulegen. Ihr müsst euch keine Sorgen machen, da ihr wisst, dass eure Mitteilungen mit Offenheit und Respekt entgegengenommen werden. Ohne Vertrauen bist du unsicher, wie weit du dem anderen dein Herz öffnen kannst. Möchtest du ein stärkeres Band des Vertrauens innerhalb deiner Partnerschaft schaffen? Dann beginne damit, dass du deinem Partner dein Herz ausschüttest, ihm deine Träume,

Wünsche und Sehnsüchte mitteilst. Und im Gegenzug hörst du dir an, was dein Partner dir mitteilen möchte.

Hört einander still und geduldig zu, ohne jegliche Kritik oder Verachtung. Denn viel zu häufig errichten Partner aus ihren Ängsten Barrieren, die es ihnen unmöglich machen, wirklich die Sorgen und Träume des anderen zu hören. Sie hören seine Worte und denken dabei nur: »Und wie wird sich das auf mich auswirken?« Wenn du jedoch wirklich still zuhörst, wirst du sehen, wie die Pläne deines Partners sich auf wunderbare Weise mit deinen Plänen vereinbaren lassen. Falls sie jedoch überhaupt nicht mit deinen eigenen Plänen harmonisieren, kann dies ein Signal sein, dass die Partnerschaft ihre Aufgabe erfüllt hat.

Ähnlich verhält es sich, wenn du feststellst, dass deine Beziehung aufgrund von Betrug oder unangebrachter Kritik dein Vertrauen nicht verdient hat. In diesem Fall solltest du ohne Zögern versuchen, deinem Partner die Wichtigkeit dieser Beziehungskomponente klarzumachen. Sollte dein Partner sich deinen diesbezüglichen Versuchen widersetzen – und solltest du dir hundertprozentig sicher sein, dass du deine Kritik mit Respekt, Vertrauen und sanfter Liebe angebracht hast – dann solltest du dir ehrlich eingestehen, dass diese Partnerschaft nicht repariert werden kann. An diesem Punkt wende dich an die himmlischen Mächte und bitte dein höheres Selbst und uns Engel um Führung. Uns kannst du vertrauen. Wir sind deines Vertrauens vollkommen würdig, wenn du bereit bist, *deinen* diesbezüglichen Gefühlen zu vertrauen. Einige von euch haben sich in einem solchen Maße von ihrem eigenen Inneren distanziert, dass sie nicht wissen, wie sich Vertrauen wirklich anfühlt. Daher erlaube uns, geliebtes Wesen, dich diese Schritte zu lehren, damit du Glauben und Vertrauen wiedererlangst. Wir werden dich liebevoll nach Hause geleiten, denn deine Seele vertraut rückhaltlos, und sie ist es, die wir dir zu enthüllen suchen.

FRAGE: Ich spiele mit dem Gedanken, mich selbstständig zu machen, bin mir aber nicht sicher, ob es das Richtige ist. Wie kann ich wissen, ob eine selbstständige Arbeit richtig für mich ist oder nicht?

ANTWORT: Du träumst von einer selbstständigen Tätigkeit als Fluchtweg in die Freiheit, und in vieler Hinsicht würdest du dieses Ziel auch erreichen. Doch solltest du dich nicht kopfüber in die Selbstständigkeit stürzen – du musst deinen Enthusiasmus zunächst mit einer gesunden Portion Realismus würzen, damit deine Träume zunichte gemacht werden, bevor sie die Chance haben, voll zu erblühen. Du brauchst Abstand, Ruhe und eine Fluchtmöglichkeit, das ist sicher. Und du *kannst* dir eine Auszeit gönnen, in deren Verlauf du deine Möglichkeiten ohne Anstrengung oder Stress erforschen kannst. Du solltest diesen Schritt ohne Zögern vornehmen. Denn nur ein klarer Geist kann klare Führung bezüglich eines derart wichtigen Vorhabens empfangen.

Es ist wahr, dass du – unabhängig von dem Resultat deiner geschäftlichen Entscheidungen – wertvolle Erfahrungen und Einsichten gewinnen wirst. Alles, was du tust, ist potenziell hilfreich für dich, sowohl finanziell als auch emotional. Doch warnen wir dich davor, vorschnell zu handeln, ohne dir zuerst eine Zeit der Ruhe zu gönnen, um deine Gedanken zu ordnen und neue Perspektiven zu gewinnen.

Was wir dir auf jeden Fall dringend empfehlen: Sei hundertprozentig ehrlich mit dir selbst hinsichtlich aller Aspekte, die deine Gedanken beschäftigen. Denke nicht nur an das Geld, das du verdienen wirst, oder an die größere Freiheit, denn ein solcher Blickwinkel kann dich in eine Sackgasse weiteren Verhaftetseins in Form von Schulden und Verpflichtungen führen. Konzentriere dich stattdessen darauf, anderen auf eine Art zu dienen, die dir große Freude und Befriedigung schenkt. Durch deinen Dienst am Nächsten wirst du in vieler Hinsicht genährt. Erstens werden dir der Segen und die Dankbarkeit anderer zuteil – und übersieh nicht die Macht, die aus diesen beiden Kräften hervorgeht. Zweitens trägst du durch deinen Dienst zum Wohlergehen des Universums bei – und das Universum *muss* im Gegenzug zu deinem Wohlergehen beitragen. In Anbetracht der unendlichen Macht und Größe des Universums bist du höchstwahrscheinlich derjenige, der am meisten von diesem Austausch profitiert. Drittens wird durch deine Beschäftigung mit wahrhaft erfüllenden Aktivitäten deine innere Antriebskraft durch Enthusiasmus und Leidenschaft aufrechterhalten.

Wir sehen viele unter euch, die sich selbstständig machen und dann zunächst frohen Mutes darauf warten, dass Kunden kommen. Sobald ihr allerdings Verzögerungen und Frustrationen erfahrt, beginnt ihr, an eurem Traum zu zweifeln. Wir sehen viele Selbstständige, die eine Aura der Negativität entwickeln und regelrecht erleichtert sind, wenn ihr Geschäft bald darauf schließen muss. Solche Schließungen sollten nicht bedauert, sondern als eine Entscheidung verstanden werden, die besagt, dass der Inhaber keine Lust mehr hatte, sein Geschäft weiterzuführen. Die einzigen Unternehmen, die gedeihen, sind diejenigen, deren Inhaber Freude und Begeisterung für seine Beschäftigung empfindet. Alle, die diese Begeisterung fühlen, senden Wellen der Liebe aus, die die Kunden dazu veranlassen, immer wieder zurückzukommen. Einen solchen Enthusiasmus beizubehalten erfordert jedoch, dass ein Geschäftsinhaber oder Selbstständiger »im Hier und Jetzt« bleibt, wie ihr es nennt, um seine geschäftlichen Pläne ständig neu zu überprüfen und Nutzen aus seinen Herzenswünschen und kreativen Einsichten zu ziehen.

Zögere nicht, deine neue Arbeit aufzunehmen, anstatt auf den Tag zu warten, an dem du deinen gegenwärtigen Job aufgibst, denn bereits heute warten viele freudige Gelegenheiten darauf, von dir ergriffen zu werden. Halte einfach an dem Gedanken fest, dass du diese Gelegenheiten finden möchtest, und die Welt wird sich beeilen, sie dir zu präsentieren. Und dann wirst du den süßen Nektar des Flusses von Geben und Nehmen kosten.

Letztendlich bist du bereits selbstständig, denn du triffst die Wahl deiner Beschäftigung selbst. Du triffst die Entscheidung, für andere zu arbeiten, was dich zum Boss deiner eigenen Vorgehensweisen und deines eigenen Terminplans macht. Du selbst bist die Kraft, die dich antreibt, einen Job unter dem Gesichtspunkt des Geldverdienens zu suchen, oder weil er sinnvoll für dich ist – *du* hast die Wahl.

FRAGE: Warum habe ich das Gefühl, ständig unter Zeitdruck zu stehen?

ANTWORT: Deine innere Wahrnehmung sagt dir, dass du dich nicht hundertprozentig der Erfüllung deiner Lebensaufgabe widmest, und sie sendet dir Signale, um deine Aufmerksamkeit zu wecken. Obwohl deine Seele in einem zeitlosen Universum existiert, ist sie dennoch darauf programmiert, ihre Aufgabe in deiner jetzigen Lebenszeit zu Ende zu bringen. Aus diesem Grund arbeitet sie innerhalb der zeitlichen Begrenzungen, während sie gleichzeitig Aufgaben ausführt, die die irdischen Gesetze von Raum und Zeit außer Kraft setzt. Das liegt daran, dass die Seele nicht von irdischen Richtlinien bestimmt wird. Nur der physische Körper beugt sich diesen Gesetzen. Und während der Körper ein zeitlich begrenztes Schicksal auf der Erde gewählt hat, drängt die Seele den Körper zu Aktionen, die die Aufgabe der Seele erfüllen und dem Körper die mannigfachen Segnungen der Freude bringen.

Du empfindest häufig in deinem Solarplexus, in der Nähe deines Magens, ein Gefühl der Enge und Furcht. Du spürst einerseits ein drängendes und ziehendes Gefühl, das dich antreibt, den nächsten Schritt zu tun und wichtige Beiträge zum Wohlergehen der Erde zu leisten – und andererseits eine machtvolle Empfindung, die dich zu Selbstzufriedenheit oder Furcht und Zweifeln drängt. Der antreibende Impuls kommt von deiner Seele, der furchtsame von deinem Ego. Beide scheinen um deine Zeit zu kämpfen, wobei die Stimme deiner Seele jedoch so laut nach dir ruft, dass sie nicht ignoriert werden kann.

Du, der du die Signale deiner Seele nicht hören willst, die dich dazu aufruft zu wachsen, zu geben, zu lehren und zu heilen, kannst dennoch ihre wunderbare Stimme nicht ersticken. Du kannst sie höchstens auf einer Ebene des Bewusstseins ignorieren. Doch deine innere Weisheit hört das Drängen deiner Seele sehr laut und sehr deutlich.

Anstatt um mehr Zeit in deinem Terminkalender zu bitten, ist es weiser, um Hilfe für den Umgang mit den Ängsten zu bitten, die den Befehlen deines Ego zugrunde liegen. Ruf uns Engel an, damit wir die süße Stimme deiner Seele verstärken, und folge mit Freuden ihren Anweisungen. *Deine Seele wird für deine Sicherheit sorgen* und dir die klare und liebevolle Führung geben, die du suchst. Sie wird dich aus den Fallen heraus geleiten, in denen du dich gefangen fühlst.

FRAGE: Ich habe das Gefühl, in irgendeiner Weise blockiert zu sein. Kannst du mir sagen, worin diese Blockade besteht und wie ich sie beseitigen kann?

ANTWORT: Geliebtes Wesen, diese Frage rührt von einem Gefühl her, dass irgendeine dunkle Kraft dir ihren Willen aufzwingt. Was bestimmte Blockaden betrifft, so handelt es sich bei ihnen lediglich um deine Angst vor einer Erleichterung deiner Lebensumstände. Die Angst vor dem Glücklichsein ist unter euch Menschen weit verbreitet und resultiert aus einem tiefen Misstrauen gegenüber etwas, das ihr kaum je erfahren habt. Das Nichtvertraute muss dem Vertrauten weichen, selbst wenn letzteres eine Quelle kontinuierlichen Leidens ist.

Wenn du dich danach sehnst, die göttliche Stimme zu hören oder visuell mit dem Geist zu kommunizieren, die Stimme aber weder hören noch den Geist sehen kannst, liegt der Grund dafür in deiner Scheu, die dafür sorgt, dass du angesichts von Größe zusammenschrumpfst. Geliebtes Wesen, auch du bist wunderbar, majestätisch und machtvoll! Fürchte dich nicht vor deiner eigenen Größe, sondern erlaube uns, sie dir während unserer Kommunikationen widerzuspiegeln. Denn wenn du unsere Größe mit eigenen Augen siehst und offenen Ohres die Stimme der Liebe vernimmst, wirst du Zeuge deiner eigenen Göttlichkeit werden.

Erkennst du nicht, dass eine Blockade lediglich eine andere Möglichkeit ist zu sagen, dass du dich fürchtest, deinem heiligen Selbst ins Angesicht zu blicken? Du schützt dich vor der Angst vor dem, was du vielleicht sehen wirst und stellst dir vor, dass deine eigene Reflexion die eines scheußlichen Monsters ist. Und daher weigerst du dich, diese Reflexion zu sehen und gibst irgendeiner unbekannten »Blockade« die Schuld an deiner Situation.

Eine Blockade ist erst dann Realität, wenn du ständig deine Aufmerksamkeit auf sie richtest. Wenn du deine Blockade durch kontinuierliche Affirmation ihrer Realität am Leben erhältst, verleihst du ihr damit erst Realität, Umfang und Größe! Daher wende deinen Blick jetzt, in diesem Augenblick, von der scheinbaren Präsenz deiner Blockade ab. Sieh das angebliche Hindernis in einem neuen Licht, als ein Sprungbrett, das dazu dient, die Ängste und Zweifel anderer zu erkennen, sodass du ein stärkeres Mitgefühl für einen Bruder oder eine Schwester entwickelst, die in der gleichen Weise leiden wie du.

Entscheide dich für deine Größe in dem Wissen, dass sie etwas ist, das du mit der ganzen Welt gemeinsam hast. Du, der du dir deiner Göttlichkeit bewusst bist, hast die Verpflichtung, dieses Bewusstsein in anderen zu wecken. Durch die Hand Gottes werden wir andere Menschen zu dir bringen, die nach dieser göttlichen Erkenntnis dürsten. Du wirst anderen ihre eigene Größe zeigen, und deine diesbezüglichen Abenteuer werden vielfältiger Natur sein. Genieße sie alle ob der reichen

Erfahrungen, die sie dir bringen. Verinnerliche sie und erfrische dich so oft wie möglich an unserer ewigen Quelle.

FRAGE: Wie kann ich wissen, wann eine Beziehung zu Ende und der Zeitpunkt gekommen ist, weiterzugehen?

ANTWORT: Ein Gefühl des Verbrauchtseins schleicht sich in jede Beziehung, in der es keine wahre und frische Kommunikation mehr gibt. Stell dir eine Beziehung vor, wenn sie jung und neu ist: Ihr schüttet einander eure Herzen aus, haltet nichts zurück, und ruft voller Begeisterung aus: »Mir geht es genauso!« Ihr sucht nach Ähnlichkeiten mit eurem neuen Geliebten und seid entzückt, wenn ihr sie entdeckt.

Eine Beziehung strahlt das unangenehme Gefühl des Verbrauchtseins aus, wenn dein Augenmerk sich darauf richtet, Eigenschaften zu finden, die dich von deinem Partner unterscheiden. Misstrauen sorgt dafür, dass ihr nicht mehr bereit seid, dem anderen euer Herz auszuschütten. Und in dem Maße, in dem ihr eure ehrliche Natur zurücknehmt, entzieht ihr einander eure Energie. Die zurückgenommene Energie führt dazu, dass ihr euch voneinander distanziert.

Zuweilen kann eine verbraucht erscheinende Beziehung neu belebt werden, indem sich die beiden Beteiligten auf einen bestimmten Prozess einlassen, ähnlich dem einer neuen Partnerschaft, in der ihr einander auf kindliche, unschuldige Weise euer Herz öffnet. Diese Herangehensweise, bei der ihr jegliche Vorsicht fallen lasst und euch gegenseitig rückhaltlos eure Hoffnungen, eure Träume und Sehnsüchte erzählt – ohne vom Partner dafür kritisiert zu werden – kann eine Beziehung heilen, die krank ist oder unrettbar scheint. Es ist sicher einen Versuch in dieser Richtung wert, um zu sehen, ob deine Partnerschaft neu belebt werden kann.

Jede Beziehung hat in ihrem Kern eine heilige Aufgabe. Manchmal ist es Teil dieser Aufgabe, uns eine persönliche Lektion zu erteilen, wie beispielsweise Geduld oder Verständnis.

Und manchmal hilft uns die Beziehung bei der Erfüllung unserer Lebensaufgabe. Wir lassen uns nie zufällig oder grundlos auf einen anderen Menschen ein. Selbst »flüchtige« Beziehungen haben die Aufgabe, dass wir etwas lernen und miteinander teilen. Unsere Begeisterung ist dann am größten, wenn wir erkennen, dass wir eine Beziehung mit einem Menschen eingegangen sind, mit dem wir ein Gefühl der Verbundenheit teilen. Diese Verbundenheit oder Anziehung ist ein Signal, dass die Beziehung einen Zweck hat. Wenn der Zweck erfüllt ist, kann es sein, dass die Anziehung nachlässt oder ganz verschwindet. An diesem Punkt musst du die Entscheidung treffen, ob du die Beziehung beenden, sie langsam ausklingen lassen oder aus einer anderen Ebene fortsetzen willst.

Wie auch immer du dich entscheidest, du wirst wissen, dass du die Beziehung mit einem heiligen Meister geführt hast, genau wie du einer bist. Jeder Mensch, mit dem du auch nur die geringste Zeit verbringst, ist ebenso wichtig wie der, mit dem du die Ewigkeit teilst. Niemand hat eine geringere oder größere Wichtigkeit auf der Bühne deines Lebens. Alle bringen Schätze, um sie mit dir zu teilen und dir am Ende eurer Beziehung zu Füßen zu legen. Deine Dankbarkeit gegenüber den Brüdern und Schwestern, mit denen du gemeinsame Momente verlebt hast, ist angebracht.

Wie also kannst du sicher sein, wann eine Beziehung zu Ende ist? Du wirst es wissen, wenn du schon längere Zeit unglücklich warst und erfolglos versucht hast, diese Tatsache deinem Partner mitzuteilen. Falls du schon lange unbefriedigt bist, dich nicht mehr zu deinem Partner hingezogen fühlst und sich der innige Wunsch, zusammen zu sein, restlos verflüchtigt hat, mag es an der Zeit sein, sich zu trennen. Du würdest deinen Partner oder dich selbst nicht davon abhalten wollen, dem nächsten Menschen zu begegnen, der einen wichtigen Teil des Puzzles in euer Leben bringt. Ihr könnt einander helfen, indem ihr eure Möglichkeiten diskutiert – einschließlich einer eventuellen Trennung – um schließlich Raum für neue Beziehungen zu schaffen.

FRAGE: Was sagen die Engel zum Thema Homosexualität?

ANTWORT: Diese Frage enthält die Frage nach dem, was richtig und was falsch ist, doch wir wollen uns hier auf das konzentrieren, was ihr Menschen als Grundrechte bezeichnet. Dazu gehört euer Recht, zu wählen und Entscheidungen zu treffen, frei von Begrenzungen und Einschränkungen. Mehr noch als um ein Recht handelt es sich hierbei um die Notwendigkeit, Barrieren zu überwinden, uneingeschränkt und frei zu sein. Dies gilt ebenso für eure freie Meinungsäußerung als auch für das Wesen eurer sexuellen Orientierung.

Der wahre Ursprung des Menschen begann, als menschliche Wesen zum ersten Mal die Idee bewusster Unabhängigkeit im fruchtbaren Feld ihres Geistes säten. Dies führte zu der Erfindung der Idee von Planeten und Orten, wo sie frei waren, ihr bewusstes Universum zu erforschen. Als die Menschen erstmals auf diesem großartigen Planeten landeten, waren sie es nicht gewohnt, selbst die Kontrolle über ihr Leben zu übernehmen, und der Gedanke daran ängstigte sie. Dies führte dazu, dass sie sich selbst mit Vorschriften und Regeln einschränkten, die aufgrund des den Menschen innewohnenden Misstrauens gegenüber ihrem eigenen inneren Führungssystem aufgestellt wurden.

Die Körper, die ihr besitzt, sind Teil dieses massiven, umfangreichen Experimentes, bei dem die Menschen versuchen, ihrer Unabhängigkeit die Meisterschaft über ihren freien Willen entgegenzusetzen. Dadurch schränken sie sich ungewollt selbst ein, indem sie ihre Seele in einen Behälter sperren – den Körper – und dann ihre ganze Aufmerksamkeit darauf richten, ihren Körper am Leben zu erhalten. Diese Anstrengung stellt eine Ablenkung von dem wichtigsten Aspekt der Essenz eines Wesens dar: der machtvollen Liebe in seinem Inneren.

163

Ihr, die ihr *die göttliche Liebe selbst* seid, könnt einen ständigen Fokus weg von dem Bewusstsein dieser Liebe nicht ertragen. Doch wenn ihr bezüglich der Quelle eurer Leere verwirrt seid, sucht ihr sie mit dem Körper zu erfüllen. Auf diese Weise wendet ihr euch euren körperlichen Bedürfnissen zu, um diese Leere zu füllen. Doch ist die Befriedigung und Sättigung des Körpers immer vorübergehender Natur, während die Seele stets in sich ruht und ewig ist.

Das ist der Grund, warum wir uns nicht direkt in die Natur eurer Sexualität und anderer Vorlieben einmischen, es sei denn, dass sie eure Aufmerksamkeit von der göttlichen Liebe ablenken, die ewig in euch und allen anderen Wesen lebt. Wenn eure Vorlieben Hindernisse für das Tor der Liebe schaffen, werden wir intervenieren – zunächst mit sanften Ermahnungen bezüglich der Natur eures wahren Glücks, dann mit spezifischeren Ermahnungen hinsichtlich eurer wahren Heimat im Himmel. Scham und Schuldgefühle sind nicht Teil unseres Vokabulars, jedoch verfolgt euch euer eigenes Ego mit diesen lieblosen Bedingungen. Ihr, die ihr jedoch vollständig auf einem Fundament der Liebe ruht, könntet kaum über lange Zeit etwas ertragen, das nicht liebevoll ist.

Unsere wichtigste Botschaft für dich ist essenziell für deinen gegenwärtigen Grad des Glücklichseins: Du bist bereits ein heiliges Wesen Gottes. Es bedarf keinerlei Verbesserung, um diesen Zustand zu erreichen. Nichts und niemand kann dein heiliges Erbe als Gottes Sohn oder Tochter ausmerzen. Was du jedoch aus diesem *Bewusstsein* deiner Existenz machst, obliegt völlig deiner eigenen Entscheidung. Du hast das Recht, jede Art von Existenz zu kreieren, die du dir wünschst – egal ob es sich dabei um ein von Verfolgung, Scham oder Schuld geprägtes Dasein handelt; oder ob es eine Existenz des Dienstes und der Hingabe an das eigene innere Licht ist. Die Natur deiner sexuellen Orientierung ist daher die geringste deiner Sorgen. Unsere Rolle besteht im Wesentlichen darin, vor und hinter dir zu stehen und dich vor selbst verursachten Stürmen zu schützen, falls du um unsere Hilfe rufst. Wir könnten nie aufhören, dich zu lieben, weder jetzt noch jemals. Aus göttlicher Liebe erschaffen und geboren, wissen wir genau, wer wir sind in Beziehung zu deinem heiligen Selbst: eins mit unserem unendlichen Schöpfer, dem einen, ewigen Gott.

FRAGE: Wie kann ich wissen, dass die Zeit gekommen ist, an einen anderen Ort umzuziehen?

ANTWORT: Wenn du den Drang verspürst, deine Umgebung zu verändern, sollten mehrere Faktoren berücksichtigt werden. Zunächst einmal überlege dir, ob es wirklich dein höheres Selbst ist, das dich zu einem Umzug drängt. Falls dieser Wunsch göttlich geführt ist, wird dein höheres Selbst dafür sorgen, dass du die Botschaft deutlich hörst. Es werden dir viele Zeichen begegnen, die auf deinen Umzug hinweisen. Du wirst einen starken Drang verspüren, der dir keine Ruhe lässt. Und dennoch kann das Gegenteil genauso wahr sein, nämlich dann, wenn dein Ego sich dieser Form bedient in seinem ständigen Bemühen, dein Glück auf irgendeinen zukünftigen Zeitpunkt zu verlegen. Dein Ego versucht dich zu überzeugen, dass ein Umzug in deinem Interesse liegt, während es in Wahrheit in vielen Bereichen deines Lebens unnötigen Aufruhr verursacht. Entwurzelt zu sein, beraubt dich vieler kostbarer Ressourcen, und ein beträchtliches Maß irdischer Zeit ist nötig, dich davon zu erholen. Doch in manchen Fällen stellt ein Umzug tatsächlich die Verkörperung des Seelenwunsches dar, »das Alte aufzugeben und das Neue zuzulassen«.

Deine Aufgabe ist es also, diese Stimme, die auf deinem Umzug besteht, aufmerksam zu untersuchen. Drängt sie dich zu einem Umzug, damit du vor etwas flüchten kannst? Dann handelt es sich um den Ruf des Ego. Oder fordert sie dich auf, an einen anderen Ort zu ziehen, um dich Gott näher zu bringen? Dann ist es die göttlich geführte Stimme deines höheren Selbst. Ziehe diverse Alternativen zu einem Umzug in Betracht, einschließlich der Überlegung, deine Umgebung lebendiger zu gestalten, um ein Gefühl des Neuen entstehen zu lassen. Bitte Experten, in dein Heim zu kommen und dir Ratschläge dahingehend zu erteilen, wie du deine gegenwärtige Lebenssituation angenehmer und schöner machen kannst.

Wenn du bezüglich deines Umzugs göttlich geführt bist, wirst du diese Entscheidung nicht in Frage stellen, denn der Drang wird so stark sein und sich in deiner Seele so liebevoll verankern, dass kein Raum für den geringsten Zweifel besteht. Wenn es der Wille deines höheren Selbst und damit Gottes Wille ist, dass du an einen anderen Ort ziehst, wirst du mit großer Sicherheit wissen, dass deine Anwesenheit dort *gebraucht* wird. Du wirst dich zu diesem neuen Ort hingezogen fühlen und nicht das Gefühl haben, lediglich deinen gegenwärtigen Umständen zu entfliehen. Nur diese Anziehung wird dich wirklich wissen lassen, wo dein wahres Zuhause ist. Versuche nicht, eine solche Ortsveränderung zu suchen oder zu erzwingen. Bete, warte und höre auf deine innere Führung, die wir dir auf himmlischen Schwingen bringen werden.

Wir werden dir helfen, deine gegenwärtigen Lebensumstände so angenehm wie möglich zu gestalten, um dir irdischen Frieden, Komfort und Glück zu bringen. Wir werden dir helfen zu wissen, wann der Zeitpunkt für einen Umzug gekommen ist. Bis dahin bitten wir dich inständig, friedlich in deinen gegenwärtigen Lebensumständen zu wachsen. Gehe deinen Weg weiter und warte auf die klare Entscheidung deines höheren Selbst. Wenn du geduldig wartest, versprechen wir dir einen reibungslosen und harmonischen Umzug, bei dem sich in schöner Reihenfolge alle Türen für dich öffnen werden.

FRAGE: Was passiert, wenn jemand Selbstmord begeht?

ANTWORT: Wenn Menschen versuchen, Schmerz zu beenden, indem sie ihren Körper seiner Lebenskraft berauben, sind sie von ihrem Ego zu dieser Flucht getrieben worden. Der Suizid ist ein Versuch, der irdischen Dimension zu entkommen, indem man physisch zu existieren aufhört. Dieser Plan kann nicht funktionieren, denn wie du weißt, stirbt das Bewusstsein nie, selbst wenn der Atemmechanismus zum Stillstand kommt.

Die betreffenden Seelen finden sich in einem höheren Bewusstseinszustand wieder, wenn der Körper erst einmal beseitigt ist. Ihr Schmerz wird durch unsere Gegenwart gelindert, jedoch erneut empfunden, wann immer die Seele die Trauer ihrer irdischen Familie und das Leid sieht, das ihre Tat über sie gebracht hat. Die Seele weint die gleichen Tränen und leidet unter einem Gefühl allertiefster Reue. Dieses Leid ist die Essenz eurer Vorstellung einer höllenähnlichen Situation, in der sich jene, die Selbstmord begehen, wiederfinden.

Es stimmt nicht, dass diese Seelen in irgendeiner Weise bestraft oder verurteilt werden, doch viele, die diesen Akt begehen, bestrafen und verurteilen ihr eigenes Selbst sehr harsch. Und aus diesem Grund leiden sie tatsächlich! Ihr, die ihr diese Wesen überlebt, könnt ihnen am besten helfen, indem ihr eure Wut, Angst und Schuldgefühle bezüglich der Situation ablegt und eure Aufmerksamkeit ganz auf Liebe und Mitgefühl für alle richtet.

Beschenkt euch gegenseitig, indem ihr den Schmerz der beteiligten Personen dadurch erleichtert, dass ihr sie mit einer Aura hellsten, weißen Lichts umgebt. Seht sie, wie sie auf einer schwerelosen Wolke des Mitgefühls schweben. Sorgt euch nicht um die Sicherheit oder das Wohlergehen eurer Lieben und vertieft euch nicht in Gedanken darüber, was vielleicht gewesen ist. Ersetzt Schuldgefühle durch Verständnis und lasst zu, dass die Liebe alle Wunden heilt.

Jedes Mal, wenn ein Mensch Selbstmord begeht, werden zusätzliche Engel an die Seite der Familie gesandt, da der Himmel ein tiefes Verständnis für die Schwierigkeiten hat, die mit einer irdischen Inkarnation einhergehen. Für jene, die nach einer Fluchtmöglichkeit suchen, sind zwar stets andere Optionen verfügbar. Doch gibt es Menschen, die sich dieser Optionen nicht bewusst sind und die den Selbstmord als ihre einzige Möglichkeit zur Flucht sehen. Habt Mitgefühl für ihre Entscheidung, geliebte Wesen, und wisset, dass es sich hierbei um Personen handelt, die lernen, genau wie ihr. Wenn ihr das Handeln dieser Personen auch in vieler Hinsicht als »egoistisch« bezeichnen mögt, ist es in Wahrheit so, dass diese Seelen Hilfe suchen, indem sie sich aus eurer Sphäre entfernen. Denn jene, die Selbstmord begehen, fühlen sich ungeliebt oder der Zuwendung ihrer Familie nicht wert. Diese Seelen haben das Bedürfnis, sich spurlos zu entfernen, und wenn sie sich erst einmal zu dieser Entscheidung durchgerungen haben, werden sie selten eine andere Lösung suchen als die, die sich in ihrem Geist verankert hat.

Dann nehmen sie ihrem Körper das Leben, manchmal auf eine überstürzte, zu anderen Zeiten auf eine bis ins Detail geplante Weise. Es ist nicht an uns zu entscheiden, was richtig oder falsch ist, wenn die Tat erst einmal vollzogen ist. Unsere Verantwortung besteht darin, die Situation durch Beten, göttliche Liebe und Verständnis zu heilen.

Wisset, dass für eure Lieben gesorgt wird – egal ob sie sich auf der irdischen Ebene oder in der geistigen Welt befinden. Unsere Schwingen umhüllen sie und ergreifen sie mit der göttlichen Kraft, die ihnen hilft, sich sicher und geliebt zu fühlen. Wir werden weder eure Lieben noch euch jemals im Stich lassen. Egal, welche physischen Aktionen ein Mensch vornehmen mag, unsere Liebe ist stets bedingungslos und frei von Urteilen. Wir wissen, dass der Tod nicht das Ende ist und dass Schmerzen angesichts der Liebe keine Realität besitzen. Wenn sie erst einmal im Himmel sind, erkennen eure lieben Verstorbenen, wie sehr ihr sie geliebt habt und immer noch liebt.

In den scheinbar schmerzhaftesten Situationen senden wir

euch zusätzliche Mengen des Lichts göttlicher Liebe. Geht sanft mit euch selbst um, geliebte Wesen, und wisset, dass ihr im Herzen Gottes ruht.

FRAGE: Basiert das Leben wirklich auf dem freien Willen, oder ist alles vorherbestimmt?

ANTWORT: Freier Wille bedeutet, dass du die Wahl hast, ob du dem Weg folgen willst, der für dich vorgesehen ist, oder nicht. Deine *Sichtweise* ist also eine Entscheidung des freien Willens! Wenn du dich hinter einem Panzer von »Opfersein« verschanzt, tust du so, als hätte jemand anderes deine unvorsichtigen Entscheidungen getroffen, als hättest du nichts damit zu tun. Auf diese Weise spürst du nicht länger den brennenden Schmerz der Wunde, die du dir durch deine eigenen Entscheidungen selbst zugefügt hast. Dabei ist nichts anderes erforderlich als der innere Blickwinkel, um eine Situation zu ändern, die aus der Richtung der Liebe davongaloppiert.

Es gibt in eurer Mitte keine »schlechten Menschen«, nur schlechte Entscheidungen. Damit soll nicht gesagt werden, dass es ein absolutes Richtig oder ein absolutes Falsch gibt, denn wer unter uns könnte ein gerechtes Urteil darüber fällen? Doch es gibt Entscheidungen für Liebe und solche für Angst. Und die letzteren werden immer Elend hervorrufen, während erstere stets den Zustand des Friedens in einem wachem Bewusstsein aufrechterhalten.

Erkennst du jetzt, warum es eine schlechte Wahl ist zu glauben, dass es andere in deinem Umfeld gibt, die für deine falschen Entscheidungen verantwortlich sind? Eine solche Sichtweise ist das Resultat vieler Ängste und führt automatisch zu Kummer und Niedergeschlagenheit. Denn warum solltest du auch nur den Versuch machen, deine Situation zu ändern, wenn du doch nur ein Opfer äußerer Umstände und herzloser Menschen bist?

Versuche stattdessen, deine Situation aus folgender Perspektive zu betrachten: Du, der du solch ungeheure Macht hast, die im ganzen Universum nicht ihresgleichen findet, kannst ebenso wenig machtlos sein, wie Gott es sein könnte. Dein Wille hat sich nie vom Willen des Schöpfers gelöst und befindet sich daher in völliger Übereinstimmung mit ihm. Wir, die wir die Aufgabe haben, für dein Wohlergehen zu sorgen, entstammen demselben allmächtigen Geist, der genauso in eurem wie in unserem Inneren residiert. Weder hat es jemals eine Trennung gegeben, noch kann es sie jemals geben.

»Das Gesetz des freien Willens«, von dem du so oft redest, ist kein Gesetz, sondern lediglich ein »Thema«. Der Begriff *Gesetz* impliziert, dass es gebrochen werden kann. Doch dies ist nicht der Fall. Freier Wille kann nicht manipuliert oder gebrochen werden, da wir durch ihn erschaffen wurden und er unsere wahre Natur ist. Nichts, was von Gott erschaffen wurde, kann rückgängig gemacht werden.

Zum Beispiel involviert der Prozess, in dem du jedem Satz, den du hier liest, Bedeutung verleihst, deinen freien Willen, denn du hast die Freiheit, unsere Worte auf jede mögliche Weise zu interpretieren. Wir flehen dich an, der Liebe in deinem Herzen zu folgen und einen nach innen gerichteten Fokus beizubehalten, doch das ist auch alles. Wir können deine Hände nicht fesseln und dich zwingen, deinen Mitmenschen zu dienen. Wir können lediglich den Fluss ängstlichen Denkens mit der sanften Ermahnung unterbinden, dass Frieden in einer anderen Richtung zu finden ist.

Der Plan, den Gott für uns vorgesehen hat, ist in Wirklichkeit gar kein Plan; vielmehr ist er eine vorgeschriebene Realität, zu der es keine Alternative gibt. Die selige Präsenz unseres Schöpfers durchdringt für alle Ewigkeit die ganze Schöpfung, und nur wenn wir dies vergessen, setzen Kummer und Not ein. Du befindest dich bereits inmitten dieser seligen Realität und musst sie nicht länger suchen.

Siehst du also, dass deine Frage durch eine zweifache Erklärung beantwortet ist? Gottes Wille und Seligkeit sind eine ewige Realität, ohne die Möglichkeit einer Änderung. Dein freier Wille drückt sich einfach in deiner Fähigkeit aus, zwischen dieser Erkenntnis und einer anderen Realität zu wählen, die du selbst schaffst. Wir bleiben immer an deiner Seite, falls du dich für Letzteres entscheidest. Denn in Gottes Seligkeit sind keine Engel nötig, um dich von deinen Ängsten zu befreien! Es besteht kein Problem, das beseitigt werden muss, und es gibt keinerlei Mangel. Denn was außer Situationen, die die Ängste eines sterblichen Wesens widerspiegeln, könnte unserer Hilfe bedürfen? In Gottes herrlichem Königreich gibt es nichts, an dem es dir fehlt oder dessen du bedarfst.

FRAGE: Wie kann ich wissen, ob es meinen lieben Verstorbenen gut geht?

ANTWORT: Deine Sorgen bezüglich deiner Lieben sind in erster Linie eine Projektion deiner Schuldgefühle. Du fürchtest, in der Vergangenheit Fehler gemacht zu haben und dass deine Lieben dir etwas nachtragen. Dich quält der Gedanke, dass ihr Sterben schmerzhaft war, und du fragst dich, ob sie in einer anderen Dimension weiterleben.

Der Tod eines geliebten Menschen ist fraglos ein schwerer Schlag für die Überlebenden, jedoch nicht für die dahingegangene Seele, die die Grenzen der Schwelle von Schmerz und Leid überschritten hat. Sie hat keine Zweifel mehr bezüglich ihrer Identität, denn sie ist von himmlischen Wesen umgeben, die sie an ihre gottgegebene Lieblichkeit erinnern. Sie macht sich keine Sorgen mehr um ihre Zukunft, denn sie lebt im ewigen Jetzt. Und falls sie zuvor unter irdischer Mühsal und Härte gelitten hat, so ist sie jetzt davon befreit. Sie legt die Erinnerung an diese Härten ab und bittet dich, um ihretwillen dasselbe zu tun.

Sorge dich nicht, dass du deinen Lieben zu Lebzeiten vielleicht nicht den Trost gebracht hast, den du ihnen bringen wolltest! Denke nicht, dass du die Schuld trägst an ihrem Leiden oder gar an ihrem Tod! Denn für jeden Menschen gibt es einen eigenen Zeitpunkt, wo er nach Hause in die offenen Arme seines himmlischen Schöpfers zurückkehren muss. Jeder hat eine göttlich inspirierte Verabredung, um durch den Schleier hindurchzugehen, der ihn von seinem Heim im Himmel trennt. In diesem Heim werden niemals harsche Worte gewechselt, daher gibt es keinen Raum für Reue oder harte Urteile. Umgeben vom Glanz der Liebe, leben deine lieben Verstorbenen in einem Zustand ekstatischer Seligkeit weiter. Sie haben keine Zeit, die Missetaten anderer aufzuzählen, sondern sind damit beschäftigt, eine Inventur ihrer eigenen Taten auf Erden zu erstellen. Sie erkennen ihre Irrtümer, und sie werden von Engeln beraten, sich selbst nicht so streng zu verurteilen, sondern lediglich aus ihren Fehlern zu lernen und weiterzugehen – wie es der Himmel für alle Wesen seiner Schöpfung vorgesehen hat.

Du siehst also, dass kein himmlisches Wesen dir aufgrund angeblichen Versagens irgendetwas nachträgt. Im Himmel hält niemand an seinem Leiden fest, es sei denn, er strengt sich diesbezüglich ganz besonders an. Der Himmel wird die Sichtweise des Ego einfach nicht unterstützen, und deine Lieben auf der anderen Seite lassen ihre Liebe jetzt in diesem Moment auf dich herniederstrahlen. Mach dir keine Sorgen wegen deiner Liebsten, heiliges Kind Gottes, sondern investiere stattdessen all deine Bemühungen in dein eigenes Leben und den Dienst am Nächsten. Stärke dein Bewusstsein um Gottes heilige Gnade und halte dich nicht mit Illusionen von Schmerz auf. Die Gebete zum Wohlergehen deiner Lieben werden direkt übermittelt, und sie sind das größte Geschenk, das du geben kannst – nicht nur deinen Lieben, sondern ganz besonders deinem eigenen Selbst.

* * *

Anmerkung des Verlages: Dies ist das Ende des gechannelten Teils des Buches. Alles, was folgt, sind Doreen Virtues eigene Worte.

FÜNFTER TEIL

Kommunizieren mit Ihren Engeln

Wer die Engel sind

Das Wort *Engel* bedeutet soviel wie »Bote«. Engel bringen uns heilige Botschaften unseres Schöpfers. Sie sind Gottes Geschenke an uns, gesandt, um uns an unsere göttliche Natur zu erinnern, unsere Talente zur Verbesserung der Welt zu entdecken, zu verfeinern und anzuwenden und uns rechtzeitig vor Schaden zu bewahren, damit unser Tod nicht unzeitgemäß eintritt. Darüber hinaus leiten sie uns unter anderem in den Bereichen Beziehungen, Gesundheit, Karriere und Finanzen.

Ihre Engel sind bei Ihnen, um Gottes Friedensplan in die Tat umzusetzen. Sie helfen Ihnen, Ihren inneren Frieden aufrechtzuerhalten, und sie tun dies für jeden von uns, denn eine Welt friedlicher Menschen ist gleichbedeutend mit einer friedlichen Welt. Das ist der Grund, weshalb Ihre Engel Ihnen auf jede Weise zu helfen wünschen, die zu Frieden führt. Weder belästigen Sie Ihre Engel noch verschwenden Sie ihre Zeit, wenn sie um »kleine« Gefallen bitten. Die Engel wissen, dass kleine Irritationen sich oft zu großem Stress zusammenbrauen können, daher bereitet es ihnen größte Freude, Ihnen dabei zu helfen, Hindernisse aus dem Weg zu räumen.

Wenn es auch stimmt, dass Herausforderungen zu unserem inneren Wachstum beitragen, so sagen die Engel auch, dass Frieden zu noch größerem Wachstum führt. Im Zustand des Friedens sind wir eher geneigt, unsere Terminpläne und unsere Kreativität für den Dienst am Nächsten freizumachen. Wenn wir innerlich von Frieden erfüllt sind, funktionieren unsere Körper auf eine gesunde Weise, und was unsere Beziehungen betrifft, so entwickeln sie sich positiv und erreichen ihre volle Blüte. Im Zustand des Friedens sind wir leuchtende Beispiele der Liebe Gottes.

Hin und wieder erhalte ich Briefe von Personen, die mich bezichtigen, die Engel anzubeten. Die Betreffenden betonen, dass wir nur *Gott* anbeten sollen.

Ich beantworte diese Briefe immer auf die gleiche Weise: mit Liebe. Wir alle machen zuweilen den Fehler, andere Personen bestimmter Dinge zu beschuldigen, ohne die Fakten zu überprüfen. Jeder, der auch nur eines meiner Bücher gelesen, eine meiner Kassetten angehört oder eines meiner Seminare besucht hat, weiß, dass ich stets betone, dass aller Ruhm und alle Ehre tatsächlich *Gott* gebührt. Die Engel wollen mit Sicherheit nicht angebetet werden, daher habe ich solches nie empfohlen und werde es auch nie tun.

Nachdem dies gesagt ist, hier noch eine freundliche Erinnerung: Gott ist überall. Gott ist in Ihrem Inneren. Gott ist in meinem Inneren. Und Gott ist im Inneren aller Engel. Daher preisen wir tatsächlich *Gott in unserem Inneren*, wenn wir Gott preisen.

Einige meiner Zuhörer und Leser, die nichts von Religion halten, möchten dies nicht hören. Vielleicht wurde eine Frau von ihrem Vater missbraucht, also lehnt sie alle Vaterfiguren ab – selbst Gott. (Natürlich ist Gott eine androgyne Macht, die sowohl unsere spirituelle Mutter *als auch* unser spiritueller Vater ist). Oder vielleicht hat ein Anhänger einer Religion einem Mann Schaden zugefügt, was dazu führt, dass er alles ablehnt, was nach Religion schmeckt, selbst seine Geistführer und Engel. Ein anderer mag die Religion schlicht als irrational empfinden, sodass er einfach nie mehr über spirituelle Dinge nachdenkt. Ein weiterer fühlt sich vielleicht schuldig aufgrund seiner Lebensführung und fürchtet tief in seinem Inneren, dass Gott ihn bestrafen könnte, daher versucht er, jegliches Wissen um Gott abzublocken. Oder vielleicht hat eine Frau Angst, dass Gott versuchen wird, sie zu kontrollieren und ihr einen Lebensstil aufzuzwingen, der ihr keinen Spaß macht.

Manche Leute fragen mich, ob es in Ordnung ist, mit den Engeln zu sprechen, oder ob es sich dabei um Blasphemie handelt. Ich rate immer dazu, den persönlichen Glaubenssätzen zu folgen, wenn wir mit dem Himmel sprechen. Wenn jedoch Gott, die aufgestiegenen Meister und die Engel wirklich eins sind, warum sollte es dann »falsch« sein, direkt mit den Engeln zu kommunizieren? Akzeptieren Sie nicht vielmehr lediglich ein Geschenk, mit dem Gott Sie gesegnet hat? Sie und Ihre Engel verbünden sich nicht in irgendeiner meuterischen Absicht gegen Gott. Die Engel (ebenso wie Ihr höheres Selbst) werden nie Gottes Willen zuwiderhandeln, daher ist die Angst, Sie könnten einen Fehler machen, unbegründet.

Die Engel sind sich sowohl Ihrer Illusion der Angst bewusst als auch der Wahrheit göttlicher Liebe. Für Gott gibt es *nichts außer Liebe*. Gott spürt es, wenn Ihr Bewusstsein von ihm abgewandt ist und wenn Sie einen Alptraum haben, doch er kann nicht wissen, wovon dieser Alptraum handelt. Das würde voraussetzen, dass er weniger als hundertprozentige Liebe ist. Die Engel sind eine Brücke zwischen der Wahrheit und Ihren alptraumhaften Illusionen, die Ihnen vorgaukeln, Probleme zu haben. Sie können Sie aus Ihrem Alptraum wecken und Ihnen helfen, in den heiteren Wachzustand von Gesundheit, Glück, Frieden und Fülle zurückzukehren. Die Engel arbeiten im Einklang mit Ihrem höheren Selbst und jedem aufgestiegenen Meister, zu dem Sie sich spirituell hingezogen fühlen, wie zum Beispiel Jesus, Moses, Quan Yin, dem Heiligen Geist, Buddha, Yogananda oder wem auch immer. Die Engel erkennen, dass Sie nicht auf sie hören würden, wenn Sie versuchten, Ihre diesbezüglichen Ansichten zu ändern. Stattdessen nutzen die

Engel Ihre gegenwärtigen Glaubenssätzen als Möglichkeit, Sie zu erreichen.

In *Ein Kurs in Wundern* heißt es, dass Gott uns in Zeiten der Not nicht hilft, da er keine Notwendigkeit dazu sieht (er sieht nur Liebe und Vollkommenheit und nicht die Illusion des Mangels), doch dass er Helfer schickt, wenn wir glauben, in Bedrängnis zu sein. Es ist nicht so, dass Gott uns ignoriert; vielmehr besteht Gottes Art der Hilfe darin, dass er uns bereits vollkommen erschaffen hat. Doch für den Fall, dass wir darauf beharren, dieser Wahrheit gegenüber blind zu sein, hat Gott Engel erschaffen, die uns helfen, unseren Weg aus den Albträumen zu finden, die wir selbst geschaffen haben.

Die Engel haben mir gesagt, dass wir sie nicht brauchen würden, wenn wir uns der Gegenwart der Liebe in jedem Augenblick voll bewusst wären. Da wir jedoch zwischen verschiedenen Graden von Angst und Liebe hin- und herschwanken, schickt Gott uns die Engel, damit sie uns helfen.

Wenn es für einen Menschen an der Zeit ist, zu gehen

In meiner Arbeit als hellseherisches Medium, das mit den Verstorbenen kommuniziert, und als Forscherin, die hunderte von Nahtoderlebnissen untersucht hat, bin ich davon überzeugt, dass wir nicht sterben können, bevor unsere Zeit gekommen ist. Wir können unserem Leben und unserem Körper so übel mitspielen wie möglich, und wir können uns hier und da in Todesgefahr befinden, doch kann der Tod nicht an unsere Türe klopfen, bevor unsere Zeit gekommen ist.

Jeder von uns entwirft vor seiner Inkarnation einen grundsätzlichen Lebensplan. Zu diesem Plan gehören der zukünftige Beruf (zum Beispiel Autor, Heiler, Musiker, Lehrer und so weiter) sowie einige der wichtigsten Erfahrungen und Beziehungen, die Ihnen begegnen werden. Hierbei handelt es sich nicht um eine schicksalsgläubige Philosophie. Wir alle wählen diese Erfahrungen, bevor wir auf die Erde kommen – sie beruhen ausnahmslos auf unserem freien Willen. Wir planen nicht unser ganzes Leben im Voraus. Vielmehr beschließen wir die wichtigsten Scheidewege und einige übergeordnete Themen, wie beispielsweise die persönlichen Lektionen, die wir im Laufe unserer Inkarnation lernen sollen (wie zum Beispiel Geduld oder Mitgefühl).

Außerdem entscheiden wir uns für zwei, drei oder mehr Altersstufen, bei deren Erreichung wir die physische Ebene verlassen und in unser himmlisches Zuhause zurückkehren können – zum Beispiel mit 18, 47 und 89 Jahren. Jedes Mal, wenn Sie eine dieser Altersstufen erreichen, werden Sie sich an einem Scheideweg befinden (in Form eines Unfalls, einer Krankheit oder durch Selbstmordgedanken), der Ihnen die Möglichkeit bietet, entweder in die himmlischen Gefilde zurückzukehren oder auf der Erde zu bleiben. Die meisten Menschen entscheiden sich für ein längeres Leben, damit sie für eine oder zwei Generationen bei ihrer irdischen Familie bleiben können. Doch manche Wesen entscheiden sich dafür, nach Hause zurückzukehren, bevor ihr Körper seine volle Reife auf Erden erlangt hat. Doch selbst wenn die Körper der Betreffenden noch unreif waren, besteht die Möglichkeit, dass ihre Seelen zum Zeitpunkt ihres physischen Todes älter waren als Ihre oder meine.

Ihr höheres Selbst kennt die verschiedenen Altersstufen, die Sie als Möglichkeiten zum Verlassen der irdischen Dimension gewählt haben – und Sie können wissen, um welche es sich handelt, wenn Sie einfach Ihr höheres Selbst fragen: »Wie alt werde ich sein, wenn ich meinen physischen Körper verlasse?« Die meisten von Ihnen werden automatisch (mit ihrem inneren Ohr) drei Altersangaben hören. Einige von Ihnen werden Zahlen vor sich sehen. Wieder andere werden nichts hören oder sehen – was in der Regel daran liegt, dass sie die Antwort nicht wissen wollen. Es ist auch möglich, dass Sie ein Alter hören, das Ihnen unmittelbar bevorsteht, und sonst nichts. Dies kann bedeuten, dass Ihre Zeit beinahe abgelaufen ist, oder dass Ihr Ego Amok läuft und versucht, Sie zu erschrecken. Schließlich arbeitet das Ego mit Angst. Mit hoher Wahrscheinlichkeit werden Sie eine oder mehrere Zahlen hören oder sehen, doch hindert Ihre Angst Sie daran, diese zu erkennen. Entspannung, ruhiges tiefes Atmen und Meditation können Ihnen helfen, die Antworten richtig zu hören.

Zu dem Kreis, der Ihnen hilft, diesen Plan zu entwerfen, gehören die Wesen, die als Schutzengel und Geistführer an Ihrer Seite stehen werden. Jeder von Ihnen hat mindestens zwei Schutzengel, von dem Augenblick an, wo Sie auf die Erde kommen, bis zu Ihrer Rückkehr in den Himmel. Darüber hinaus steht jedem Menschen mindestens ein Geistführer bei, in der Regel jedoch mehrere. Schutzengel sind Wesen, die nie als Menschen inkarniert waren (es sei denn, es handelt sich um *inkarnierte* Engel, ein Thema, das über den Bereich dieses Buches hinausgeht, aber in meinen Büchern *Die Heilkraft der Engel* und *Die Heilkraft der Feen* behandelt wurde). Ihre Geistführer sind in der Regel Ihre verstorbenen Angehörigen. Wenn Sie noch jung sind, handelt es sich bei ihnen um Verwandte, die vor Ihrer Geburt gestorben sind.

Diese Führer und Engel helfen Ihnen, Ihre Lebensaufgabe zu erfüllen und Ihre persönlichen Lektionen zu lernen. Außerdem achten Sie darauf, dass Sie weder Ihr Leben noch Ihren Körper missbrauchen. Sie intervenieren, wenn die Gefahr besteht, dass Sie vor dem geplanten Zeitpunkt ums Leben kommen. Wenn einer Ihrer Scheidewege nahe ist, an dem Sie sich entscheiden könnten zu gehen, helfen Ihnen die Engel und Geistführer bei der Entscheidungsfindung. Wenn ein Mensch beispielsweise seine Lebensaufgabe noch nicht erfüllt und seine persönlichen Lektionen noch nicht gelernt hat, und vor allem dann, wenn ein Mensch für eine Familie sorgen muss, wird der Betreffende normalerweise beschließen, noch zu bleiben, bis er an seinem nächsten Scheideweg angelangt ist.

Ich habe selbst erfahren, dass die Engel uns nur so weit helfen können, wie wir es ihnen erlauben. Eines Tages im Sommer 1995 warnte mich die laute, klare Stimme eines männlichen Engels, dass mein Cabriolet gestohlen werden würde, wenn ich das Dach nicht schlösse. Aus verschiedenen Gründen befolgte ich den Rat des Engels nicht, was dazu führte, dass ich mich eine Stunde später zwei bewaffneten Autodieben gegenübersah. Jetzt drängte der Engel mich, nach Leibeskräften zu schreien. Dieses Mal hörte ich auf ihn, und meine Schreie zogen die Aufmerksamkeit von Passanten an, die mir zu Hilfe kamen.

Als der Engel mir zu helfen versuchte, hatte ich in beiden Fällen die Wahl, entweder auf ihn zu hören oder ihn zu ignorieren. Wenn ich seine Stimme ignoriert hätte, als er mich aufforderte, »nach Leibeskräften zu schreien«, wer weiß, ob ich dann heute noch am Leben wäre. Doch eins weiß ich mit Sicherheit: Wäre ich gestorben, wüsste ich zumindest, dass die Engel ihr Bestes getan haben, um zu intervenieren und meinen Tod zu verhindern. Ich habe im Laufe der Jahre immer wieder von freien Entscheidungen dieser Art gehört – sowohl von Menschen, die knapp dem Tod entgangen waren, als auch solche, die dem Tod erlagen und aus dem Jenseits zu mir sprachen.

Schutzengel

Schutzengel werden Ihnen persönlich für die Spanne Ihres Lebens zugeteilt. Auch diese Engel haben niemals als Menschen auf der Erde gelebt, es sei denn, sie waren »inkarnierte Engel«

(Engel, die eine menschliche Form annehmen, entweder für eine kurze Zeit oder für ein ganzes Leben).

Wie ich schon erwähnt habe, hat jeder Mensch, unabhängig von Glaube, Charakter oder Lebensweise, mindestens zwei Schutzengel (ob der Betreffende auf seine Engel hört, ist jedoch eine andere Sache). Einer der Schutzengel ist ein extrovertierter, »antreibender« Engel, der Sie zu Entscheidungen drängt, die mit den Absichten Ihres höchsten Selbst übereinstimmen. Dieser Engel weiß um Ihre Talente und Ihr Potenzial und ermutigt Sie, Ihr Licht immer hell erstrahlen zu lassen.

Der andere Schutzengel hat eine wesentlich ruhigere Stimme und sanftere Energie. Dieser Engel tröstet Sie, wenn Sie traurig sind, einsam oder enttäuscht. Er nimmt sie in die Arme, wenn Sie die Stelle oder die Wohnung nicht bekommen haben, die Sie so gern haben wollten, und beruhigt Sie, wenn Ihr neuer Bekannter am Wochenende nicht zum vereinbarten Rendezvous erscheint.

Sie können mehr als zwei Schutzengel an Ihrer Seite haben – wie tatsächlich die meisten Menschen, die ich kenne. Jedoch handelt es sich bei diesen Personen in der Regel um Teilnehmer an meinen Seminaren, denn man kann sagen, dass alle, die Engel wertschätzen, *mehr* Engel anziehen. Es ist nicht so, dass die Engel bestimmte Menschen bevorzugen; es ist nur einfach so, dass diejenigen, die sich zu Engeln hingezogen fühlen, dazu tendieren, um zusätzliche Engel zu bitten. Diese Bitte wird immer erfüllt, egal von wem sie kommt.

Unsere Engel haben männliche oder weibliche Energien, die dafür sorgen, dass ihre Erscheinung deutlich männlich oder weiblich geprägt ist. Jeder von uns kann sowohl weibliche als auch männliche Schutzengel haben. Daher haben Sie vielleicht drei männliche und einen weiblichen Engel an Ihrer Seite, während Ihre Schwester von zwei weiblichen Engeln betreut wird.

Tatsächlich haben Engel Flügel und eine Erscheinung, die

den Renaissance-Gemälden ähnelt, die man auf Weihnachtskarten und religiösen Bildern sieht. Meiner Erfahrung nach benutzen sie diese Flügel nicht zur Fortbewegung, denn ich habe nie gesehen, dass ein Engel mit seinen Flügeln geschlagen hat. Allerdings habe ich gesehen, wie die Engel einen Menschen zum Trost in ihre Flügel gehüllt haben, und meinen Beobachtungen zufolge scheint dies der einzige Zweck zu sein, den die Flügel haben. Mir haben die Engel einmal gesagt, dass der Grund, warum sie Flügel haben, mit unseren westlichen Erwartungen zu tun hat. Sie sagten dazu: »Die ursprünglichen Engel-Maler hielten unsere Aura des Lichts irrtümlich für Flügel, daher stellten sie uns in ihren Gemälden mit Flügeln dar, und wir erscheinen euch auf diese Weise, sodass ihr wisst, dass wir es sind, eure Engel.«

Interessanterweise haben Schutzengel, die Vertreter des östlichen Kultur- und Religionskreises umgeben wie beispielsweise jene, die Buddhismus oder Hinduismus praktizieren, normalerweise keine Flügel. Diese Engel sehen aus wie *Boddhisattvas* (erleuchtete fühlende Wesen) und erfüllen die gleiche Aufgabe wie die westlichen Schutzengel: Sie lieben, führen und beschützen den Menschen, dem sie zugeteilt wurden. Die einzige Ausnahme sind jene östlich orientierten Personen im Umfeld alternativer Religionen oder des New Age. In diesen Fällen haben die Betreffenden große Gruppen spiritueller Helfer um sich. Es ist typisch für einen solchen Menschen zu sagen: »Ich habe *jeden* im Himmel herbeigerufen, um zu mir zu kommen und mir zu helfen!«

Die Erzengel

Die Erzengel überwachen die Schutzengel. Sie sind in der Regel größer, stärker und mächtiger als die Engel. Je nach Ihrem Glaubenssystem gibt es vier, sieben oder eine unendliche Zahl von Erzengeln. In diesem Buch sagt Erzengel Uriel, dass wir in naher Zukunft zusätzliche Erzengel kennen lernen werden, vergleichbar mit dem Entdecken neuer Planeten oder Sonnensysteme.

Die Engel sind konfessionslos, und sie helfen jedem, unabhängig von seinem religiösen oder nichtreligiösen Hintergrund. Sie sind in der Lage, gleichzeitig bei jedem von uns zu sein, da sie sich jenseits des Raum-Zeit-Kontinuums befinden. Stellen Sie sich vor, wie Ihr Leben aussehen würde, wenn Sie an verschiedenen Orten gleichzeitig sein könnten! Nun, die Engel sagen, dass der einzige Grund, warum wir dieses Phänomen nicht erleben, darin besteht, dass wir *glauben*, nur jeweils an einem Ort sein zu können. Laut Aussage der Engel werden wir bald lernen, diese Einschränkung aufzuheben.

Der Grund, warum ich diesen Punkt betone, ist der, dass manche Leute Angst haben, sie würden einen Erzengel von einer »wichtigeren« Aufgabe abhalten, wenn sie zum Beispiel Erzengel Michael um Hilfe bitten. Dieses Denken ist jedoch lediglich eine Projektion unserer menschlichen Beschränkungen! Tatsache ist, dass die Erzengel und die aufgestiegenen Meister gleichzeitig bei jedem sein können, der sie anruft, und dass sie eine völlig individuelle Erfahrung mit jedem einzelnen haben werden. Sie können die Erzengel bedenkenlos jederzeit herbeirufen, indem Sie sie mental um ihre Hilfe bitten. Dazu bedarf es keiner formellen Gebete.

Die genaue Anzahl von Erzengeln hängt von dem Glaubenssystem oder spirituellen Text ab, den Sie konsultieren. Die Bibel, der Koran, das Alte Testament, die Kabbalah, das Dritte Buch von Eunoch und die Schriften des Dionysius listen verschiedene Zahlen und Namen von Erzengeln auf und beschreiben sie.

Es gibt viele Erzengel, soviel steht fest, wenn ich in meinen Büchern und Seminaren in der Regel auch nur Michael, Raphael, Uriel und Gabriel erwähne. Jedoch haben die anderen

Erzengel mich in letzter Zeit oft gedrängt, sie in mein Leben und meine Arbeit zu integrieren. Hier sind einige Beschreibungen von Erzengeln und wie Sie vielleicht mit ihnen arbeiten können:

Erzengel Ariels Name bedeutet »Löwe oder Löwin Gottes«. Ariel ist als der Erzengel der Erde bekannt, da sie unermüdlich für das Wohlergehen des Planeten tätig ist. Ariel überwacht das Königreich der Elementarwesen und hilft bei der Heilung von Tieren, vor allen Dingen der nicht-domestizierten. Bitten Sie Ariel um Hilfe, um mit den Feen vertrauter zu werden; bei allem, was die Umwelt betrifft; oder um ein verletztes wildes Tier zu heilen.

Erzengel Azraels Name bedeutet »der, dem Gott hilft«. Azrael wird manchmal auch der »Engel des Todes« genannt, da er Menschen zum Zeitpunkt ihres physischen Todes erscheint und sie auf die andere Seite begleitet. Er hilft soeben hinübergegangenen Seelen, sich wohl und sehr geliebt zu fühlen. Azrael hilft sowohl Predigern jeder Religion als auch spirituellen Lehrern. Rufen Sie Erzengel Azrael im Namen Ihrer verstorbenen oder im Sterben liegenden Angehörigen herbei, und bitten Sie ihn außerdem um Hilfe bei Ihrem offiziellen oder inoffiziellen geistlichen Amt.

Erzengel Chamuels Name bedeutet »Er, der Gott sieht«. Dieser Erzengel ist auch unter vielen anderen Namen wie Camael, Camiel, Camiul, Camniel, Cancel, Jahoel, Kemuel, Khamael, Seraphiel und Shemuel bekannt. Erzengel Chamuel hilft uns zu erkennen, was für uns wichtig ist. Rufen Sie Chamuel an, wenn Sie eine neue Liebesbeziehung, Freunde, einen Job oder etwas Verlorenes suchen. Chamuel wird Ihnen in neuen Situationen helfen und kann bei der Klärung von Missverständnissen im privaten oder beruflichen Bereich helfen.

Erzengel Gabriels Name bedeutet »Gott ist meine Stärke«. In frühen Renaissancegemälden und alten Schriften wird Gabriel als weiblicher Erzengel dargestellt, wenn auch spätere Texte sich auf Gabriel als einen männlichen Engel beziehen (vielleicht im Zuge der massiven Textkorrekturen anlässlich des Konzils in Konstantinopel). Gabriel ist der Botenengel, der allen irdischen Boten hilft, wie beispielsweise Autoren, Lehrern und Journalisten. Rufen Sie Gabriel an, um in allen Situationen, die mit Kommunikation zu tun haben, Angst oder Zögern zu überwinden.

Erzengel Haniels Name bedeutet »Anmut Gottes«. Rufen Sie Haniel um Hilfe, wann immer Sie Ihrem Leben Anmut und ihre Auswirkungen (Frieden, Gelassenheit, das Vergnügen der Gesellschaft guter Freunde, Schönheit, Harmonie etc.) verleihen wollen. Sie können Haniel auch vor jedem Ereignis anrufen, bei dem Sie die Verkörperung der Anmut sein möchten, wenn Sie zum Beispiel eine wichtige Präsentation haben, ein Vorstellungsgespräch führen oder sich mit einem möglichen Liebhaber treffen.

Erzengel Jeremiels Name bedeutet »Barmherzigkeit Gottes«. Jeremiel ist jemand, der inspiriert und uns zu spirituellen Handlungen des Dienstes am Nächsten oder an der Umwelt motiviert. Außerdem hilft er uns, göttliche Weisheit zu erlangen. Rufen Sie Jeremiel an, wenn Sie sich spirituell »festgefahren« fühlen, um die Begeisterung für Ihren geistigen Weg und Ihre Lebensaufgabe wiederzufinden.

Erzengel Jophiels Name bedeutet »Schönheit Gottes«. Auch als Iophiel und Zophiel bekannt, ist er der Schutzpatron der Künstler, der uns hilft, Schönheit im Leben zu sehen und zu erhalten. Rufen Sie Jophiel herbei, bevor Sie irgendein künstlerisches Projekt beginnen. Da dieser Erzengel zur Verschönerung des Planeten beiträgt, indem er ihn von Umweltverschmutzung reinigt, bitten Sie ihn um Aufgaben, damit Sie ihm bei diesem lebenswichtigen Unterfangen helfen können.

Erzengel Metatrons Name bedeutet »Engel der Gegenwart«. Er wird als der jüngste und größte aller Erzengel bezeichnet und ist der einzige, der einst als Mensch auf der Erde gewandelt ist (in der Gestalt des Propheten Eunoch). Metatron arbeitet zusammen mit der Jungfrau Maria, um Kindern zu helfen, sowohl den lebenden als auch den verstorbenen. Rufen Sie Metatron um jede Art von Hilfe an, die Sie für Ihre Kinder benötigen. Zu seiner Intervention gehört oft, dass er Kindern hilft, ihr spirituelles Bewusstsein und Verständnis zu wecken.

Erzengel Michaels Name bedeutet »Er, der wie Gott ist« oder »Er, der wie Gott aussieht«. Er ist der Erzengel, der den Planeten und seine Bewohner von den Folgen der Angst befreit. Michael ist der Schutzpatron der Polizisten, und er verleiht uns allen den Mut und die Kraft, unserer Wahrheit zu folgen und unsere göttliche Lebensaufgabe zu erfüllen. Rufen Sie Michael an, wenn Sie bezüglich Ihrer persönlichen Sicherheit, Ihrer Lebensaufgabe oder der Notwendigkeit wichtiger Veränderungen Angst haben oder verwirrt sind. Außerdem können Sie Michael bitten, Ihnen zu helfen, jegliche mechanischen oder elektrischen Probleme zu beheben.

Erzengel Raguels Name bedeutet »Freund Gottes«. Er wird oft der Erzengel der Gerechtigkeit und Fairness genannt, und er ist der Helfer der Benachteiligten. Rufen Sie Raguel an, wann immer Sie das Gefühl haben, überwältigt oder manipuliert zu werden. Raguel wird intervenieren, indem er Ihnen zeigt, wie Sie ausgeglichene Machtverhältnisse und Fairness innerhalb der Struktur Ihrer persönlichen und gesellschaftlichen Beziehungen erreichen können. Außerdem können Sie Raguels Hilfe im Namen einer anderen Person herbeirufen, der Ungerechtigkeit widerfährt.

Erzengel Raziels Name bedeutet »Geheimnis Gottes«. Von Raziel wird behauptet, dass er Gott besonders nahe steht und daher alle göttlichen Konversationen über universelle Geheimnisse und Mysterien hört. Raziel hielt diese Geheimnisse in einem Dokument fest, das er Adam gab und das schließlich in den Händen der Propheten Eunoch und Samuel landete. Rufen Sie Raziel herbei, wann immer Sie den Wunsch haben, esoterischen Stoff zu verstehen oder sich im Bereich der Alchimie oder Manifestation zu betätigen.

Erzengel Sandolphons Name bedeutet »Bruder«, denn er ist der Zwillingsbruder des Erzengels Metatron. Sandolphon ist der Erzengel der Musik und des Gebetes. Er hilft Erzengel Michael, Angst und ihre Auswirkungen zu beseitigen (wahrscheinlich mit Hilfe der Musik). Legen Sie sanfte Musik auf und rufen Sie Sandolphon an, um jegliche geistige Verwirrung zu verscheuchen.

Erzengel Uriels Name bedeutet »Gott ist Licht«. Wie er in seiner Botschaft in einem früheren Kapitel dieses Buches (siehe Seite 120 ff) erklärt, bringt Erzengel Uriel Licht in jede irritierende Situation, was unsere Fähigkeiten zur Problemlösung stärkt. Rufen Sie Uriel herbei, wann immer Sie in eine heikle Situation geraten und es wichtig ist, dass Sie klar denken und Antworten finden.

Erzengel Zadkiels Name bedeutet »Rechtschaffenheit Gottes«. Zadkiel hilft uns, durch Vergebung Freiheit zu erlangen, und er ist als der Schutzpatron jener bekannt, die vergeben. Aus diesem Grund rufen Sie Zadkiel an, damit er Ihnen hilft, vergiftende Stoffe der Wut (sich selbst und anderen gegenüber) loszulassen und Vergebung zu lernen. Zadkiel hilft uns, andere Menschen mit den Augen des Mitgefühls zu sehen, anstatt sie zu verurteilen.

Aufgestiegene Meister

Aufgestiegene Meister sind Wesen, die als große Lehrer und Heiler auf der Erde gelebt haben und uns auch weiterhin von ihrem günstigen Aussichtspunkt in der geistigen Welt aus helfen. Zu ihnen gehören so berühmte erhöhte Persönlichkeiten wie Jesus, Moses, Buddha, Quan Yin, die Jungfrau Maria, Yogananda, Ashtar und alle Heiligen; zudem die weniger Berühmten – wie beispielsweise Yogis, die im Laufe ihres Lebens physische Grenzen überwunden haben; epochemachende Erfinder; und unbekannte Helden. Mit einer Liebe im Herzen, die größer ist als das Leben selbst, und ihrer unerschöpflichen Sorge um unser Wohlergehen helfen die aufgestiegenen Meister jedem, der sie um ihre Hilfe bittet.

Die Naturengel

Häufig als Feen, Elementarwesen oder Devas bezeichnet, sind die Naturengel genauso sehr Gottes Engel wie die Schutz- und Erzengel. Aufgrund menschlichen Aberglaubens wird ihre Existenz jedoch oft abgelehnt und missverstanden. Ich war kürzlich in einer großen Buchhandlung und sah mit Freuden all die Engelbücher in einem Regal, das speziell mit der Bezeichnung »Engel« versehen war. Doch dann fragte ich mich: »Wo sind die Bücher über Feen?« Ich schaute überall in den Abteilungen Esoterik und Spiritualität nach, ohne auch nur ein einziges Feenbuch zu entdecken. Schließlich fand ich sie in einer übergeordneten Abteilung mit der Bezeichnung »Mythologie«.

Ich spürte im Namen der Feen Wut in mir aufsteigen, und ich begriff, warum mir die Aufgabe übertragen wurde, ihre Worte in meinen Büchern und Seminaren zu Gehör zu bringen.

Feen werden bestenfalls als neckisch und verspielt und schlimmstenfalls als bösartig dargestellt. Anders als Schutzengel oder Erzengel sind die Naturengel mit einem Ego ausgestattet. Sie sind Engel mit einer dichteren Konsistenz, da sie näher an der Erde leben, und Wesen, die auf der Erde leben, haben bekanntlich stets ein Ego.

Die Naturengel, einschließlich der Feen, sind Gottes Umweltengel. Sie überwachen die Erdatmosphäre, Landschaften, alle Formen von Wasser sowie die Tiere. Wenn Sie jemand sind, der die Umwelt respektiert, indem Sie zum Beispiel recyceln und Müll einsammeln, werden die Feen Ihnen großen Respekt zollen. Und falls Sie darüber hinaus noch einen Schritt weitergehen, zum Beispiel indem Sie Tiere freundlich behandeln und umweltschonende Reinigungsmittel benutzen, werden die Feen begeistert sein, Sie kennen zu lernen und mit Ihnen zusammenzuarbeiten. Die Naturengel mustern jeden Menschen, mit dem sie in Kontakt kommen, und sie erkennen sofort den Grad seiner Hingabe an eine saubere Umwelt. Sobald Sie mit den Naturengeln zu kommunizieren beginnen, werden diese versuchen, Sie als Helfer für ihre Umweltkampagne zu gewinnen.

Diejenigen, zu deren Lebensaufgabe es gehört, Tieren oder der Umwelt zu helfen, haben oft Feen oder andere Elementarwesen in ihrer Nähe, die als Schutzengel agieren. Diese Elementarwesen gesellen sich zu den anderen Schutzengeln und Geistführern, die den Betreffenden zugeteilt sind. Ich habe festgestellt, dass diese schützenden Elementargeister sich tadellos verhalten und sich weder in den freien Willen des Menschen noch in sein Glück einmischen. Ihre Interventionen beschränken sich normalerweise auf Anstöße, sich in Umweltangelegenheiten zu engagieren.

Unsere verstorbenen Angehörigen
und Geistführer

Wenn Sie einen geliebten Menschen verloren haben, ist die Wahrscheinlichkeit groß, dass seine Seele auch noch nach ihrem Übertritt in die geistige Welt bei Ihnen ist. Schließlich haben wir zusätzlich zu den Engeln, Erzengeln und aufgestiegenen Meistern auch unsere verstorbenen Angehörigen an unserer Seite, die uns helfen und unterstützen. Dazu gehören Verwandte, die vor Ihrer Geburt gestorben sind; Verstorbene, mit denen Sie eine enge Beziehung hatten; oder jene Seelen aus Ihrer Vergangenheit, von denen Sie eine spezifische Fertigkeit in Bezug auf Ihre Lebensaufgabe lernen können. Eine Seele, die in die geistige Dimension hinübergewechselt hat und dennoch bei Ihnen bleibt, wird Ihr »Geistführer« genannt. In der Regel stehen uns ein oder zwei Geistführer zur Seite.

Wenn ein Mensch stirbt, wird ihm irgendwann die Möglichkeit geboten, einen Dienst zu leisten, um anderen zu helfen. Gleichzeitig dient dieser Dienst seinem eigenen geistigen Fortschritt. Manche Seelen erklären sich freiwillig bereit, ihren Lieben auf der Erde als Geistführer zu dienen. Normalerweise beschließen sie, bis zum Ende der physischen Existenz des Überlebenden bei ihm zu bleiben. Im Himmel wird Zeit anders bemessen – wenn Sie neunzig Jahre alt werden, fühlt sich dies für Ihre geistigen Führer wesentlich kürzer an.

Ihre Geistführer sind bei Ihnen, weil sie Sie lieben und auf Ihr Wohlergehen bedacht sind. Darüber hinaus haben Sie vielleicht eine ähnliche Lebensaufgabe wie der Verstorbene, der an Ihrer Seite ist. Bei Ihnen zu sein, gibt Ihrem Geistführer die Möglichkeit, Sie sozusagen stellvertretend seine Lebensaufgabe erfüllen zu lassen, sofern er sie nicht selbst zu Lebzeiten vollendet hat. Falls Sie zum Beispiel nach Ihrer geliebten verstorbenen Tante Annette benannt wurden, besteht die Wahrscheinlichkeit, dass sie Ihr geistiger Führer ist. Namensvettern bleiben fast immer bei uns. Vielleicht wurden wir nach der Person benannt, weil unsere Eltern intuitiv die Ähnlichkeiten unseres Seelenweges erkannten.

Wenn also Tante Annette beschließt, Ihr Geistführer zu sein, muss sie zunächst das Äquivalent eines Trainingsprogramms für spirituelle Beratung absolvieren. In der himmlischen Schule lernt Tante Annette, wie sie Sie unterstützen kann, ohne sich in Ihren freien Willen einzumischen. Sie lernt, wie sie auf der astralen Ebene reisen und dennoch stets in Hörweite bleiben kann, sollten Sie sie jemals um ihre Hilfe bitten. Tante Annette lernt, wie sie durch Ihren stärksten spirituellen Kommunikationskanal mit Ihnen in Kontakt kommen kann, zum Beispiel durch Träume, Ihre innere Stimme, Ihr Bauchgefühl oder auch Ihre intellektuellen Einsichten. Es braucht Zeit, sich zum Geistführer ausbilden zu lassen. Das ist der Grund, warum kürzlich verstorbene Angehörige nicht ständig bei uns sind. Nur jemand, der ein umfassendes Training hinter sich gebracht hat, kann Tag und Nacht bei uns sein.

Nehmen wir an, dass Tante Annette eine sehr erfolgreiche Zeitungsreporterin war und Sie ein viel versprechender Autor sind. Man kann davon ausgehen, dass Ihre Lebensaufgabe etwas mit Schreiben zu tun hat. Wenn Sie also die himmlischen Mächte fragen: »Was ist meine Aufgabe in diesem Leben?«, wird Tante Annette Sie telepathisch zum Schreiben ermutigen. Natürlich tut Ihre geliebte Tante dies nur, weil sie Gottes heilige Mission für Sie kennt.

Manchmal wollen Leute von mir wissen, ob es in Ordnung ist, mit den Toten zu sprechen. Vielleicht zitieren sie mir dann die Thora, die davor warnt, mit den Verstorbenen oder mit Medien zu reden. Ich kann diese Warnungen verstehen, denn es ist ein Fehler, die Kontrolle über unser Leben den Verstorbenen zu überlassen, genauso wie es ein Fehler ist, unser Leben in die Hände eines anderen *lebenden* Menschen zu legen.

Es ist unser höheres Selbst, in Verbindung mit dem Schöpfer, dem wir unser Leben überlassen sollen. Unsere verstorbenen Angehörigen können uns definitiv helfen, keine Frage, doch sind sie nicht automatisch Heilige, Engel oder Hellseher, nur weil ihre Seelen in die geistige Welt hinübergegangen sind. Jedoch können sie in Verbindung mit Gott, dem Heiligen Geist, den Aufgestiegenen Meistern und den Engeln arbeiten, um uns zu helfen, Gottes Willen (der eins ist mit dem Willen unseres höheren Selbst) zu erfüllen. Ich denke, die Hauptgründe für die Kontaktaufnahme mit geliebten Verstorbenen sind sowohl der Wunsch nach dem zusätzlichen Kraftschub, den ihre Hilfe uns geben kann, als auch die Fortführung, Heilung oder Vertiefung der Beziehung an sich.

Für alle, die adoptiert wurden

Ich werde oft nach den Geistführern von Personen gefragt, die adoptiert wurden. Ich habe festgestellt, dass Adoptierte mehr Engel und geistige Führer um sich haben als Nicht-Adoptierte. Ein Adoptivkind hat stets einen Geistführer an seiner Seite, der ein verstorbener Verwandter ihrer Geburtsfamilie ist – mir ist noch nie eine Ausnahme von dieser Regel begegnet. Es kann sich dabei um einen verstorbenen Elternteil, einen Bruder, eine Schwester, einen Großelternteil, eine Tante oder einen Onkel handeln. Es spielt keine Rolle, ob die adoptierte Person diesen Blutverwandten jemals kennen gelernt hat oder nicht. Die Familienbande bestehen, egal ob zu Lebzeiten auf der Erde eine persönliche Beziehung zustande kam oder nicht.

Darüber hinaus stehen dem Adoptierten verstorbene Freunde und Mitglieder der Adoptionsfamilie zur Seite, mit denen sie zusammengelebt haben. Ich glaube, dass adoptierte Menschen überdurchschnittlich viele Engel haben, die sie beschützen und ihnen helfen, sich den besonderen Lebensumständen anzupassen, die sich durch die Adoption ergeben.

Die Vertiefung Ihrer Beziehung zu verstorbenen Angehörigen

»Geht es meinen lieben Verstorbenen gut?« ist eine Frage, die ich ständig höre. Der Grund, warum Menschen diese Frage stellen, ist einfach: Es ist die Angst, dass ein geliebter Verstorbener sich an irgendeinem höllischen Ort befindet, buchstäblich oder im übertragenen Sinne. Doch in meinen Readings habe ich festgestellt, dass es neunzig Prozent aller Verstorbenen sehr gut geht. Ihr einziges Unbehagen hat mit Ihnen und mit mir zu tun, vor allem wenn unsere Trauer so groß ist, dass sie einer Besessenheit oder emotionalen Lähmung gleichkommt. Ihre verstorbenen Angehörigen führen ihr Leben weiter, wenn auch in einer anderen Dimension, und sie möchten, dass Sie dasselbe tun. Wenn Sie Ihre geistige Entwicklung oder Ihr Glück durch Trauer blockieren, ist die Seele Ihres geliebten Verstorbenen auf ähnliche Weise blockiert.

Tatsächlich darf man behaupten, dass das einzige Problem der meisten Seelen im Himmel … *wir* sind! Wenn wir weitergehen und ein glückliches, produktives Leben führen würden, wäre dies für unsere Lieben im Himmel Grund für ein Freudenfest.

Im Himmel fühlen sich die Seelen physisch einfach wunderbar. Alle Krankheiten, Verletzungen und Behinderungen verschwinden, sobald die Seele sich vom Körper befreit hat – sie ist vollkommen intakt und erfreut sich vollkommener Gesundheit. Die Seele fühlt sich nach wie vor als die Person, die sie auf Erden gewesen ist, doch ohne die Schwere und den Schmerz, die ein physischer Körper mit sich bringt.

Auch emotional fühlen sich die Seelen im Himmel wunderbar. Verschwunden sind alle finanziellen und zeitlichen Einschränkungen, es gibt weder Druck noch Sorgen (es sei denn, die Hinterbliebenen sind maßlos verzweifelt und untröstlich). Eine Seele im Himmel ist frei, jeden Wunsch zu manifestieren, wie beispielsweise Weltreisen, ein schönes Zuhause, Volontärarbeit oder das Beisammensein mit Familie und Freunden (lebenden und verstorbenen).

»Doch was ist, wenn der Verstorbene wütend auf mich ist?«, werde ich oft gefragt. Die Menschen sorgen sich, dass ein verstorbener Freund oder Verwandter wütend auf sie sein könnte, weil sie

* gegen Ende oder bei seinem letzten Atemzug nicht für den Sterbenden da waren;
* an der Entscheidung beteiligt waren, Maßnahmen zur künstlichen Lebenserhaltung einzustellen;
* sich für eine Lebensweise entschieden haben, von der sie glauben, dass der Verstorbene sie nicht gutheißen würde;
* mit Familienmitgliedern über Erbschaftsangelegenheiten gestritten haben;
* den Tod des Verstorbenen hätten verhindern können, oder weil sie glauben, schuld an seinem Tod zu sein;
* die Person noch nicht gefunden oder der Gerechtigkeit übergeben haben, die scheinbar für einen Mord oder einen Unfall verantwortlich ist;
* kurz vor seinem Tod einen Streit mit dem Verstorbenen hatten.

Tatsache ist jedoch, dass ich im Laufe meiner tausenden von Readings noch nie der Seele eines Verstorbenen begegnet bin, der seinen lebenden Verwandten einen der genannten Verfehlungen zum Vorwurf gemacht hat. Im Himmel lassen wir eine Menge der Sorgen los, die uns auf der Erde das Leben schwer machen. Im Himmel besitzen wir eine größere Klarheit über die wahren Motive der Menschen, was bedeutet, dass Ihre verstorbenen Angehörigen ein tieferes Verständnis dafür haben, warum Sie auf eine bestimmte Weise handelten (oder noch immer handeln). Anstatt Sie zu verurteilen, betrachten sie Sie voller Mitgefühl. Sie mischen sich nur dann in Ihr Verhalten ein, wenn sie sehen, dass Ihre Lebensweise Sie umbringt oder davon abhält, Ihre Lebensaufgabe zu erfüllen (wie zum Beispiel im Fall einer Sucht).

Und haben Sie keine Angst, dass Großvater Sie beobachtet, wenn Sie duschen oder Liebe machen. Hinübergegangene Seelen sind keine Voyeure. Tatsächlich gibt es Beweise dafür, dass geistige Führer nicht unser physisches Selbst auf der Erde sehen; stattdessen sehen sie unsere Energie und unseren Lichtkörper. Das heißt, ein Geistführer sieht einfach Ihre wahren Gedanken und Gefühle in jedweder Situation.

Da Ihre geistigen Führer stets wissen, was Sie wirklich fühlen und denken, besteht keine Notwendigkeit, Ihre Ängste vor Ihren geliebten Verstorbenen zu verstecken. Nehmen wir an, Sie haben widerstreitende Gefühle bezüglich des Todes Ihres Vaters. Sie sind wütend, weil sein unablässiges Rauchen und Trinken zu seinem viel zu frühen Tod beigetragen hat. Doch gleichzeitig fühlen Sie sich schuldig, weil Sie glauben, es sei »falsch«, wütend auf einen Verstorbenen zu sein, vor allem wenn es sich um Ihren Vater handelt.

Die Seele Ihres Vaters weiß jedoch ganz genau, wie Sie sich fühlen, da er in der Lage ist, von seinem Aussichtspunkt im Himmel Ihre Gedanken zu lesen und in Ihr Herz zu schauen. Unsere verstorbenen Angehörigen bitten uns, ehrlich mit ihnen zu sein – ein Gespräch von Herz zu Herz zu führen und unsere unerledigte Wut, Ängste, Schuldgefühle und Sorgen zum Ausdruck zu bringen. Sie können dieses Gespräch führen, indem Sie einen Brief an den Verstorbenen schreiben, die Gedanken denken, die Sie übermitteln möchten, oder diese laut aussprechen.

Sie können mit Ihren verstorbenen Angehörigen jederzeit und überall kommunizieren. Ihre Seelen befinden sich nicht auf dem Friedhof. Die Seele ist frei und reist zu jedem, der sie ruft. Und machen Sie sich keine Sorgen, dass Sie den Frieden Ihrer Lieben im Himmel stören. Jeder hat das Bedürfnis, unerledigte Beziehungsangelegenheiten zu bereinigen, egal ob er auf der Erde lebt oder in die geistige Dimension hinübergewechselt hat; daher ist Ihr lieber Verstorbener genauso motiviert und glücklich über diese Diskussion, wie Sie es sind. (Im letzten Kapitel dieses Buches können Sie mehr über die Kommunikation mit den himmlischen Wesen erfahren.)

Tierengel

Würde es Sie überraschen zu entdecken, dass sich unter den geliebten Verstorbenen, die über Sie wachen, auch einige Ihrer geliebten Haustiere befinden? Ihre Hunde, Katzen, Pferde und alle anderen Tiere, die Sie tief geliebt haben, bleiben nach ihrem physischen Ableben bei Ihnen. Das Band der Liebe, das Sie mit Ihren Haustieren zu Lebzeiten geteilt haben, funktioniert wie eine unsichtbare Leine, die sie für alle Ewigkeit an Ihrer Seite bleiben lässt.

In meinen Seminaren erzähle ich den Anwesenden oft von den Hunden und Katzen, die ich sehe, wie sie durch den Raum laufen und spielen. Normalerweise können wir ziemlich schnell feststellen, welcher Hund zu welcher Person gehört, da die Hunde an der Seite ihrer Besitzer bleiben. Diese Wiedervereinigungen, bei denen Seminarteilnehmer entdecken, dass Struppi immer noch da ist, sind rührend und emotional. Die Betreffenden stellen fest, dass ihre Hunde die gleichen Persönlichkeiten, Erscheinungen und Verhaltensweisen haben wie zu ihren Lebzeiten. Falls der Hund in seiner physischen Form verspielt, hyperaktiv, freundlich, gut gepflegt oder erstaunlich ruhig war, behält er diese Charaktereigenschaften nach seinem Tod bei. Verspielte Hunde wälzen sich glücklich in Haufen ätherischer Blätter und jagen Bällen nach. Ob diese Blätter, Bälle und andere Spielzeuge von der Imaginationskraft des Hundes heraufbeschworen werden, weiß ich nicht.

Auch Katzen bleiben bei ihren Besitzern, wenn sie auch, anders als Hunde, aufgrund ihrer Unabhängigkeit in der Regel nicht ständig an Ihrer Seite sind. Daher fällt es mir bei meinen Seminaren schwer zu sagen, welche Katze zu welchem Besitzer gehört. Ich muss mich auf die Beschreibung der verschiedenen Katzen verlassen, die durch den Raum laufen, und sie auf diese Weise von ihren Besitzern »identifizieren« lassen.

Viele meiner Seminarteilnehmer berichten, dass sie Erscheinungen ihrer verstorbenen Haustiere gesehen oder gefühlt haben. Zum Beispiel fühlen Sie vielleicht, wie Fluffy die Katze auf Ihr Bett springt, oder Sie sehen Rex den Hund, wie er auf der Couch neben Ihnen liegt. Das liegt daran, dass unsere Augenwinkel Licht und Bewegung gegenüber empfindsamer sind als die Vorderseite unserer Augen, daher nehmen wir übersinnliche Bilder häufig auf diese Weise wahr. Wenn wir uns jedoch umdrehen, um die Erscheinung von vorne zu sehen, verschwindet sie.

Ich habe mehrere Pferde und sogar ein Meerschweinchen gesehen, die wie Schutzengel über bestimmten Menschen schwebten. Es handelt sich dabei um geliebte Haustiere, die auch weiterhin loyal in der Nähe ihres Herrn bleiben. Die Tiere helfen, indem sie uns mit der göttlichen Energie der Liebe erfüllen und uns Gesellschaft leisten – etwas, das wir vielleicht nur unbewusst wahrnehmen.

Darüber hinaus habe ich Totemtiere bei Menschen gesehen, die aus vergangenen Inkarnationen herrührende Beziehungen zur indianischen Kultur haben. Bei diesen Totemtieren handelt es sich um Adler, Wölfe und Bären, die um den Kopf des Betreffenden kreisen, ihm Schutz bieten und ihm die Weisheit der Natur enthüllen. Ich habe Delfine bei Personen gesehen, die in ökologischen Projekten involviert sind, und Einhörner in der Nähe von Menschen, die ein enges Verhältnis zur Natur und dem Königreich der Elementarwesen haben.

Sie können die Kommunikation mit allen Wesen aufrechterhalten, die Sie lieben und die verstorben sind – einschließlich Ihrer Haustiere –, und zwar mittels des Prozesses, der im letzten Kapitel dieses Buches beschrieben wird.

Botschaften von Kindern im Himmel

Es gibt wahrscheinlich nichts Tragischeres, als dem eigenen Kind »Lebewohl« sagen zu müssen, doch sind die Seelen der Kinder im Himmel sehr lebendig, und es gibt keinen Zweifel, dass sie auf eine sehr glückliche und sinnvolle Weise weiterleben. Seit einigen Jahren habe ich meine private Engel-Therapie-Praxis auf Readings für Eltern beschränkt, deren Kinder gestorben sind. Ich habe eine Menge gelernt in meinen Gesprächen mit den Seelen dieser Kinder.

Ein Kind zu verlieren führt bei den Eltern zu einem unvorstellbaren Maß an Schuldgefühlen. Die meisten Eltern drehen völlig durch und quälen sich mit der Frage, ob sie den Tod ihres Kindes hätten verhindern können – oder ob sie ihn gar in irgendeiner Weise verursacht haben. Die Eltern quälen sich selbst mit Vorwürfen wie: »Wenn ich doch nur Annie an diesem Abend das Auto nicht gegeben hätte ...«, »Wenn ich doch nur besser hingehört hätte, als Dan mir sagte, er sei unglücklich ...« oder »Wenn ich doch nur strenger gewesen wäre und John verboten hätte, abends so lange auszubleiben ...«

Natürlich machen diese Selbstvorwürfe den Körper Ihres Kindes nicht wieder lebendig. Ich möchte jedoch an dieser Stelle eine Information weitergeben, die vielleicht dazu beitragen kann, Ihr Herz von seinem Schmerz zu heilen:

– Kleine Kinder haben eine andere Sichtweise des Todes. Kinder, die fünf Jahre alt oder jünger sind, haben ein anderes Konzept vom Tod als wir Erwachsene. Das ist der Grund, warum es so schwierig ist, einem Kleinkind zu erklären, warum ein geliebter Verstorbener nie mehr zurückkommt. »Aber *wann* kommt Opa wieder?«, wird das Kleinkind immer wieder fragen, egal wie oft Sie ihm erklären, dass Großvater jetzt im Himmel ist.

Wenn also Babys oder Kinder auf die andere Seite hinübergehen, erkennen sie nicht, dass sie tot sind. Schließlich fühlen sie sich glücklich und lebendig. »Warum weint denn nur jeder?«, wundern sie sich. Da sie nicht wissen, dass sie gestorben sind, eilen diese Kinder ihren trauernden Familienangehörigen zu Hilfe und bieten ihnen ätherische Geschenke, um sie aufzumuntern. Als ich einmal einer Mutter ein Reading gab, die ihre vierjährige Tochter verloren hatte, begann die Mutter plötzlich untröstlich zu weinen. Da begann das kleine Mädchen in der Geistwelt mit dem Malen von Regenbogen, um ihre Mutter zu trösten. Während es seiner Mutter die Bilder übergab, berichtete ich ihr, was ich sah.

»Sie liebte es, Regenbogen zu malen,« sagte mir die Mutter sehnsuchtsvoll, »und sie wusste, dass sie auch mir damit immer ein Lächeln aufs Gesicht zauberte.«

– Kinder hegen im Himmel keinen Groll. Mir ist nie ein verstorbenes Kind (übrigens auch nie ein Erwachsener) begegnet, der seinen Angehörigen die Schuld an seinem Tod gab. Selbst Menschen, die einem Mord zum Opfer gefallen sind, vergeben ihren Mördern leicht in der Erkenntnis, dass ein Festhalten an Hass oder Wut letzten Endes nur *ihnen selbst* schadet. Das Mordopfer wird unter Umständen jedoch helfen, einen Mörder ins Zuchthaus zu bringen – nicht aus Rache, sondern um weitere Verbrechen zu verhindern.

Kinder, die abgetrieben wurden, geben ihren Eltern keine Schuld, und auch sie erkennen nicht, dass sie tot sind. Tatsächlich bleiben die Seelen von Kindern, die aufgrund einer Abtreibung, Fehlgeburt oder Totgeburt nicht zur Welt gekommen sind, an der Seite ihrer Mutter. Die betreffenden Seelen haben dann bei der nächsten Schwangerschaft der Mutter den Vorrang. Wenn Sie also ein Baby oder einen Fötus verloren und in der Zwischenzeit ein neues Baby bekommen haben, ist die Wahrscheinlichkeit groß, dass es sich hierbei um dieselbe Seele handelt. Falls die Mutter keine weiteren Kinder mehr bekommt, wächst die Seele an der Seite der Mutter heran und fungiert als ihr Geistführer. Oder die Seele des Kindes inkarniert in der Familie seiner Mutter in einer anderen Konstellation, zum Beispiel durch Adoption oder indem es die Nichte oder der Neffe der Frau wird.

– Die Seele eines Kindes kann sich durch große Weisheit auszeichnen. Wenn die Körper von Kindern auch klein sind, bedeutet dies nicht, dass ihre Seelen jung sind, ahnungslos oder naiv. Daher müssen wir den Gedanken in Betracht ziehen, dass die Seele des Kindes bei der Wahl des Todeszeitpunktes eine gewisse Mitverantwortung gehabt haben könnte. In dem spirituellen Text *Ein Kurs in Wundern* heißt es dazu: »Niemand stirbt ohne seine Zustimmung«, und ich habe immer wieder festgestellt, dass diese Aussage stimmt. Fragen Sie jede beliebige Krankenschwester oder Ärztin, und sie werden Ihnen Geschichten von Personen erzählen, die an geringfügigen Erkrankungen starben, weil sie es so wollten. Und sie werden Ihnen inspirierende Geschichten erzählen von Menschen, die beschlossen haben zu leben, obwohl aus medizinischer Sicht alles dagegen sprach.

So schwierig es vielleicht auch zu akzeptieren ist – es besteht die Möglichkeit, dass Ihr Kind die Entscheidung selbst getroffen hat, in sein himmlisches Zuhause zurückzukehren, bevor Sie bereit waren, es gehen zu lassen. In meinem Buch *Das Heilgeheimnis der Engel* sagen die Engel, dass sie nicht verstehen, warum wir glauben, dass jeder unbedingt neunzig Jahre alt werden muss!

Wie ich bereits früher erwähnt habe, beschließen wir vor unserer Empfängnis zusammen mit unseren Engeln und Geistführern, wie alt wir beim Verlassen unseres physischen Körpers sein werden. Ein Jugendlicher sagte mir einmal, dass seine Engel ihm nach einem Autounfall die Wahl ließen, zu leben oder zu sterben, und dass sie ihm die Konsequenzen beider Entscheidungen zeigten. Er entschied sich für den Tod. Während meines Readings mit diesem Jungen und seiner lebenden Mutter ließ er sie durch mich wissen:

»Ich habe dir ein Geschenk gemacht, indem ich mich entschied zu sterben, auch wenn du es vielleicht nicht verstehst. Mir wurde gezeigt, dass ich – hätte ich mich für ein Weiterleben entschieden – schwer behindert gewesen wäre. Man zeigte mir, wie schwer dies für dich, deine finanzielle Situation und auch für mich selbst gewesen wäre. Außerdem sah ich, dass der Stress deine Ehe in Gefahr gebracht hätte. Ich hätte mich hilflos und schuldig gefühlt, wenn ich mich für das Leben entschieden hätte! Daher verzeih mir bitte, denn ich selbst war es, der die Wahl traf, meinen Körper zu verlassen. Die Engel zeigten mir, dass du dich – so schmerzhaft es auch für dich sein würde – irgendwann von deinem Schmerz erholen und weiterleben würdest. Sie zeigten mir, dass du und Dad zusammenbleiben und einander helfen würdet.

Daher nimm bitte mein Geschenk an und akzeptiere meine Entscheidung! Du bist in der Vergangenheit immer stolz auf mich gewesen, und es ist mir wichtig, dass du auch jetzt hinsichtlich der Wahl, die ich getroffen habe, stolz auf mich bist. Bitte glaube mir, dass ich hier sehr, sehr glücklich bin.«

Die Mutter sagte mir, dass der Arzt, der ihren Sohn nach seinem Unfall operiert hatte, berichtete, dass seine Lebenszeichen unterbrochen waren. »Er sagte, es habe sich angefühlt, als befände er sich mit meinem Sohn in einer Art Tauziehen um sein Leben, bei dem mein Sohn für kurze Zeit in seinen Körper zurückkehrte, nur um ihn einen Augenblick später wieder zu verlassen und dann noch einmal zurückzukommen, bevor er ihn endgültig verließ.« Die Mutter schwor, die Entscheidung ihres Sohnes mit soviel Demut zu akzeptieren, wie es ihr möglich war. Ich empfahl ihr, zu beten und sich einer Selbsthilfegruppe für trauernde Eltern anzuschließen, um ihren Glauben daran zu stärken, dass der Tod ihres Sohnes nicht umsonst war und um zu wissen, dass er im Himmel Glück und Frieden gefunden hatte.

– *Alles Leiden ist nun vorbei.* Viele Eltern treiben sich selbst zum Wahnsinn, indem sie sich vorstellen, dass ihr Kind vor seinem Tod furchtbar gelitten hat. Ich möchte nichts beschönigen – viele Menschen leiden während des Sterbeprozesses tatsächlich unter großen Schmerzen und panischer Angst. Doch glücklicherweise hat Gott in seiner Barmherzigkeit einige Schutzmaßnahmen getroffen, die uns helfen, unerträgliche Schmerzen nicht mehr spüren zu müssen. Der menschliche Körper fällt in Ohnmacht, der Mensch wird sich aus der Situation lösen (indem er sich in seinem Bewusstsein an einen anderen Ort begibt), oder der Geist wird den Körper verlassen, bevor der Schmerz unerträglich wird. Ich habe festgestellt, dass die Vorstellungen der meisten Eltern verstorbener Kinder zehnmal schlimmer sind als das tatsächliche Leiden des Kindes zum Zeitpunkt seines Todes.

– *Kinder sind im Himmel niemals allein.* Großeltern, Tanten, Onkel, geliebte Haustiere und andere Kinder umgeben jedes Kind, das die physische Welt verlassen hat. In der Regel leben Kinder im Himmel mit Verwandten zusammen, die sie von der Erde her kennen, und/oder jenen, die dem Kind als Geistführer dienten. Im Himmel können Sie jede Art von Zuhause manifestieren, die Ihnen gefällt, daher führen die Kinder dort relativ normale Leben, wohnen in schönen Häusern und sind von liebevollen Familienmitgliedern und Freunden umgeben. Mir ist nie ein Kind begegnet, das im Himmel allein war.

– *Die große Mehrheit junger Menschen, die Selbstmord begehen, findet sich im Himmel sehr gut zurecht.* Der Mythos besagt, dass Menschen, die Selbstmord verüben, in die Hölle kommen und für ihre »Sünde« büßen müssen. Der Film *Wenn Träume fliegen lernen* mit Robin Williams schien diesen Mythos zu bestätigen (obwohl ich glaube, dass dem Drehbuchautor eine Metapher über Selbstmord vorschwebte, nehmen viele Leute, mit denen ich darüber spreche, die Beschreibung wörtlich).

Es *stimmt*, dass Selbstmord im Himmel missbilligt wird, da er die Verschwendung eines Körpers bedeutet, der im Dienste des Lichts hätte genutzt werden können. Jedoch werden die Selbstmordopfer von niemandem verurteilt, und sie werden mit Sicherheit nicht in irgendeine Hölle oder sonstige Verliese geschickt. Allerdings erschaffen sie zuweilen selbst eine höllenähnliche Situation durch die extremen Schuldgefühle, die sie bei der Erkenntnis überkommen, welch großen Schmerz sie ihren überlebenden Familienangehörigen zugefügt haben. Doch die Mehrheit der Verstorbenen, mit denen ich nach ihrem Suizid gesprochen habe, vergibt sich selbst und auch anderen schnell.

Engel und Geistführer umsorgen diese Individuen und geben ihnen psychologische Beratung. Darüber hinaus unterstützen Ihre Gebete den spirituellen Fortschritt und Heilung des Betreffenden. Sehr häufig wird seiner Seele eine Aufgabe übertragen, wodurch diese mit anderen zusammen zum Wohlergehen einer ganzen Gruppe beiträgt, um das Karma des Schmerzes auszugleichen, das durch den Selbstmord verursacht wurde.

Kindererziehung geht mit elterlichen Schuldgefühlen Hand in Hand, und diese Schuldgefühle vermehren sich, wenn unsere Kinder krank werden, sich verletzen oder gar sterben. *Ein Kurs in Wundern* jedoch erinnert uns daran, dass Schuldgefühle nicht etwa eine Form der Liebe darstellen; in Wahrheit sind sie ein verkleideter Angriff; wenn wir uns schuldig fühlen, attackieren wir uns selbst und schwächen den freien Willen des Anderen. Schuldgefühle sind häufig eine besonders schlimme Form der Arroganz – wenn wir uns zum Beispiel einbilden, dass wir hätten herbeistürzen und die Situation retten können. Vielleicht wäre es uns tatsächlich möglich gewesen, vielleicht nicht. Doch welchen Sinn hat es, im Nachhinein darüber zu rätseln und sich verrückt zu machen? Unsere geliebten Verstorbenen, besonders unsere Kinder, wollen, dass wir glücklich sind. Und der beste mir bekannte Weg zum Glücklichsein besteht darin, der Welt durch unsere gottgegebenen Talente, Leidenschaften oder Interessen zu dienen.

Dieses Dienen kann sich beispielsweise darin ausdrücken, ein lebendiges Denkmal zur Erinnerung an das verstorbene Kind zu schaffen – etwas, das dem scheinbar sinnlosen Tod Sinn verleiht. Zum Beispiel könnten Sie zu Ehren des Kindes einen Baum pflanzen, einen Marathonlauf organisieren, um Geld für andere Kinder in ähnlichen Situationen zu sammeln, sich einen Organspenderausweis zulegen (und darauf achten, dass Sie auch Ihre Familie über Ihren diesbezüglichen Wunsch informieren), einen Artikel über Ihr Kind schreiben, einen Stern nach ihm benennen oder eine Stiftung in seinem Namen gründen. Egal ob Ihre Bemühungen gering scheinen mögen oder ungeheuer heldenhaft – in jedem Fall wird Ihr Kind sich sehr darüber freuen. Er oder sie wird Ihnen darüber hinaus höchstwahrscheinlich bei dem Projekt helfen.

Das Leben geht weiter

In den nächsten Kapiteln werden Sie einige der Methoden kennen lernen, mit Hilfe derer Sie die Beziehung mit Ihren Liebsten durch spirituelle Kommunikation lebendig halten können. Wie wir in den letzten beiden Kapiteln gesehen haben, möchten unsere verstorbenen Angehörigen, dass wir unser Leben auf eine gesunde, glückliche und sinnvolle Art weiterführen. Und das ist vielleicht das beste lebende Denkmal, das wir ihnen zu Ehren setzen können.

Wie Sie herausfinden, ob es sich wirklich um Ihre Engel handelt oder um Ihre Fantasie

 Ein kleines Mädchen blickt unverwandt auf die Stelle neben ihrer linken Schulter und führt ein scheinbar einseitiges Gespräch.

»Mit wem redest du, mein Schatz?«, fragt ihre Mutter.

»Mit meinem Engel«, lautet die sachliche Antwort.

Die Mutter des Mädchens berichtete mir später: »Das Lustige daran ist, dass wir keine religiöse Familie sind, und wir haben in ihrer Gegenwart nie über Engel gesprochen. Soweit ich weiß, hat ihr noch niemand jemals etwas über Engel erzählt.«

Ich habe ähnliche Geschichten von Eltern überall auf der Welt gehört. Kinder sind definitiv offener als der durchschnittliche Erwachsene, wenn es darum geht, ihre Engel zu sehen und zu hören. Und warum ist das so? Bei meinen diesbezüglichen Forschungen habe ich festgestellt, dass der Hauptgrund der ist, dass *Kinder sich nicht darum scheren, ob der Engel und seine Botschaft der Realität oder der Fantasie entspringen*. Sie genießen einfach das Erlebnis, ohne seine Gültigkeit zu hinterfragen. Vielleicht ist das der Grund, warum eine Untersuchung von Dr. William MacDonald von der University of Ohio ergab, dass Kinder wesentlich mehr nachweisbare übersinnliche Erlebnisse haben als jede andere Altersgruppe.

Wir Erwachsenen werden so nervös, wenn es darum geht, ob wir uns die Gegenwart eines Engels einbilden oder nicht, dass wir häufig die Tatsache göttlicher Führung einfach beiseitefegen! Könnten wir wie die Kinder sein und für eine kurze Zeit jeglichen Unglauben ablegen, würde uns mit Sicherheit eine tiefere und umfassendere Erfahrung Gottes und des Königreichs der Engel zuteil.

In der Regel beherrscht jedoch unsere linke Gehirnhälfte unser Denken und Handeln und verlangt Beweise. Zudem kann es sein, dass schmerzhafte Erfahrungen uns in dieser Hinsicht vorsichtig gemacht haben. Wir wollen Garantien dafür, dass unser Leben wirklich besser wird, bevor wir bereit sind, unseren Job zu kündigen und uns selbstständig zu machen oder unseren Ehepartner zu verlassen und nach unserem wahren Seelengefährten zu suchen.

Glücklicherweise helfen uns einige hervorstechende Eigenschaften, wahre Engelserfahrungen von Wunschdenken zu unterscheiden. Engelserfahrungen erleben wir durch unsere vier göttlichen Sinne: Sehen, Hören, Denken und Fühlen. Wir alle empfangen durch diese Sinne die Botschaften der Engel. Doch jeder von uns hat einen Sinn, auf den er ganz besonders eingestimmt ist. Ich zum Beispiel bin ein hochvisueller Mensch, daher empfange ich die meisten meiner Engelsbotschaften in Form von Visionen. Andere Menschen sind vielleicht mehr auf ihr Bauchgefühl eingestimmt, auf ihre Gedanken oder ihr inneres Ohr.

Die Botschaften des Himmels fühlen

Ein emotionales oder physisches Gespür ist die am weitesten verbreitete Art, wie Menschen ihre Engel erleben. Wenn Sie nicht sicher sind, ob es sich bei Ihrem Erlebnis wirklich um den Besuch oder die Botschaft eines Engels handelt, achten Sie auf diese Zeichen:

Eine wahre Engelserfahrung durch Gefühle

Fühlt sich warm und kuschelig an, wie eine liebevolle Umarmung.

Verleiht Ihnen ein Gefühl der Sicherheit, selbst dann, wenn das Gefühl Sie vor Gefahr warnt.

Ist oft von körperlosen Blumendüften oder von dem unverkennbaren Geruch eines lieben Verstorbenen begleitet.

Kann sich wie eine Kuhle auf dem Sofa oder Bett anfühlen, so als hätte gerade jemand neben Ihnen gesessen.

Kann sich wie eine Veränderung im Luftdruck oder in der Temperatur anfühlen.

Fühlt sich an, als ob jemand Ihren Kopf, Ihr Haar oder Ihre Schulter berührt.

Erzeugt ein Gefühl im Bauch, dass das Erlebnis »echt ist«.

Erzeugt ein wiederholtes und beständiges Gefühl im Bauch, das Sie drängt, in Ihrem Leben eine bestimmte Veränderung oder gewisse Schritte vorzunehmen.

Gibt Ihnen das Gefühl, dass eine vertraute Person bei Ihnen ist, zum Beispiel ein bestimmter Verstorbener, den Sie geliebt haben.

Fühlt sich an, als wäre das Erlebnis etwas ganz Natürliches.

Fantasie oder Irreführung durch Gefühle

Fühlt sich kalt und stachelig an.

Ruft bei Ihnen Gefühle der Angst und Panik hervor

Wird von keinem mit dem Erlebnis assoziierten Duft bzw. von einem fremden, unangenehmen Geruch begleitet.

Kann sich anfühlen, als würde Sie jemand sexuell manipulieren.

Kann das Zimmer unter Umständen plötzlich eiskalt erscheinen lassen.

Gibt Ihnen das Gefühl, ganz allein zu sein.

Lässt das normale Gefühl schnell zurückkehren.

Erzeugt ein Gefühl im Bauch, dass das Erlebnis nicht echt war.

Erzeugt ein Gefühl im Bauch, das Sie drängt, Ihr Leben zu ändern, aber mit variierenden Themen und Ideen, die auf Verzweiflung und Verwirrung und nicht auf göttliche Führung zurückzuführen sind.

Haben nichts Vertrautes.

Fühlt sich erzwungen an; als würden Sie das Erlebnis oder die Führung mit Ihrem Willen herbeizwingen.

Die Botschaften des Himmels gedanklich empfangen

Die Erfahrungen mit Ihren Engeln können nicht nur durch Gefühle, sondern auch in Form von Ideen, Enthüllungen, Einsichten oder Gedanken zu Ihnen kommen. Viele der größten Denker und Erfinder, die die Welt je gesehen hat, erhielten ihre innovativen Ideen aus der Luft. Hier lesen Sie, wie Sie Wahrheit und Fantasie unterscheiden können:

Eine echte Engelserfahrung durch Gedanken

Die Gedanken sind beständig und sich wiederholend.

Alles dreht sich darum, wie Sie ein Problem lösen oder anderen helfen können.

Die Gedanken sind positiv und Kraft spendend.

Sie erhalten explizite Anweisungen bezüglich der Schritte, die Sie in diesem Moment vornehmen müssen, plus Instruktionen für nachfolgende Schritte.

Sie haben aufregende Ideen, die Sie begeistern und energetisieren.

Die Gedanken kommen aus heiterem Himmel, als Antwort auf Gebete.

Alles hört sich wahr an und macht Sinn.

Die Gedanken stimmen mit Ihren natürlichen Interessen, Leidenschaften und Talenten überein.

Sie wissen, dass ein bestimmter geliebter Verstorbener in der Nähe ist, ohne dass Sie ihn sehen können.

Fantasie oder Irreführung durch Gedanken

Die Gedanken sind zufällig und sich ständig verändernd.

Alles dreht sich darum, wie Sie reich und berühmt werden.

Es werden entmutigende und negative Gedanken erzeugt.

Sie werden zu Gedanken über das schlimmstmögliche Szenario verleitet.

Deprimierende oder beängstigende Gedanken entstehen.

Die Gedanken kommen langsam, als Reaktion auf Angst.

Die Gedanken können sich als raffinierter Plan zum Thema »Wie werde ich schnell reich?« äußern.

Alles erscheint hohl und schlecht durchdacht.

Die Gedanken haben nichts mit dem zu tun, was Sie vorher getan haben oder woran Sie interessiert waren.

Alles erscheint in erster Linie davon motiviert, einer gegenwärtigen Situation zu entfliehen, und nicht von der Frage, wie Sie anderen helfen können.

Die Botschaften des Himmels hören

Es ist ein überholter Psychologenwitz, dass das Hören von Stimmen ein Zeichen von geistiger Verwirrung ist. Im Gegenteil – viele der Heiligen, Weisen und großen Erfinder in der Geschichte der Menschheit haben Führung in Form von entkörperten Stimmen empfangen. Kurz bevor mein Auto beinahe gestohlen wurde, hörte ich eine laute, klare Stimme, die mich warnte. Und tausende von Menschen haben mir von ähnlichen Warnungen erzählt, die sie oder ihre Lieben aus gefährlichen Situationen gerettet haben, auf eine Weise, die normal nicht zu erklären war.

Der Unterschied zwischen einer wahren göttlichen Stimme und einer Imagination oder Halluzination ist klar und unverkennbar. Ich werde Ihnen einiges an Information bezüglich der Unterschiede zwischen den Botschaften Ihrer Engel und Ihrer eigenen Imagination geben. Was Halluzinationen betrifft, weisen mehrere Wissenschaftler auf folgende Hauptunterschiede zwischen wahren Botschaften und Halluzination hin:

* Der Forscher D. J. West lieferte folgende Definition des Unterschiedes zwischen Halluzination und einer echten übersinnlichen Wahrnehmung: »Pathologische Halluzinationen tendieren dazu, sich an ausgeprägt starre Muster zu halten, wiederholt während einer bestehenden Erkrankung aufzutreten, jedoch nicht zu anderen Zeiten, und von diversen Symptomen begleitet zu sein, vor allem Bewusstseinsstörungen und Verlust der Wahrnehmung der normalen Umgebung. Die spontane übersinnliche (heute oft als »paranormal« bezeichnete) Erfahrung ist in der Regel ein isoliertes Erlebnis, losgelöst von jeglicher Krankheit oder bekannten Störung und mit Sicherheit nicht gekennzeichnet durch den Verlust des Kontaktes mit dem normalen Umfeld.«*

* Der Forscher Dr. Bruce Greyson studierte 68 Personen, bei denen zuvor durch klinische Untersuchungen Schizophrenie ausgeschlossen werden konnte. Dr. Greyson stellte fest, dass genau die Hälfte dieser Testpersonen über Erlebnisse

---

* West, D. J. (1960) »Visionary and Hallucinatory Experiences: A Comparative Appraisal.« *International Journal of Parapsychology*, Vol. 2, Nr. 1, Seiten 89–100

berichtete, in deren Verlauf sie mittels ihrer physischen offenen Augen einen verstorbenen Angehörigen gesehen haben.*

* Dr. Karlis Osis und Dr. Erlendur Harraldsson, Spezialisten für die Erforschung übersinnlicher Phänomene, stellten fest, dass in den meisten Fällen von Halluzination die betreffende Person glaubt, einen lebenden Menschen zu sehen. Während übersinnlicher Wahrnehmungen in Form von Visionen glaubt die Testperson hingegen, dass sie ein himmlisches Wesen sieht, einen verstorbenen Angehörigen oder einen Aufgestiegenen Meister.**

Eine echte Engelserfahrung durch Hören

Sätze beginnen in der Regel mit dem Wort *Du* oder *Wir*.

Sie haben das Gefühl, als würde jemand zu Ihnen sprechen, selbst wenn es sich wie Ihre eigene Stimme anhört.

Die Botschaft wird sofort in Beziehung zu Ihren unmittelbaren Ängsten oder Fragen verstanden.

Die Stimme ist unverblümt und direkt.

Die Stimme ist liebevoll und positiv, selbst wenn sie Sie vor Gefahr warnt.

Die Stimme bittet Sie, sofort etwas zu unternehmen, unter anderem Ihre Denkweise oder Einstellung zu ändern oder liebevoller zu sein.

Sie hören beim Aufwachen eine Stimme, die Ihren Namen ruft.

* Stevenson, I. (1983) »Do We Need A New Word to Supplement ›Hallucination‹?« *American Journal of Psychiatry*, Vol. 140. Nr. 12, Seiten 1609–11.
** Osis, K. und Harraldsson, E. (1997) *At the Hour of Death*. 3. Ausgabe (Norwalk, CT, USA: Hastings House)

Sie hören Takte überirdischer, wunderschöner »himmlischer« Musik.

Sie hören eine Botschaft, die Ihnen sagt, wie sie sich selbst verbessern oder anderen helfen können.

Einbildung oder Irreführung durch Hören

Die Sätze beginnen meistens mit dem Wort *Ich*.

Es fühlt sich an, als würden Sie mit sich selbst reden.

Die Botschaft ist verwischt, hintergründig oder unklar.

Die Stimme benutzt zu viele Worte, und ihre Aussage ist vage.

Die Stimme ist spöttisch, alarmierend oder boshaft.

Die Stimme tratscht und verbreitet Gerüchte über andere.

Sie hören Worte, die Sie beschimpfen.

Sie hören laute, unangenehme oder dissonante Musik.

Sie hören eine Botschaft, derzufolge Sie sich selbst oder anderen Schaden zufügen sollen.

Die Botschaften des Himmels sehen

Zu Ihren Engelserfahrungen können auch Dinge gehören, die Sie sehen, entweder im Wachzustand, schlafend oder in der Meditation. Hier erfahren Sie, wie Sie echte Visionen von falschen unterscheiden können.

Eine echte Engelserfahrung durch Sehen

Traumbesuche fühlen sich mehr als real an; sie sind durch lebhafte Farben und ausgeprägte Emotionen gekennzeichnet.

Sie sehen Lichtfunken, -blitze oder farbige Nebel.

Die Vision wird von einem Gefühl der Spontaneität und Natürlichkeit begleitet.

Sie sehen wiederholt eine Feder, eine Münze, einen Vogel, einen Schmetterling, eine Zahlenfolge oder ähnliches und spüren, dass es sich hierbei nicht um einen Zufall handelt.

Sie haben eine Vision, in der Sie anderen helfen.

Imagination oder Irreführung durch Sehen

Träume scheinen normal zu sein und werden schnell vergessen.

Sie haben Visionen eines schrecklichen Szenarios, ohne Anweisungen zu erhalten, wie Sie die Situation vermeiden können.

Sie suchen nach einem klaren Zeichen, finden aber nur Unbeständigkeit. Oder Sie zwingen dem, was Sie sehen, die gewünschte Bedeutung auf.

Sie sehen eine egozentrische Vision Ihrer selbst, wie Sie sich auf Kosten anderer emotional oder materiell bereichern.

Genau auf die Botschaften achten

Egal, ob Sie Ihre Engelsbotschaften in Form einer Vision, einer Stimme, einer Idee, eines Gefühls oder einer Kombination dieser vier Elemente erhalten – mit Hilfe der oben beschriebenen Merkmale können sie die echte von der falschen Führung unterscheiden. Seien Sie versichert, dass Ihnen Ihre Engel im Falle vorzeitiger Todesgefahr sehr laute und klare Führung geben werden, in welcher Form auch immer. Führung hinsichtlich alltäglicher Lebenssituationen ist oft subtilerer Natur, doch in den folgenden Kapiteln werden Sie Möglichkeiten erfahren, wie Sie Intensität und Klarheit dieser Führung verstärken können.

Jeder von uns besitzt die gleiche Fähigkeit, mit seinen Engeln zu kommunizieren, denn jeder hat das gleiche spirituelle »Talent«. Manche Menschen scheinen eine größere übersinnliche Begabung zu haben als andere; der Grund dafür liegt jedoch darin, dass diese Menschen bereit sind zu hören, zu glauben und den Eindrücken seiner spirituellen Sinne zu vertrauen.

Das größte Hindernis, das ich bei meinen Seminaren zur Entwicklung übersinnlicher Fähigkeiten immer wieder beobachte, ist der übermäßig angestrengte Versuch meiner Schüler, um jeden Preis eine Engelserfahrung herbeizuführen. Sie wollen so gerne einen Engel sehen oder hören, dass sie nichts unversucht lassen, um dieses Ziel zu erreichen. Doch jedes Mal, wenn wir uns zu sehr anstrengen, bedeutet dies, dass wir aus einem Gefühl der Angst heraus handeln. Es könnte die Angst sein, dass man vielleicht nicht in der Lage ist, zu sehen oder zu hören, dass man vielleicht keine Engel hat oder irgendeine andere vage, egobasierte Angst. Das Ego besitzt keinerlei übersinnliche Fähigkeiten und wird ausschließlich von Angst gespeist. Nur das auf Liebe basierende höhere Selbst in jedem von uns ist in der Lage, mit dem Göttlichen zu kommunizieren.

Je mehr Sie sich also entspannen, desto eher werden Sie in der Lage sein, bewusst mit Ihren Engeln zu kommunizieren. Der Atem ist ein wunderbarer Ausgangspunkt für Kontakte mit den himmlischen Kräften, genau wie jene Art von Optimismus, die sich in den Worten vieler Kinder äußert, die über Begegnungen mit Engeln sagen: »Natürlich habe ich Engel. Jeder hat sie!«

Kindern ist es egal, ob sie sich ihre Engelsvisionen einbilden; sie genießen sie einfach und akzeptieren sie. Als Resultat sehen und hören Kinder ihre Schutzengel ohne Schwierigkeiten. Wenn wir aufhören würden, uns darum zu sorgen, ob unsere göttliche Verbindung real ist oder nicht, könnten wir die Egoblockaden überwinden und die natürlichen Geschenke unseres höheren Selbst genießen.

Die Engel sagen: »Die Angst ist ein Raubtier in der Domäne des Übersinnlichen. Angst kontrolliert eure Seele, beraubt sie ihres kreativen Einflusses und fordert die Erlaubnis, eure Stimmungen, euren Terminplan und eure Entscheidungen zu dominieren. Angst schwächt dich, der du allmächtig bist. Aufgrund von Angst ist deine Entscheidungsfähigkeit beeinträchtigt. Gestatte der Angst nicht, sich in deine Domäne des Glücks einzuschleichen, denn Glück ist Gottes Segen für seine Schöpfung. Du bist mächtiger als jegliche angstgetriebene Kraft. Deine göttliche Bereitschaft kann jede Dunkelheit verscheuchen, der die Welt jemals anheim gefallen ist. Das Licht deines Schöpfers wird stets alle Dunkelheit vertreiben, wenn du bereits bist, deinen Blick auf das Licht in deinem Inneren zu richten.«

Anstatt also unsere Fähigkeit anzuzweifeln, Kontakt mit den Engeln aufnehmen zu können, wollen wir uns anschauen, auf welche Weise wir bereits Botschaften des Himmels erhalten und wie wir diese Verbindung noch intensivieren können. In den nächsten Kapiteln werden Sie lernen, wie Sie die Lautstärke und Klarheit Ihrer Engelsbotschaften verstärken können.

Wie Sie Ihre Engel fühlen können

Wenn Engel oder verstorbene Angehörige besonders nahe sind, können Sie ihre Gegenwart fühlen. Viele Menschen, mit denen ich gesprochen habe, können sich daran erinnern, die Anwesenheit der Seele eines bestimmten lieben Verstorbenen in ihrer Nähe zu fühlen. Die meisten sagen Dinge wie: »Letzte Nacht habe ich deutlich gefühlt, wie meine Mutter bei mir war. Es hat sich total echt angefühlt, aber ich bin mir immer noch nicht sicher, ob ich es mir eingebildet habe oder nicht.«

Wir tendieren dazu, unsere Gefühle gering zu schätzen und ihnen zu misstrauen. Wie oft haben Sie schon ein Gefühl im Bauch gehabt, sich *nicht* auf eine Beziehung einzulassen, einen bestimmten Job *nicht* anzunehmen, einen Gegenstand *nicht* zu kaufen oder eine bestimmte Route *nicht* zu fahren? Doch dann haben Sie sich über Ihre Gefühle hinweggesetzt, es dennoch getan und später bereut.

Natürlich bieten uns solche Situationen – egal ob wir auf unsere Gefühle hören oder nicht – die Möglichkeit zu lernen, das nächste Mal unserem Bauchgefühl zu vertrauen und entsprechend zu handeln.

Der Prozess ist derselbe, wenn es um die Kommunikation mit Ihren Engeln und verstorbenen Angehörigen geht. Es ist eine Sache des Vertrauens, Ihre Gefühle als ein legitimes und exaktes Wahrnehmungsmittel zu betrachten, das Gott Ihnen gegeben hat. Wenn es um das Erkennen der Gegenwart eines geliebten Verstorbenen geht, kann Ihnen das Vertrauen in Ihre diesbezügliche Fähigkeit dazu verhelfen, die Gegenwart einer bestimmten Seele von der einer anderen zu unterscheiden. Auf diese Weise sind wir alle von Natur aus begabte Medien.

Wenn wir uns fremden Personen als Medium zur Verfügung stellen, tun wir dies auf die gleiche, auf dem Gefühl basierende Weise, in der Sie sich selbst als Medium helfen können. Zunächst konzentriere ich mich auf die Absicht, die verstorbenen Angehörigen des Betreffenden zu kontaktieren. Dann wird sich der wichtigste Verstorbene dieser Person melden. Die meisten meiner Kontakte mit den Seelen sind visueller Natur, da dies mein stärkster Kanal göttlicher Kommunikation ist. Doch sind auch viele meiner Kommunikationen gefühlsbasiert.

Nach dem physischen Tod behält eine Person die Energiemuster und physischen Dimensionen ihres früheren Selbst bei, und das ist es, was das Medium sieht. Personen, die Erscheinungen ihrer verstorbenen Angehörigen sehen, sagen, dass diese genauso aussehen wie zu Lebzeiten, nur jünger und strahlender. Ich habe festgestellt, dass die Energiemuster Verstorbener den Wellenlängen des Farbspektrums ähneln. Ältere Menschen haben langsamere und längere energetische Wellenlängen, während die Energiewellen junger Personen schneller vibrieren. Und Frauen haben generell schnellere Energiewellen als Männer. Es ist also möglich, als Medium ausschließlich gefühlsbasiert zu arbeiten, indem man diese sonarähnlichen Wellen wahrnimmt.

Und so wird es gemacht: Jeder Mensch besitzt bezüglich seiner Persönlichkeit, seiner Gewohnheiten, Verhaltensformen und anderer unterschiedlicher Merkmale einen einzigartigen »Fingerabdruck«. Haben Sie jemals Ihr Haus betreten und im selben Moment – obwohl Sie mit mehreren Personen zusammenleben und es keine physischen Beweise gibt – genau gefühlt, wer außer Ihnen noch im Haus war? Oder nehmen wir an, Sie sind in der Küche und bereiten das Abendessen zu, und Sie hören, wie die Eingangstür geöffnet wird. Ohne Ihren Verstand zu Hilfe zu nehmen, können Sie fühlen, wer hereingekommen ist. Oder Sie betreten einen Raum voller Menschen und spüren sofort die vorherrschende Stimmung.

Ähnlich verhält es sich, wenn Ihre verstorbenen Lieben in der Nähe sind, denn sie haben nach wie vor einen einzigartigen energetischen Fingerabdruck, den Sie fühlen können. In meinen Sitzungen als Medium habe ich festgestellt, dass neunzig Prozent meiner Klienten bereits wissen, welche verstorbenen Angehörigen in der Nähe sind. Meine Klienten kommen lediglich zu mir, um ihre Gefühle bestätigt zu sehen. Aus irgendeinem Grund sind sie nicht bereit, die Gültigkeit ihrer eigenen Gefühle anzuerkennen, bevor ein außenstehender »Experte« sie ihnen bestätigt.

Sie können sich vorstellen, wie schwierig es für professionelle Hellseher ist, ihren Kopf hinzuhalten und öffentlich als Medium im Fernsehen, bei Seminaren und im Radio aufzutreten. Die meiste Zeit, wenn ich eine öffentliche Vorstellung als Medium gebe, habe ich keine Ahnung, was die von mir weitergegebene Information für meinen Klienten bedeutet. Doch vertraue ich meinem Bauchgefühl genug, um die mir übermittelte Information laut auszusprechen, und in neunundneunzig von hundert Fällen wird der Klient sagen: »Ja, das stimmt genau!« Es hat langen Übens, Betens, einer flüchtigen Begegnung mit dem Tod und mannigfachen Ausprobierens bedurft, diese Ebene des Vertrauens in meine Bauchgefühle zu erreichen. Ich bete darum, dass Sie alle diese Ebene des Vertrauens in Ihre emotionalen und physischen Empfindungen erreichen.

Wie wir eine geistige Präsenz fühlen können

Hier sind einige der am weitesten verbreiteten Möglichkeiten, wie wir uns mittels unserer Gefühle mit unseren Engeln und verstorbenen Angehörigen verbinden können:

* Indem wir das Parfum oder Rasierwasser eines lieben Verstorbenen oder einen anderen Duft riechen, der uns an den Betreffenden erinnert.
* Indem uns ein Duft oder Rauch in die Nase steigt, wenn es in der Nähe weder Blumen noch ein Feuer gibt.
* Durch das Gefühl, dass jemand Sie berührt, Ihnen übers Haar gestreichelt, Sie liebevoll geschubst, beschützt oder abends im Bett zugedeckt hat, oder wenn Sie das Gefühl haben, dass jemand Sie umarmt.
* Durch das Gefühl, dass jemand neben Ihnen sitzt, und indem Sie eine Einbuchtung auf dem Sofa oder Bett fühlen, wo die verstorbene Person oder das verstorbene Tier gesessen hat bzw. hinaufgesprungen ist.
* Indem Sie das Gefühl haben, der Luftdruck im Raum verändert sich; ein Gefühl der Enge um Ihren Kopf; ein Gefühl, dass etwas Ihnen auf die Stirn klopft; das Gefühl einer geistigen Essenz, die sich durch Ihren Kopf bewegt; oder ein Gefühl ähnlich dem, unter Wasser gezogen zu werden.
* Veränderungen in der Temperatur.
* Ein plötzliches Gefühl der Euphorie oder Ekstase.
* Ein Gefühl im Bauch, dass dieses Erlebnis surreal ist.
* Sie werden von einem Gefühl der Vertrautheit übermannt, während eine verstorbene Person, die Sie lange gekannt haben, in Ihrer Nähe schwebt.

Echte Engelserfahrungen fühlen sich warm, liebevoll und angenehm an, während falsche Ihnen ein kaltes, stacheliges und ängstliches Gefühl vermitteln. Falsche Engelsbegegnungen sind entweder auf das Ego zurückzuführen oder auf einen erdgebundenen Geist. Bei letzteren handelt es sich um Wesenheiten, die sich nach ihrem Tod fürchten, in die Ebene des göttlichen Lichts aufzusteigen, weil sie entweder an ihrem irdischen Leben festhalten (zum Beispiel weil sie ihren Besitz oder ihre Süchte nicht aufgeben wollen) oder weil sie Angst haben, von Gott verurteilt und in die »Hölle« verbannt zu werden. Daher halten sich diese Wesen nahe der Erde auf und können das Glück und Wohlbefinden lebender Personen beeinträchtigen. Mehr Information über erdgebundene Geister können Sie in meinem Buch *Dein Leben im Licht* nachlesen.

Ein heikles Thema ist die Tatsache, dass sich manche erdgebundenen Seelen lebenden Personen mit sexuellen Absichten nähern. Mir sind viele Witwen und Witwer begegnet, die sich durch fortgesetzte sexuelle Beziehungen mit ihren verstorbenen Ehepartnern getröstet fühlen. Doch handelt es sich hierbei um etwas völlig anderes als die Erfahrungen vieler Esoterikerinnen, die ich in letzter Zeit kennen gelernt habe und die über freiwillige sexuelle Beziehungen mit nicht-physischen Fremden in der Geistwelt berichten. In meinen Augen sind diese Begegnungen für den Lebenden spirituell erdrückend und offensichtlich auf niedere Energien zurückzuführen, da ein Engel oder Geistwesen aus einer höheren Dimension sich einem Menschen nie mit sexuellen Absichten nähern würde. Wenn die von mir befragten Frauen in diesen Fällen auch fast immer von einer positiven sexuellen Erfahrung berichten, besagt die Botschaft, die ich deutlich empfangen habe, dass diese Aktivitäten niedrige erdgebundene Wesenheiten ermutigen, diesen lebenden Frauen nicht mehr von der Seite zu weichen. Darüber hinaus können sie Blockaden errichten, die es unmöglich machen, neue Geliebte kennenzulernen, da potenzielle Partner unbewusst die Präsenz eines anderen Liebhabers spüren. Glücklicherweise kann niemand ohne sein Einverständnis spirituell »vergewaltigt« werden. Doch wenn sich jemand Unerwünschtes an Sie heranmacht (lebend oder verstorben) und Sie Hilfe brauchen, rufen Sie bitte Erzengel Michael herbei, um dieses Wesen fortzugeleiten. Er wird Ihnen umgehend zu Hilfe kommen.

Imaginäre Begegnungen der niederen Art lassen uns mit einem Gefühl der Leere zurück, während echte Begegnungen uns daran erinnern, dass unsere Engel und verstorbenen Angehörigen immer in unserer Nähe sind. Wie können Sie wissen, ob es ein Engel oder ein geliebter Verstorbener ist, der Ihnen hilft? Die Energie eines Engels wird Sie auf eine unbestimmte Weise erheben. Sie fühlen plötzlich einen Schwall von Liebe oder Freude, ohne zu wissen, warum. Oder Sie haben plötzlich ein starkes Gefühl im Bauch, und wenn sie ihm folgen, wird sich Ihr Leben auf wundersame Weise ändern. Ein verstorbener Angehöriger erzeugt ein ausgesprochen vertrautes Gefühl, und Sie werden höchstwahrscheinlich in der Lage sein, die Person zu identifizieren, vielleicht durch das Gefühl, umarmt oder berührt zu werden, durch eine Luftdruckveränderung oder einen bestimmten Geruch.

Sie können außerdem Ihre Gefühle benutzen, um sich »zu Testzwecken« auf eine intuitive Empfindung einzulassen und zu sehen, wie Sie reagieren. Nehmen wir zum Beispiel an, dass ein Bauchgefühl Sie drängt, an einen neuen Ort zu ziehen. Sie empfinden jedoch widerstreitende Gefühle und fragen sich, welche Wirkung ein solcher Umzug auf Ihre Familie, Freunde, Karriere etc. haben würde. Selbst wenn einige dieser Faktoren Ihnen nicht klar sind, können Sie »Ihre Zukunft ausprobieren« und damit ein besseres Verständnis Ihrer göttlichen Führung erlangen.

Während Sie sich vorstellen, wie es sein würde, wenn Sie da bleiben, wo Sie sind, konzentrieren Sie sich auf Ihre Gefühle. Spüren Sie ein Gefühl der Erleichterung in Ihrem Herzen, der Trauer, der Freude oder irgendeine andere Emotion? Zieht sich irgendein Teil Ihres Körpers zusammen oder entspannt sich als Reaktion auf das mentale Bild?

Nun vergleichen Sie Sie Ihre emotionalen und physischen Gefühle, wenn Sie sich vorstellen, wie es sein würde, wenn Sie umziehen. Ihre Gefühle sind sehr zuverlässige Messinstrumente für die Wünsche Ihrer Seele und Ihren göttlichen Willen, der eins ist mit dem Willen Gottes.

Wie Sie Ihre Hellfühligkeit verstärken können

Wenn Sie normalerweise nicht gefühlsorientiert sind, können sie die folgenden Methoden benutzen, um diesen wichtigen Kanal göttlicher Kommunikation zu öffnen. Wenn wir empfindsamer werden für unsere Emotionen und physischen Gefühle, wird das Leben reicher, Beziehungen vertiefen sich, wir empfinden größeres Mitgefühl und göttliche Liebe, wir verstehen einander leichter, wir werden ausgeglichener, und wir sind eher in der Lage, unsere Intuition wahrzunehmen und entsprechend zu handeln.

Hier sind einige Hinweise, wie Sie Ihre Hellfühligkeit vergrößern können:

– *Legen Sie einen klaren Quarzkristall neben Ihr Bett.* Sie können einen Bergkristall mit einer Spitze (zylindrische Form mit einem spitzen Ausläufer) recht günstig in jedem esoterischen Buchladen kaufen. Setzen Sie den Kristall mindestens vier Stunden lang direktem Sonnenlicht aus, um jegliche emotionalen Reste seines früheren Besitzers zu entfernen. Dann legen Sie einen oder mehrere dieser Kristallspitzen auf Ihren Nachttisch oder unter Ihr Bett. Auf dem Nachttisch sollten die Kristalle auf der Seite liegen, mit der Spitze nach oben in Richtung Ihres Kopfes oder Ihres Herzens. Während Ihre Empfindsamkeit zunimmt, werden Sie die Kristalle wahrscheinlich bald so hinlegen müssen, dass die Spitze von Ihnen weg zeigt. Vielleicht müssen Sie sie sogar weiter von Ihrem Bett entfernt platzieren. Besonders sensible Klarfühlige neigen manchmal zu

Schlaflosigkeit, wenn Kristalle zu nahe an ihrem Schlafbereich liegen.

– *Arbeiten Sie mit dem Duft von rosafarbenen Rosen oder ätherischem Rosenöl.* Der Duft rosafarbener Rosen öffnet das Herzchakra, das Energiezentrum, das die Klarfühligkeit reguliert. Sorgen Sie dafür, dass Sie stets eine solche Rose in Ihrer Nähe haben und ihren Duft oft einatmen. Oder besorgen Sie sich ein qualitativ hochwertiges ätherisches Öl, das aus echten Rosen hergestellt wurde. Reiben Sie das Öl auf Ihren Herzbereich und tupfen Sie ein wenig unter Ihre Nase, damit Sie den köstlichen Duft immer wieder einatmen können.

– *Tragen Sie eine Kette aus Rosenquarz.* Genau wie rosafarbene Rosen öffnet auch Rosenquarz das Herzchakra. Dieser anmutige rosafarbene Stein ist auf das Herzchakra eingestimmt. Rosenquarz vergrößert nicht nur unsere Hellfühligkeit, sondern kann uns helfen, den Segen romantischer Liebe in unser Leben zu bringen.

– *Verstärken Sie Ihre Empfindsamkeit für physische Berührungsübungen.* Schließen Sie die Augen und nehmen Sie irgendein Objekt von Ihrem Schreibtisch in die Hand. Berühren Sie es ausgiebig und bedächtig, wobei Sie auf die kleinsten Einzelheiten und Strukturen achten. Reiben Sie mit dem Objekt über Handrücken und Arm und machen Sie sich die Gefühle bewusst, die es bei Ihnen auslöst. Bitten Sie einen Freund Ihres Vertrauens, Ihnen sanft die Augen zu verbinden und unbekannte Gegenstände zur Berührung zu geben oder Ihnen Leckerbissen in den Mund zu stecken, wobei Sie jedes Mal raten müssen, um was es sich handelt.

– *Bringen Sie Ihren Körper mit Herz-Kreislauf-Training und leichtem Essen in Form.* Wenn wir uns müde fühlen, schlapp oder schwer, ist es schwieriger, unsere Gefühle genau wahrzunehmen. Jogging, schnelles Gehen, Yoga oder andere Arten von Herz-Kreislauf-Training helfen uns, die Bedeutung der uns übermittelten Botschaften präziser festzulegen. In ähnlicher

Weise sorgt der Verzehr von leichten, gesunden Nahrungs-
mitteln dafür, dass wir uns nicht niedergedrückt und unbe-
weglich fühlen. Ein Gefühl der Schwere oder ein Völlegefühl,
weil wir zuviel gegessen haben, kann unsere Wahrnehmung
der göttlichen Führung blockieren. Alles, was Ihrem Körper
dazu verhelfen kann, sich besser zu fühlen, einschließlich einer
Massage, einem Nickerchen oder einem entspannenden Bad,
wird Ihre Sensibilität für Ihre Intuition verstärken.

Wie Sie sich selbst schützen

Empfindsame Personen klagen oft darüber, dass sie *zu* sensibel
sind. »Ich absorbiere die toxische Energie der Probleme anderer Leute« und »Es wird mir einfach zuviel, denn ich kann die
Emotionen jedes anderen Menschen fühlen« sind die beiden
häufigsten Klagen der gefühlsorientierten Hellsichtigen.

Ironischerweise wählen Hellfühlige häufig Berufe, in denen
die Wahrscheinlichkeit physischen Kontaktes mit anderen
Menschen groß ist. Massage, Energieheilung, Medizin und psychologische Beratung sind einige der oft anzutreffenden Beschäftigungen bei Personen, die die Welt durch ihre Gefühle
begreifen. Und wenn gefühlsorientierte Menschen sich auch
besonders gut für diese Berufe eignen, müssen sie dennoch
Maßnahmen ergreifen, die dafür sorgen, dass sie nicht Anteile
der negativen Emotionen ihrer Klienten absorbieren.

Es gibt zwei Möglichkeiten, mit denen Sie dieses Problem
in den Griff bekommen: vorbeugende Maßnahmen und solche, die negative Energie klären. Erstere schützen Sie vor den
toxischen Energien anderer Personen, während Klärungsmaß-
nahmen jegliche toxische Energie beseitigen, die Sie bereits
absorbiert haben, einschließlich jener, die auf Ihre eigenen
angstbasierten Gedanken zurückzuführen sind.

Schutzmaßnahmen

Vorbeugende Maßnahmen sind in gewisser Weise mit der Verhütung zu vergleichen – sie sind zwar nicht hundertprozentig wirksam, bieten aber dennoch einen bemerkenswerten Schutz. Es gibt dutzende von Möglichkeiten, sich selbst zu schützen, und ich nenne hier lediglich meine beiden Lieblingsmethoden.

1. Musik: Als ich den ersten Teil dieses Buches channelte, war ich besonders entzückt über die Informationen in dem Kapitel über Musik. Wie Sie sich vielleicht erinnern, sagten die Engel, dass Musik wie ein psychischer Schutzschild agiert, indem sie uns mit ihrer schützenden Energie umgibt. In stressigen Situationen ist es daher eine gute Idee, kontinuierlich Musik laufen zu lassen.

Musik stellt nicht nur eine vorbeugende Maßnahme dar, sondern eignet sich auch vorzüglich zur Klärung negativer Energien. Erzengel Sandolphon ist der Engel der Musik, und er arbeitet zusammen mit Erzengel Michael an der Beseitigung von Angst mittels Musik. Bitten Sie Sandolphon um Hilfe bei der Wahl der besten Musik für die jeweilige Situation. Meditieren Sie zur Musik und bitten Sie Sandolphon, Sie durch diese Musik zu schützen und jegliche Negativität zu klären.

2. Rosafarbenes Licht: Die Engel zeigten mir diese Methode, als ich im Fitnesscenter war. Ich begrüßte eine Frau, die ich noch nie gesehen hatte und die mir im Hantelraum über den Weg lief. Sie begann, mir bis ins letzte Detail von ihren zahlreichen medizinischen Operationen zu erzählen. Ich wusste, dass sie das Bedürfnis hatte, sich Ausdruck zu verschaffen und ein offenes Ohr brauchte. Ich wusste allerdings auch, dass sie mit ihren endlosen Ausführungen über Krankheit und Leiden toxische Energie ausstieß.

Innerlich rief ich meine Engel zu Hilfe. »*Umgib dich mit einer Hülle rosafarbenen Lichts*«, lautete ihr sofortiger Rat. Ich stellte mir vor, wie ich von einem riesigen Zylinder rosafarbenen Lichts umgeben war, so als befände ich mich in einer Lippenstifthülle.

»Du hast es nie gemocht, dich mit weißem Licht zu schützen«, erinnerten mich die Engel, *»da du das Gefühl hattest, dich von anderen zu isolieren. Da es ein wichtiger Teil deiner Lebensaufgabe ist, mit anderen zu interagieren und dich nicht zu isolieren (wie du es in deinen kürzlich vergangenen Inkarnationen getan hast), hast du dich gesträubt, den Schutzschild des weißen Lichts zu benutzen.«*

Ihre Worte entsprachen der Wahrheit. Obgleich ich alles über Schutzmethoden wusste, benutzte ich sie selten, da ich für die Menschen da sein wollte, die zur Beratung zu mir kamen. Vor langer Zeit habe ich einmal mit einem Psychiater gearbeitet, der hinter einem riesigen Schreibtisch aus schwerem Eichenholz saß, wenn er seine Klienten beriet. Ich hatte immer den Eindruck, dass er den Schreibtisch als Pufferzone benutzte, um emotionale Intimität mit seinen Patienten zu vermeiden. Außerdem diente er als Statussymbol. Ich wollte während meiner Sitzungen kein weißes Licht benutzen, da ich das Gefühl hatte, mich von meinen Klienten zu isolieren.

*»*Fällt dir auf, wie anders dieses rosafarbene Licht ist? Sieh, wie intensiv es die göttliche Energie der Liebe zu dieser Frau strahlt. Und achte auch darauf, wie es herrliche, starke göttliche Energie in dein eigenes Herz strahlt. Und nichts außer den Energien, die der göttlichen Liebe entspringen, kann diesen Schutzschild rosafarbenen Lichts durchdringen. So kannst du für diese Frau uneingeschränkt präsent sein, ohne ihre Illusionen des Leidens auf dich zu nehmen.*«*

Seit jenem Tag habe ich die Technik des rosafarbenen Licht-Schildes mit großem Erfolg benutzt und weitergegeben – und positives Feedback von jenen erhalten, denen ich sie gezeigt habe. Vielen Dank, ihr Engel!

Auflösung negativer Energien

Zuweilen fühlen wir uns müde, gereizt oder depressiv, ohne dass wir wissen warum. Oft ist der Grund für diese Gefühle unser Kontakt mit der negativen Denkweise anderer Menschen. Wenn Sie in einem helfenden Beruf tätig sind, sind Sie den toxischen Energien anderer besonders stark ausgesetzt, und es ist von essenzieller Bedeutung, dass Sie sich regelmäßig von diesen Energien reinigen.

Hier sind meine drei Lieblingsmethoden zur Auflösung negativer Energien:

1. Pflanzen: Wahrscheinlich besteht die einfachste Möglichkeit, sich von psychischem Müll zu befreien, darin, sich von Mutter Natur helfen zu lassen. Genauso wie Pflanzen Kohlendioxid in frischen Sauerstoff verwandeln, verwandeln sie auch niedere Energien. Pflanzen eignen sich besonders gut dazu, unsere Körper von energetischen Giftstoffen zu befreien.

Die Engel fordern uns alle dringend auf, eine Pflanze neben unser Bett zu stellen. Eine Topfpflanze auf dem Nachttisch kann Wunder wirken, während Sie schlafen! Sie absorbiert die schwere Energie, die Sie im Laufe des Tages aufgenommen haben, und entlässt sie in den Äther. Haben Sie keine Angst, es schadet der Pflanze nicht.

Wenn Sie in irgendeiner Weise mit Menschen arbeiten, doch besonders als Massagetherapeut oder Berater (wo Sie offen dafür sind, die freigesetzte Negativität Ihres Klienten aufzunehmen), sollten Sie Ihren Arbeitsbereich mit Pflanzen bestücken. Sie werden merken, dass Sie sich am Ende des Tages weniger erschöpft fühlen! Die Engel sagen, dass Pflanzen mit breiten Blättern am besten geeignet sind, da die breiten Blätter größere Energiemengen absorbieren. Daher wäre also beispielsweise ein Philodendron eine gute Wahl. Vermeiden sollten Sie Pflanzen mit stacheligen oder spitz zulaufenden

Blättern. Interessanterweise empfiehlt auch Feng Shui, die alte chinesische Harmonielehre, sich nicht mit Pflanzen zu umgeben, die spitz zulaufende Blätter haben. Anscheinend sind ihre schwertähnlichen Blätter nicht günstig für ein gutes Fließen von Energien.

2. Durchtrennen ätherischer Schnüre: Jeder, der mit anderen Menschen zu tun hat, entweder professionell oder durch ehrenamtlichen Dienst am Nächsten, sollte über ätherische Schnüre Bescheid wissen und wie man mit ihnen umgeht. Grundsätzlich wird jedes Mal eine Schnur zwischen Ihnen und einem anderen Menschen gespannt, wenn der Betreffende eine auf Angst basierende Verbindung zu Ihnen aufnimmt (wenn er zum Beispiel Angst hat, Sie könnten ihn verlassen, oder wenn er glaubt, dass Sie die alleinige Quelle seines Glücks sind). Diese Schnur kann von jedem hellsichtig Begabten gesehen werden und ist für jeden intuitiv spürbar.

Die Schnüre sehen aus wie Schläuche in der Chirurgie, und sie funktionieren wie ein Benzinschlauch. Wenn ein bedürftiger Mensch sich an Ihnen festklammert, entzieht der Betreffende Ihnen mittels dieser ätherischen Schnur Kraft. Vielleicht sehen Sie die Schnur nicht, doch Sie können ihre Auswirkungen spüren: indem Sie sich zum Beispiel erschöpft, müde oder traurig fühlen, ohne zu wissen warum. Der Grund ist, dass die Person am anderen Ende der ätherischen Schnur Ihnen soeben Energie geraubt oder Ihnen toxische Energie durch diese Schnur geschickt hat.

Daher ist es eine gute Idee, jedes Mal, wenn Sie jemandem geholfen haben oder wann immer Sie sich energielos, traurig oder plötzlich müde fühlen, »Ihre Schnüre zu durchtrennen«. Sie lehnen den Betreffenden weder ab, noch lassen Sie ihn im Stich oder trennen sich von ihm, wenn Sie diese Schnüre durchschneiden. Vielmehr trennen Sie lediglich den neurotischen, ängstlichen, abhängigen Teil der Beziehung ab. Der liebevolle Teil der Verbindung bleibt davon unberührt.

Um Ihre eigenen Schnüre zu durchschneiden, sagen Sie entweder innerlich oder mit lauter Stimme:

> *Erzengel Michael, ich rufe dich jetzt herbei.*
> *Bitte durchtrenne die Schnüre der Angst,*
> *die mir Energie und Lebenskraft rauben.*
> *Vielen Dank.*

Dann verhalten Sie sich ein paar Minuten lang ganz ruhig. Achten Sie darauf, während dieses Prozesses tief ein- und auszuatmen, da der Atem den Engeln die Tür öffnet, damit sie Ihnen helfen können. Wahrscheinlich werden Sie fühlen, wie die Schnüre aus Ihnen herausgezogen oder durchgeschnitten werden. Vielleicht spüren Sie eine Veränderung des Luftdrucks oder andere deutliche Zeichen dafür, dass die Durchtrennung der Schnüre stattfindet.

Die Personen am anderen Ende der Schnur werden in dem Augenblick, in dem ihre eigene Schnur durchtrennt wird, an Sie denken, ohne zu wissen warum. Unter Umständen werden Sie sogar unerwartet Anrufe und E-Mails bekommen von Personen, mit denen Sie »verbunden« waren und die nur mitteilen wollen, dass sie gerade an Sie gedacht haben. Kein Grund zur Sorge – vergessen Sie nicht: Nicht *Sie* sind die Quelle der Energie und des Glücks anderer Menschen – Gott ist es. Die Schnüre werden immer dann wieder zusammenwachsen, wenn eine Person eine auf Angst basierende Verbindung zu Ihnen formt. Daher durchtrennen Sie die Schnüre, wann immer es erforderlich ist.

3. *»Staubsauger-Methode«:* Wenn wir uns um jemanden Sorgen machen, uns für das Elend eines anderen die Schuld geben oder jemanden massieren, der unter emotionalen Schmerzen leidet, besteht die Möglichkeit, dass wir die negative psychische Energie dieser Personen in einer irregeführten Art des Helfens aufnehmen. Dies passiert jedem einmal, vor allem Lichtarbeitern, deren Hauptanliegen es ist, anderen Menschen

zu helfen – häufig auf Kosten ihres eigenen Wohlergehens. Die Engel geben uns Methoden wie die hier beschriebene, um uns zu helfen, während der Arbeit unser inneres Gleichgewicht beizubehalten. Sie möchten, dass wir anderen Menschen helfen, doch nicht um den Preis unserer eigenen Gesundheit. Es geht darum, offen zu sein für die Hilfe anderer, einschließlich der Engel. Viele Lichtarbeiter sind wundervolle Helfer, doch haben sie Schwierigkeiten, Hilfe anzunehmen. Die hier beschriebene Methode eignet sich hervorragend dazu, diese Tendenz auszugleichen.

Um mit Hilfe der Engel »Staub zu saugen«, sagen Sie innerlich:

> *»Erzengel Michael, ich bitte dich jetzt,*
> *die Auswirkungen von Angst wegzusaugen.«*

Dann werden Sie vor Ihrem inneren Auge die Erscheinung eines riesigen Engels sehen. Es ist Erzengel Michael. Er wird von kleineren Engeln begleitet, die als »Schar der Barmherzigen« bekannt sind.

Achten Sie darauf, dass Michael einen Saugschlauch in der Hand hält. Schauen Sie zu, wie er diesen Schlauch durch die Spitze Ihres Kopfes (als »Kronenchakra« bekannt) einführt. Sie müssen wählen, ob Sie die Sauggeschwindigkeit auf extra hoch, hoch, mittel oder niedrig stellen wollen. Außerdem werden Sie Michael zeigen, wo er den Schlauch während des Reinigungsprozesses ansetzen soll. Dirigieren Sie mental den Saugschlauch durch Ihren Kopf, Ihren Körper und um Ihre Organe herum. Staubsaugen Sie in Ihrem ganzen Körper, bis hin zu den Finger- und Zehenspitzen.

Vielleicht sehen oder fühlen Sie, wie Anhäufungen psychischen Mülls in den Schlauch eingesaugt werden, so als würden Sie einen verschmutzten Teppich saugen. Jegliche Wesenheiten, die in den Schlauch geraten, werden auf der anderen Seite von der Schar der Barmherzigen liebevoll emp-

fangen, die auf sie warten und sie zum Licht geleiten. Staubsaugen Sie weiter, bis es keinen psychischen Müll mehr gibt,
der aufgesaugt werden muss.

Sobald Sie gereinigt sind, wird Erzengel Michael einen anderen Schalter drücken, woraufhin ein dickes, zahnpasta-ähn-
liches weißes Licht aus dem Schlauch kommt. Dies ist eine
Art Abdichtmasse, die die Räume ausfüllt, die vorher von dem
psychischen Müll angefüllt waren.

Die Staubsauger-Technik ist eine der machtvollsten Methoden, die ich jemals benutzt habe. Sie können diese Methoden
auch bei anderen anwenden, entweder persönlich oder aus der
Ferne. Konzentrieren Sie sich einfach auf Ihre Absicht, dem
Betreffenden durch diese Methoden helfen zu wollen, und
schon ist es geschehen. Selbst wenn Sie während des Vorgangs
nichts klar sehen oder fühlen können, oder selbst wenn Sie
fürchten: »Bilde ich mir das alles nur ein?«, werden die Resultate spürbar sein. Die meisten Menschen erleben nach einer
Staubsauger-Session eine sofortige Auflösung Ihrer Depression
oder stellen fest, dass ihre Angst oder ihre Wut verflogen ist.

Sich Ihrer Gefühle bewusst sein

Durch Übung werden Sie Ihre Gefühle immer deutlicher
wahrnehmen und eher bereit sein, ihrer Weisheit zu vertrau-
en. Wenn Sie Ihrem spirituellen Repertoire die Macht Ihrer
Gedanken und Ideen hinzufügen, werden Ihnen zwei Wege zur
Verfügung stehen, Ihre göttliche Führung zu empfangen und
ihr zu folgen. Im nächsten Kapitel wollen wir die Macht des
Hellwissens bzw. der »Gedanken des Himmels« näher untersuchen.

Wie Sie göttliche Ideen und tiefgründige Weisheiten erkennen und empfangen können

Wenn es irgendetwas gibt, das Sie genau wissen, ohne zu wissen, *woher* dieses Wissen stammt, handelt es sich um das so genannte *Hellwissen*. Vielleicht ist Ihnen folgendes schon passiert: Sie streiten mit einem anderen über ein Thema, mit dem sie nur vage vertraut sind, doch irgendetwas tief in Ihrem Inneren nennt Ihnen ein oder zwei Fakten, und Sie halten sich an diesem Wissen fest, ohne den geringsten Beweis zu haben, der Ihre Annahme unterstützen könnte. Ihr Gegenüber fragt: »Aber *wie* kannst du das wissen?« Und Sie können nichts anderes erwidern als: »Ich weiß es einfach, das ist alles.«

Wahrscheinlich sind Sie schon öfter in Ihrem Leben als »Neunmalkluger« bezeichnet worden, und diese Behauptung enthält tatsächlich einen Kern der Wahrheit. Sie *wissen wirklich* eine Menge, haben jedoch nicht die geringste Ahnung, wie sie an all diese Informationen herangekommen sind.

Viele große Erfinder, Wissenschaftler, Autoren, Zukunftsforscher und geistige Führer haben ihr Talent des Hellwissens benutzt, um das kollektive Unterbewusstsein anzuzapfen und neue Ideen und Inspirationen freizusetzen. Thomas Edison zum Beispiel hat gesagt: »Jeglicher Fortschritt und jeglicher Erfolg kommt aus dem Denken.« Es wird gesagt, dass Edison und andere berühmte Erfinder meditierten, bis sie einen Geistesblitz von Inspirationen und Ideen empfingen.

Der Unterschied zwischen jemandem, der solche Informa-

237

tionen einfach nur empfängt und jemandem, der außerdem davon profitiert, besteht in der Fähigkeit, die erhaltenen Informationen als etwas Sinnvolles und Besonderes anzuerkennen. So viele Hellwissende tun die von ihnen empfangenen Übermittlungen als Informationen ab, die doch eigentlich jedem völlig klar sein müssten. *Das weiß doch jeder*, werden die Klarwissenden sich selbst sagen. Dann, zwei Jahre später, stellen sie fest, dass die brillante Idee, die sie empfangen haben, von einer anderen Person aufgegriffen und vermarktet worden ist. Daher liegt die Herausforderung für jene, die durch ihre göttliche Führung Gedanken, Ideen oder Einsichten empfangen, darin zu erkennen, dass es sich hierbei um einzigartige Informationen handelt, die *tatsächlich die Antwort auf ihre Gebete sein könnten*.

Nehmen wir an, Sie haben um göttliche Führung und Hilfe gebetet, um Ihren Job aufzugeben und sich selbstständig zu machen. Dann kommt Ihnen eine Geschäftsidee, die anderen helfen könnte, und dieser Gedanke meldet sich immer wieder (zwei Eigenschaften echter göttlicher Führung). Werden Sie die Idee beiseite fegen und sich sagen: *Nun, jeder träumt von Selbstständigkeit, also handelt es sich offensichtlich nur um unerfüllbares Wunschdenken?*

Ich habe festgestellt, dass es Hellwissenden gut tut, sich vorübergehend von ihren Computern und Büros zu entfernen und sich eine gesunde Dosis Natur und frischer Luft zu genehmigen. Viele kopflastige Menschen führen ein Leben, bei dem sich alles um ihre Arbeit dreht, was ein verstärktes Bedürfnis nach einem Ausgleich durch körperliche Fitness, Spiele, Unternehmungen mit der Familie, Spiritualität und Beziehungen hervorruft. Selbst ein kleines bisschen mehr Hinwendung zu diesen Bereichen kann einem Hellwissenden helfen, sicherer den Ideen zu folgen, die dem unendlichen Geist entspringen.

Verurteilung versus Urteilskraft

Menschen, die in Bezug auf Engelskommunikation das Denken bevorzugen, haben unter Umständen einen höheren IQ als der Durchschnitt. Schließlich sind sie in der Regel begierige Leser mit einem weiten Interessenspektrum, das ihnen zu überdurchschnittlich hohen IQ-Werten verhelfen dürfte.

Ein Schlüsselfaktor beim Anzapfen der intellektuellen Wahrnehmungsfähigkeit besteht darin zu unterscheiden, wann Sie Ihre Urteilskraft benutzen und wann Sie sich auf Ihr Urteil verlassen. Es besteht ein wichtiger Unterschied zwischen diesen beiden intellektuellen Verhaltensformen, die spirituelle Resultate erzielen können.

Wir wollen mit einem Beispiel beginnen, das mit dem Zigarettenrauchen zu tun hat. Es ist Ihnen wahrscheinlich bewusst, dass viele Untersuchungen das Rauchen mit diversen Krankheiten und Gesundheitsrisiken in Verbindung setzen. Angewandte Urteilskraft würde dazu sagen: »Ich fühle mich nicht zum Zigarettenrauchen oder zu Rauchern hingezogen. Mir behagt weder der Geruch noch seine Wirkung.« Im Falle des Urteilens würden Sie sagen: »Rauchen ist schlecht. Raucher sind schlecht.« Erkennen Sie den Unterschied? Urteilskraft funktioniert entsprechend dem »Gesetz der Anziehung«, welches Sie einfach nur bittet, Ihre persönlichen Vorlieben zu respektieren, ohne eine Sache oder Person einzustufen oder zu verdammen.

In ähnlicher Weise achten Sie auf die internen Mechanismen Ihrer Urteilskraft, wenn Sie Zweifel haben, ob eine Idee göttlich geführt ist oder nicht. Das alte Sprichwort: »Worüber du im Zweifel bist, das tue nicht« beinhaltet eine Menge Weisheit. Ihr innerer Computer weiß, ob etwas richtig ist oder nicht. Vielleicht ist es nicht nötig, dass Sie eine Idee völlig ablehnen, doch müssen Sie unter Umständen bestimmte Komponenten neu überdenken oder revidieren.

Vielleicht sollten Sie sich in Bereichen, die sich außerhalb Ihres Erfahrungsschatzes befinden, an Experten wenden. In diesem Fall bitten Sie Gott und Ihre Engel innerlich, Sie mit diesen Individuen zusammenzuführen, und Sie werden entzückt sein zu sehen, wie schnell sie zu Ihnen kommen.

Ich selbst habe dieses Phänomen erlebt, als ich das Gefühl hatte, ein Buch über Vegetarismus schreiben zu müssen. Ich wusste, dass ich einen Experten finden musste, nach Möglichkeit eine Diplomdiätistin mit spiritueller Orientierung – die sich außerdem mit vegetarischer Ernährung auskannte. Voller Vertrauen übergab ich Gott meine Bitte, einen solchen Menschen zu finden. Drei Wochen später, bei einem meiner Seminare, stellte sich mir eine diplomierte Diätistin namens Becky Prelitz vor. Sie war gekommen, um mich sprechen zu hören, da sie sehr an spirituellen Lehren interessiert war und ein entsprechendes Leben führte. *Dies ist die Frau, nach der ich gesucht habe!* sagte ich mir innerlich. Je länger ich mit Becky sprach, desto überzeugter war ich, dass sie tatsächlich die Expertin war, um die ich gebetet hatte. Heute zählen Becky und ihr Mann Christopher zu meinen und Stevens guten Freunden; und unser Buch *Eating in the Light: Making the Switch to Vegetarianism Along the Spiritual Path* ist 2001 in den USA erschienen.

Wie Sie sicher sein können, dass es sich um Hellwissen handelt

Hier sind einige Möglichkeiten, die darauf hindeuten können, dass Ihnen bereits göttliche Botschaften durch Gedanken übermittelt wurden:

* Sie haben jemanden kennen gelernt und wussten plötzlich Einzelheiten über ihn oder sie, ohne dass Ihnen vorher irgendetwas über den Betreffenden bekannt war.

* Sie haben etwas gewusst, das sich auf gegenwärtige Ereignisse bezieht, ohne darüber gelesen oder davon gehört zu haben.
* Sie hatten eine Vorahnung, wie sich etwas (zum Beispiel ein geschäftliches Projekt, eine Ferienreise oder eine Beziehung) entwickeln würde ... und sie hatten recht.
* Sie hatten eine Geschäftsidee, ein Buch oder eine Erfindung, die Sie nicht losgelassen hat. Sie haben die Idee in die Tat umgesetzt und festgestellt, dass sie sich bezahlt gemacht hat. Oder Sie haben sie ignoriert und entdeckt, dass ein anderer mit derselben Idee ein Vermögen damit verdient hat.
* Sie haben Ihr Scheckheft verloren, Ihre Schlüssel oder Ihre Brieftasche, und als Sie Ihre Engel fragten, wo sich der Gegenstand befindet, wussten Sie plötzlich genau, wo Sie suchen mussten ... und haben es gefunden.

Echtes göttliches Hellwissen wiederholt sich und ist positiv. Es nennt Ihnen Möglichkeiten, wie Sie Ihr eigenes Leben und das anderer Menschen verbessern können. Es ist »serviceorientiert«, und wenn eine bestimmte Idee Sie auch reich und berühmt machen kann, so handelt es sich dabei nur um einen Nebeneffekt und *nicht* um die Motivation, die der Übermittlung der Information zugrunde liegt. Tatsächlich sind es in der Regel selbstlose Ideen, die ihrem Erfinder reichen Segen bringen. Jene, die sich nur für Unternehmungen interessieren, die ihnen selbst zum Wohle gereichen, stoßen häufig potenzielle Klienten und Kunden ab, da diese die hohlen Werte hinter der Idee spüren können. Meine amerikanische Verlegerin und Mentorin, Louise L. Hay, sagte mir einmal, dass der finanzielle Aspekt ihres Lebens erst dann heilte, als sie Ihr Interesse darauf zu richten begann, wie sie anderen helfen konnte, anstatt sich auf das zu konzentrieren, was sie bekommen konnte. Als ich dieses Prinzip in meinem eigenen Leben anwandte, stellte ich fest, dass es sich bemerkenswert heilend sowohl auf die Intensität meines Glücksgefühls als auch auf meine Karriere und mein Einkommen auswirkte.

Echtes Hellwissen hilft Ihnen, etwas zu tun, das anderen wirklich hilft, So werden andere Menschen inspiriert, sich für Sie als Kunden, Klienten, Sponsor, Seminarteilnehmer, Verleger und so weiter zu entscheiden. Diese Kraft kommt von Gott, der Ihre wahren Talente, Leidenschaften und Interessen kennt und weiß, wie diese Eigenschaften genutzt werden können, um anderen zu helfen. Zu biblischen Zeiten war »Talent« eine andere Bezeichnung für Geld, und Sie haben Talente, die Sie gegen Geld eintauschen können.

Echtes Hellwissen hält Ihnen nicht einfach nur einen Traum vor die Nase und macht sich dann darüber lustig, wie Sie ihn zu manifestieren versuchen. Nein! Vielmehr gibt es Ihnen komplette Schritt-für-Schritt-Anweisungen. Der Trick dabei ist, sich zu erinnern, dass Gott Ihnen nicht alles auf einmal, sondern einen Schritt nach dem anderen zeigt. Sie erhalten diese Information in Form sich wiederholender Gedanken (oder Gefühle, Visionen, Worte, je nach Ihrer spirituellen Orientierung), die Sie dazu auffordern, *etwas zu tun*. Dieses »etwas« scheint in der Regel unbedeutend zu sein: Zum Beispiel sagt sie, »ruf diese Person an, schreib diesen Brief, geh zu diesem Treffen, lies dieses Buch.« Wenn Sie den Anweisungen folgen und den ersten Schritt vornehmen, wird Ihnen auf dieselbe sich wiederholende Weise die nächste Reihe von Anweisungen für den zweiten Schritt gegeben. Schritt für Schritt führt Gott Sie zur Realisierung Ihrer geplanten Manifestation.

Sie verfügen stets über Ihren freien Willen, daher können Sie die Führung jederzeit ignorieren. Die meisten Menschen stellen jedoch fest, dass sie sich festgefahren fühlen, wenn sie den göttlich geführten Schritten nicht folgen, so als würden sich die Räder eines Autos im Schlamm drehen. Wann immer mir jemand sagt, dass er sich blockiert fühlt, frage ich ihn: »Welches Stück göttlicher Führung haben Sie wiederholt empfangen, aber ignoriert?« Und jedes Mal finde ich heraus, dass diese Führung (die der Betreffende nicht hören wollte, da er Angst hatte, eine Veränderung in seinem Leben vorzunehmen) die entscheidende Zutat ist, nach der er gesucht hat.

Engel geben Ihnen Ideen als Antwort auf Ihre Bitte um Führung. Sie erhalten diese göttliche Führung in Momenten, in denen Ihr Geist empfänglich ist, wie zum Beispiel in der Traumzeit, während der Meditation, beim Training oder sogar beim Fernsehen (wobei Ihr Geist auf Autopilot umschaltet). Sie fühlen sich von göttlich geführten Ideen begeistert und inspiriert, und es ist wichtig, dass Sie diesen Ideen keine pessimistischen Gedanken entgegensetzen. Die Idee hört sich echt an, und Sie werden – tief in Ihrem Herzen – wissen, dass dies genau das Richtige ist! Sicher, jede Idee kann scheitern. *Doch sie kann ebenso gut erfolgreich sein!*

Falls Sie in der Vergangenheit negative Erfahrungen gemacht haben, weil sie einer Ahnung gefolgt sind, sind Sie jetzt verständlicherweise vorsichtig. Unter Umständen haben Sie beschlossen, auf Nummer Sicher zu gehen und größere Lebensveränderungen zu vermeiden. Das ist gut, so lange Sie mit Ihren gegenwärtigen Umständen zufrieden sind! Doch wenn es einen Bereich Ihres Lebens gibt, der aus dem Gleichgewicht geraten ist, ist es nur natürlich, wenn Sie (genau wie Gott und die Engel) die Situation heilen wollen. Dieser als »Homöostase« bezeichnete, instinktive Drang nach der Wiederherstellung des Gleichgewichtes ist allen Lebewesen gemein.

Skepsis, Pragmatismus und Glaube

Am zögerlichsten sind viele Hellsichtige, wenn es um das Thema Glauben geht. Wenn Sie ein denkorientierter Mensch sind, ist es leicht, sich selbst in eine Schublade der Skepsis hineinzudenken. Glaube scheint unlogisch zu sein, irrational, da er auf zu vielen unfassbaren und nicht zu beweisenden Faktoren beruht.

Doch ein guter Wissenschaftler ist immer bereit zu experimentieren, bevor er Schlüsse zieht. Unabhängig davon, ob Ihre Hypothese darauf ausgerichtet ist, an Engel zu glauben oder nicht, sollten Sie sich die Zeit nehmen, Ihre Hypothese zu testen. Zum Beispiel hören Gott und die Engel Ihre Gedanken (keine Angst – sie verurteilen sie nicht), also können Sie sich um Beistand an den Himmel wenden, ohne die hochgezogenen Augenbrauen Ihrer Kollegen sehen zu müssen. Bitten Sie innerlich Ihre Engel, Ihnen in irgendeinem Bereich Ihres persönlichen oder beruflichen Lebens zu helfen, in dem sie Hilfe brauchen.

Dann achten Sie darauf, welche Hilfe Ihnen zuteil wird, nachdem Sie die Bitte gestellt haben. Sie kann als umgehende Antwort kommen, in Form eines starken Impulses oder einer plötzlichen Idee; oder vielleicht zeigt sie sich in einer fassbareren Form, wenn Ihnen zum Beispiel jemand »völlig unerwartet« einen Zeitungsartikel zum Lesen gibt, der die Information enthält, die Sie suchen. Die beiden Schlüsselfaktoren bei diesem Experiment sind 1) um Hilfe *zu bitten* (das Gesetz des freien Willens verbietet es den himmlischen Kräften, uns ohne unsere Einwilligung zu helfen); und 2) die Hilfe *zu erkennen*, die uns gegeben wird.

Sich dieser Form der Hilfe bewusst zu sein ist etwas völlig anderes, als verzweifelt nach Hinweisen und Zeichen zu suchen. Falsche Führung ist ausnahmslos das Produkt von Kampf und Angst. Echte göttliche Führung kommt immer natürlich und leicht auf den Flügeln der Liebe daher.

Nach meiner Erfahrung haben die meisten hellwissenden Menschen Erfahrungen mit ihren verstorbenen Angehörigen gehabt, die ihnen zeigten, dass ihre Großeltern, Eltern oder eine andere geliebte Person bei ihnen waren. Ohne die Präsenz der verstorbenen Person tatsächlich sehen oder fühlen zu können, hatten die Hellwissenden ein *inneres Wissen* bezüglich der Nähe des geliebten Menschen.

Diese Art des Wissens beschert Hellwissenden auch Erkenntnisse in anderen Bereichen, die mit Beruf, Familie und Gesundheit zu tun haben. Ohne zu wissen wie, empfängt der Hellwissende ankommende Informationen, die sowohl zutreffend als auch hilfreich sind. Je mehr Sie lernen zu vertrauen und der jeweiligen Information zu folgen, desto mehr werden Sie von Ihrem inneren Führungssystem profitieren.

Vielleicht kommt Ihnen zum Beispiel die Idee, ein neues Geschäft zu eröffnen. Die Idee ist narrensicher, und Sie fragen sich, warum Sie vorher noch nie daran gedacht haben. Sie beginnen mit der Realisierung dieser Idee, und alle Türen öffnen sich Ihnen: Finanzierung, Lage, Teilhaberschaften etc. Das Geschäft wird ein ungeheurer Erfolg, und Sie wissen, dass Sie von wahrer göttlicher Weisheit geführt wurden.

Spirituelles Mentoren-Programm

Es gibt viele Wesenheiten im Himmel, die Ihnen gerne helfen würden, und nicht alle von ihnen sind Ihre Schutzengel. Einige von ihnen sind ganz normale Menschen, die gestorben sind und den starken Wunsch haben, uns Lebende zu unterrichten und uns zu helfen. Viele dieser Menschen sind extrem talentiert, und sie bilden etwas, was als »spirituelles Mentoren-Programm« bekannt ist.

Auf der Erde ist ein Mentor ein Mensch mit großer Erfahrung in dem von Ihnen gewählten Tätigkeitsbereich, der Sie in alle Einzelheiten einweiht und Ihnen Rat, Führung und wichtige Beziehungen vermittelt. Mit dem spirituellen Mentoren-Programm verhält es sich ähnlich; Sie werden einem Experten zugeteilt, der Sie durch die Prozesse führt, die für den von Ihnen gewählten Beruf erforderlich sind.

Sie können mit jedem berühmten verstorbenen Menschen arbeiten oder mit jemandem in der Geistwelt, der zwar unbekannt, aber genauso fähig und großartig ist. Die meisten dieser Wesen macht es sehr glücklich, ihr Wissen weiterzugeben. Es verleiht ihnen ein Gefühl der Sinnhaftigkeit, anderen zu helfen, genauso wie es Ihnen Freude macht, einen Dienst zu erweisen. Und Sie müssen für ihre Dienste nichts bezahlen und können bei sich zu Hause mit Ihrem Mentor kommunizieren – im Schlafanzug, wenn Sie wollen!

Als ich mich das erste Mal dazu angeleitet fühlte, mit einem Mentor zu arbeiten, entschied ich mich für einen bestimmten Autor, den ich sehr bewunderte (er gestattet mir nicht, seinen Namen preiszugeben, da er das Gefühl hat, auf diese Weise nur seinem Ego zu schmeicheln). Ich bat ihn innerlich, mir beim Schreiben meines Buches *Dein Leben im Licht* zu helfen. Im nächsten Moment war er an meiner Seite. Obwohl ich ihn nur sehr verschwommen sehen konnte, spürte ich seine Präsenz deutlich, hörte ihn und wusste einfach, dass er da war.

Ich war so überrascht, dass dieser Autor tatsächlich zu mir gekommen war, dass ich nicht wusste, was ich sagen sollte. Ich stammelte: »Sie … Sie … Sie sind hier!«

Dann sagte er zu mir: »Du bist offensichtlich nicht vorbereitet. Bitte rufe mich, wenn du dich besser auf die Arbeit mit mir vorbereitet hast.«

Damals hatte ich gerade erst angefangen, berühmten Personen, die ich sehr respektierte, hellsichtige Readings zu geben. Ich merkte, dass meine Bewunderung dazu führte, mich ihnen gegenüber eingeschüchtert zu fühlen. Ich verhielt mich in Gegenwart so genannter Berühmtheiten anders als in Gegenwart »normaler« Leute. Das störte mich, da ich wusste, dass es sich hierbei um ein Ego-Problem handelte. Es bedeutete, dass ich berühmte Menschen als »über mir stehend« betrachtete, oder, mit anderen Worten, als von mir getrennt.

Also bat ich Jesus und die Erzengel, im Traum zu mir zu kommen und jegliche egobezogenen Themen zu klären, die mich veranlassten zu denken, dass irgendjemand mir überlegen oder unterlegen war. Wie immer wurde diese Bitte umgehend erfüllt! Am nächsten Morgen spürte ich eine tief greifende Veränderung. Ich kann Ihnen nicht sagen, *wie* diese Veränderung eingetreten ist. Ich kann Ihnen nur sagen, *dass* sie eingetreten ist. Von diesem Moment an habe ich mich nie mehr von Personen eingeschüchtert gefühlt, die ich bewunderte.

Seit damals habe ich oft zusätzliche Mentoren herbeigerufen, damit sie mir helfen. Einmal war ich beim Joggen und hatte plötzlich starke Schmerzen in der Leistengegend (auch Seitenstiche genannt). Ich bat sofort um Hilfe und war angenehm überrascht, als mir ein Mann aus der Geistwelt zu Hilfe eilte, den ich als Jim Fixx erkannte, den verstorbenen Autor von *The Complete Book of Running*. Er sagte mir, ich solle mich darauf konzentrieren, meinen Kopf beim Laufen gerade zu halten und ihn nicht auf und ab zu bewegen, wie es meine Art war. Als ich seinem Rat folgte, verschwanden meine Seitenstiche umgehend und sind seitdem nie wieder aufgetreten. Darüber hinaus half Jim mir in Bezug auf Ausdauer und Tempo beim Laufen.

In vielen Seminaren habe ich die Teilnehmer über das spirituelle Mentoren-Programm unterrichtet, und die Mehrheit von ihnen hat daraufhin einen passenden Mentor im Himmel gefunden. Einige dieser Mentoren sind berühmte Erfinder, Schriftsteller, Heiler oder Musiker, die in die geistige Dimension hinübergegangen sind. Zum Beispiel schreibt ein Medizinstudent in Chicago Briefe an Albert Einstein und erfreut sich seiner Führung; ein Liedermacher in Atlanta korrespondiert durch automatisches Schreiben mit John Denver; und ein Architekt im Mittleren Westen spricht zum Zwecke der Inspiration mit Michelangelo.

Um am spirituellen Mentoren-Programm teilzunehmen, denken Sie einfach an ein Wesen, mit dem Sie gerne korrespondieren würden. Falls Ihnen niemand Bestimmtes einfällt, bitten Sie Gott und die Engel, Ihnen eine Wesenheit zuzuteilen, die Experte in einem bestimmten Bereich ist (so wie ich es beim Joggen tat).

Und selbst wenn Sie die Gegenwart Ihres neuen Mentors weder hören noch sehen oder fühlen können, stellen Sie dem Betreffenden dennoch eine Frage. Entweder schreiben Sie diese Frage auf ein Blatt Papier, tippen sie in Ihren Computer, denken sie in Ihrem Kopf oder sprechen sie laut aus. Der Mentor wird Ihre Frage hören, egal, auf welche Weise Sie sie gestellt haben.

Achten Sie auf die Antworten, die in Form von Gedanken, Worten, Gefühlen oder Visionen zu Ihnen kommen. Es empfiehlt sich, die Fragen und Antworten schriftlich festzuhalten, wie bei einem Interview. Eine ausführliche Anleitung zum »automatischen Schreiben« finden Sie auf Seite 292.

Egal ob Sie glauben, dass diese Botschaften tatsächlich von Ihrem spirituellen Mentor kommen oder Ihrer Einbildung entspringen – in jedem Fall werden Sie feststellen, dass das Niederschreiben Ihrer Fragen und der Antworten, die Sie als Gedanken, Worte, Gefühle oder Visionen empfangen, Sie für neue Ideen und kreative Einsichten öffnet.

Wie Sie Ihr Hellwissen verstärken können

Da Hellwissen sehr subtil auftreten kann, in Form eines Gedankens oder einer Idee, ist es leicht, diese hochsensible Methode zu übersehen, durch die der Himmel mit uns kommuniziert. Unter Umständen tun Sie Ihren göttlich inspirierten Gedanken als Nonsens ab, ohne zu erkennen, dass er eine Antwort auf Ihre Gebete ist. Oder Sie halten ihn irrtümlich für einen unwichtigen Gedanken oder Tagtraum anstatt für eine Inspiration des Himmels.

Hellwissende ignorieren oft auch deshalb ihre göttliche Führung, weil sie glauben, dass das, was sie wissen, anderen ebenso klar ist. »Das weiß doch jeder!«, wird ein Klarwissender häufig denken und sich nicht weiter mit der brillanten Idee beschäftigen, die er gerade empfangen hat. Es ist nicht unbedingt hilfreich, dass viele Hellwissende oft als »Neunmalkluge« bespöttelt wurden, daher zögern sie mit ihren Worten aus Angst, sich lächerlich zu machen. Doch die Bezeichnung »Neunmalklug« trägt einen Kern der Wahrheit in sich, denn Hellwissenden fällt es leicht, das kollektive Unterbewusstsein anzuzapfen.

Daher ist es wichtig, dass Sie wirklich auf Ihre Gedanken und Ideen achten. Dazu gehören sowohl die sich wiederholenden Gedanken als auch neue Ideen. Göttliche Führung kann Sie in Form von Gedanken erreichen, die wiederholt mit Vorschlägen auf Sie einstürmen, aber auch in Form von Inspirationen, die plötzlich blitzschnell auftauchen. Eine der besten Möglichkeiten, diese Form der Führung wahrzunehmen, besteht darin, ein Journal anzulegen, in dem Sie bezüglich Ihrer Gedanken und Ideen eine Konversation mit sich selbst führen. Das Ganze könnte wie ein Interview mit Ihrem höheren Selbst angelegt sein, vielleicht in einem Frage-und-Antwort-Spiel. Auf diese Weise können Sie sich unbewusste Informationen leichter zugänglich machen.

Wenn Ihnen ein Gedanke in den Sinn kommt, stellen Sie ihn nicht sofort in Frage. Stattdessen geben Sie Ihren Gedanken und Ideenblitzen einen Moment Zeit, sich Gehör zu verschaffen. Es wird Ihnen zur Gewohnheit werden zu erkennen, welche Gedanken wirklich göttlich inspiriert sind. Wahrscheinlich ist es Ihnen schon passiert, dass Sie Gedanken ignoriert und später gesagt haben: »Ich wusste, dass das passieren würde!«, oder »Ich wusste, dass ich da nicht hätte hingehen sollen!« Sowohl unsere Erfolge als auch unsere Fehler lehren uns, unseren Einsichten zu vertrauen und entsprechend zu handeln.

Außerdem habe ich festgestellt, dass viele Menschen, die denkorientiert sind (im Gegensatz zu gefühls-, seh- oder hörorientiert) dazu neigen, Workaholics zu sein. Sie verbarrikadieren sich oft in ihren Büros, an den Stuhl vor ihrem Computer gefesselt. Es ist in Ordnung, viel zu arbeiten, solange diese Arbeit durch Zeit ausgeglichen wird, die der Betreffende in der Natur verbringt. Doch in der Regel muss ich Hellwissende drängen, ins Freie zu gehen, eine für sie fremde und irritierende Umgebung!

Sobald Sie jedoch einmal diesen Schritt gewagt haben, merken Hellwissende, dass die frische Luft, Pflanzen und Bäume ihnen helfen, ihre übersinnlichen Wahrnehmungen zu schärfen. Sie werden nicht nur offener für göttliche Inspiration, sondern sich dieser Eingebungen auch viel bewusster. In der Stille der Natur ist es leichter, die eigenen Gedanken zu hören und inspirierende Ideen wahrzunehmen. Wenn wir uns auf diese Weise Zeit für uns selbst nehmen, gönnen wir uns eine Pause von der Welt der Telefone und Uhren. Wir stimmen uns mehr auf den inneren Rhythmus unsers Körpers ein – und den der Natur. Zeit im Freien zu verbringen hat viele Vorteile – unter anderem hilft es uns, ein gutes Zeitgefühl zu entwickeln, was in diesem Fall bedeutet, dass wir auf den Rhythmus des Lebens achten und ihm folgen. Wenn wir dann in unser Büro zurückkehren, spüren wir instinktiver den richtigen Zeitpunkt, um diesen wichtigen Telefonanruf zu tätigen, jene E-Mail zu schreiben oder bei einem entscheidenden Treffen unsere Position darzulegen. Vielleicht inspiriert uns die in der Natur verbrachte Zeit sogar, nicht mehr in einem Büro zu arbeiten und stattdessen eine Karriere zu verfolgen, die besser mit unserem Herzenswunsch übereinstimmt.

Echtes und falsches Hellwissen

Manche Menschen sind skeptisch, wenn es darum geht, ihrer Intuition zu folgen, da sie sich in der Vergangenheit dabei die Finger verbrannt haben. Vielleicht hatten Sie irgendwann eine großartige Idee, doch als Sie sie in die Tat umsetzen wollten, endete das Ganze in einem fürchterlichen Schlamassel. Also misstrauen Sie nun verständlicherweise Ihren Geistesblitzen.

In der Regel ist jedoch eines der im Folgenden beschriebenen Dinge passiert:

1. Ihre ursprüngliche Idee war göttlich inspiriert, doch dann bekamen Sie es mit der Angst zu tun, was Sie vom richtigen Weg abbrachte. Als Sie die Idee ursprünglich empfingen, basierte sie auf echter göttlicher Führung, die immer der Liebe entspringt. Aber irgendwann bekamen Sie es mit der Angst zu tun. Diese Angst blockierte Ihre Empfänglichkeit für eine kontinuierliche Führung und kreative Ideen, lenkte Sie von Ihrem ursprünglich inspirierten Weg ab und führte zu Verhaltensweisen und Entscheidungen, die alle ego-basiert waren. Wenn wir auf unser Ego hören, sind und Irrtümer und Unglück die unweigerliche Folge.

Zum Beispiel hatte eine Bekannte von mir namens Beatrice die wunderbare Idee, sich als persönliche Fitnesstrainerin selbstständig zu machen und bei sich zuhause zu arbeiten. Die Idee schien perfekt zu sein, da es sich dabei um einen Service handelte, der anderen half, der ihr gefiel und in dem sie Erfahrung hatte und in dem sie überdies die Möglichkeit hätte, zuhause zu arbeiten, ihr Kleinkind zu versorgen und gleichzeitig Geld zu verdienen. Also kündigte Beatrice ihren Job und nahm ihre Arbeit zuhause auf. Im ersten Monat gewann sie fünf Stammkunden, was ihr genug Geld brachte, um ihre Rechnungen zu bezahlen und noch etwas übrig zu behalten.

Doch bald machte Beatrice sich Sorgen, ob sich ihr anfänglicher Erfolg fortsetzen würde. *Wo sollen die neuen Klienten herkommen?* sorgte sie sich. Nachdem sie mehrere Tage lang ängstlich über ihre Zukunft nachgedacht hatte, beschloss Beatrice, in mehreren Zeitungen zu inserieren. Außerdem ließ sie mehrfarbige Broschüren drucken, plus dazu passendes Briefpapier und Visitenkarten. Die Ausgaben für diese Werbemittel waren hoch, doch Beatrice entschied, dass sie »Geld ausgeben musste, um Geld einzunehmen«.

Im Monat darauf meldete sich nur ein neuer Klient. Jetzt machte sie sich noch mehr Sorgen bezüglich ihres kleinen Unternehmens und gab noch mehr Geld für Werbung aus. Doch nichts, was sie versuchte, schien zu fruchten, und innerhalb von vier Monaten sah Beatrice sich gezwungen, ihren früheren Job wieder aufzunehmen, um sicherzustellen, dass sie ein stetiges Einkommen hatte.

Wie konnte das passieren? fragte sie sich. Als sie ihre Situation nachträglich einer genaueren Prüfung unterzog, stellte Beatrice fest, dass sie tatsächlich die göttliche Führung empfangen hatte, ihr Geschäft zu eröffnen. Diese Annahme wurde auch von ihrem anfänglichen Erfolg bestätigt, der ihr genug Geld brachte, um ihre Rechnungen zu bezahlen, wobei sogar noch ein hübsches Sümmchen übrig blieb. Erst als Beatrice zuließ, dass sich Angst einschlich, ließ der Erfolg immer mehr nach. Das war auch der Zeitpunkt, an dem sie durch übertriebene Werbemaßnahmen und unnötige Anschaffungen versuchte, Dinge zu erzwingen. Ihre Ausgaben stiegen, und ihr Einkommen reduzierte sich, weil sie begann, auf die Ängste ihres Egos zu hören anstatt auf die Zusicherungen und die Führung ihres höheren Selbst.

2. Anstatt Ihre göttliche Führung anzuerkennen, haben Sie Dinge erzwungen oder auf die Meinung anderer gehört und Ihren inneren Mentor ignoriert. Zuweilen hören wir genau das, was wir hören wollen, und so beschließen wir beispielsweise, dass jemand »genau der Richtige« ist, selbst wenn unsere Intuition (oder unsere besten Freunde) uns immer wieder zurufen, dass er es nicht ist. Oder wir entscheiden, dass Gott will, dass wir unseren Job kündigen und nach Sedona, Arizona, ziehen, obwohl unser Bauchgefühl uns dringend rät, schrittweise eine berufliche Veränderung vorzunehmen und keine voreiligen Schritte zu machen. In manchen Fällen handeln wir entgegen unserer Intuition und tun etwas, von dem wir wissen, dass es nicht richtig ist, nur weil ein willensstarker Mensch uns etwas einredet.

Echte und falsche hellwissende Führung

Wie *können* wir also wissen, ob eine Idee von Gott inspirierte Brillanz ist oder ein sicherer Weg, in die Irre zu laufen? Im Kapitel »Wie Sie wissen können, ob es sich wirklich um Ihre Engel handelt oder um Ihre Fantasie« (Seite 210) sind die Unterschiede zwischen wahrer und falscher Führung aufgelistet. Zusätzlich zu diesen Gedanken, Ideen, Einsichten und Enthüllungen sollten Sie auf folgende Merkmale achten:

– *Beständigkeit.* Wahre Führung wiederholt sich, und im Laufe der Zeit verankert sich die Idee in Ihrem Inneren. Wenn sie sich vielleicht auch in Bezug auf Einzelheiten und Anwendung verändert, wird die Kernidee dennoch dieselbe bleiben. Falsche Führung verändert ihren Kurs und ihre Struktur ständig.

– *Motivation.* Wahre Führung wird von dem Wunsch motiviert, eine Situation zu verbessern. Das Hauptmotiv bei falscher Führung besteht darin, Sie reich und berühmt zu machen. Auch wahre Führung kann diese Belohnungen bringen, doch handelt es sich lediglich um Nebenwirkungen und nicht um die zentrale Motivation hinter der Idee.

– *Erscheinungsform.* Wahre Führung ist erhebend, motivierend und ermutigend. Sie drängt zum Handeln, indem sie sagt: »Du schaffst es!« Falsche Führung ist das genaue Gegenteil: Sie entreißt Ihnen Ihr Selbstvertrauen und macht Sie schwach.

– *Ursprung*. Wahre Führung kommt schnell, wie ein Blitz, in Antwort auf Ihr Gebet oder Ihre Meditation. Falsche Führung kommt schleichend, als Reaktion auf Angst. Wenn Sie plötzlich eine Idee haben, halten Sie einen Moment inne und untersuchen Sie Ihre Gedanken, die diesem Moment vorausgingen. Falls Sie sich über irgendetwas Sorgen gemacht haben, besteht die Möglichkeit, dass Ihr Ego einen raffinierten Plan entworfen hat, um Sie »zu retten«. Falls Sie jedoch friedlich meditierten, hatte Ihr höheres Selbst die Gelegenheit, sich wirklich mit dem kollektiven göttlichen Unterbewusstsein zu verbinden, was höchstwahrscheinlich dazu führte, dass es Ihnen ein Juwel in Form dieser Idee hat zukommen lassen.

– *Vertrautheit*. Eine Idee, die auf wahrer göttlicher Führung beruht, stimmt normalerweise mit Ihren natürlichen Neigungen, Talenten, Leidenschaften und Interessen überein. Falsche Führung enthält in der Regel einen Rat, der Aktivitäten einschließt, an denen Sie keinerlei Interesse haben.

Indem Sie auf die genannten Eigenschaften achten, können Sie Ihr Vertrauen in die Ideen stärken, denen Sie folgen. Sie werden wissen, dass Sie auf dem richtigen Weg sind, und Sie werden Ihre höheren Intentionen benutzen, um Ihre Idee erfolgreich umzusetzen. Ein gesundes Maß an Vertrauen sorgt dafür, dass Sie glasklare Gedanken empfangen und in die Tat umsetzen, was zu schneller Manifestation führt.

Wenn Sie Ihr Hellwissen mit der Fähigkeit kombinieren, die Stimme göttlicher Führung zu hören, wie es im nächsten Kapitel beschrieben wird, können Sie dadurch Ihre geistige Kreativität auf eine noch höhere Stufe bringen.

Wie Sie Ihre Engel hören können

Ich empfinde es oft als Ironie, dass ich, eine ehemalige Psychotherapeutin, die früher in der geschlossenen psychiatrischen Abteilung diverser Krankenhäuser gearbeitet hat, heute die Menschen lehrt, Stimmen zu hören! Doch wenn wir auf die Stimme Gottes und der Engel hören, sind dies die heilsamsten Töne, die uns je zu Ohren gekommen sind. Die himmlische Stimme kann uns Liebe mitten im scheinbaren Chaos zeigen und uns logische Lösungen bieten, wenn wir vor Herausforderungen stehen. Das Hören der Stimme des Geistes wird *Hellhörigkeit* genannt oder »Hellhören«. In diesem Kapitel werden wir besprechen, was Hellhörigkeit ist und wie ihre Lautstärke und Klarheit intensiviert werden kann.

Wie wir himmlische Stimmen hören können

Es ist anzunehmen, dass Sie im Laufe Ihres Lebens schon häufig gehört haben, wie Ihre Engel und andere geistige Wesenheiten zu Ihnen sprachen. Ist Ihnen jemals die eine oder andere der folgenden Situationen widerfahren?

* Beim Aufwachen hören Sie, wie Ihr Name von einer unsichtbaren Stimme gerufen wird.
* Aus heiterem Himmel hören Sie einen Anflug wunderschöner, himmlisch klingender Musik.

* Sie hören wiederholt ein bestimmtes Lied, entweder in Ihrem Kopf oder im Radio.
* Sie hören einen lauten, schrillen Ton in einem Ohr.
* Sie hören ein Gespräch mit, in dem ein Fremder genau das sagt, was Sie hören müssen.
* Sie schalten »zufällig« in genau dem Augenblick den Fernseher oder das Radio ein, in dem eine für Sie relevante Diskussion übertragen wird.
* Sie hören die Stimme eines geliebten Verstorbenen, entweder in Ihrem Inneren, in einem Traum oder von außen kommend.
* Sie hören die unsichtbare Stimme eines lebenden Menschen, den Sie lieben, und hinterher stellt sich heraus, dass derjenige genau in diesem Moment Hilfe brauchte.
* Sie hören das Telefon oder die Türglocke klingeln. Niemand ist da, aber Sie können fühlen, dass ein verstorbener Angehöriger versucht, Ihre Aufmerksamkeit zu erregen.
* Eine körperlose Stimme übermittelt Ihnen eine Warnung oder eine segensreiche Botschaft.
* Sie suchen nach einem verlorenen Gegenstand, Sie beten um Hilfe, und dann hören Sie eine Stimme, die Ihnen sagt, wo Sie das Gesuchte finden können.

Ihre Fragen werden beantwortet

Gott und die Engel sprechen zu uns als Reaktion auf unsere Fragen und Bitten. Wir können also eine Konversation starten, indem wir einfach eine Frage an sie richten.

Zum Beispiel wollte ich einmal gerne wissen, warum bestimmte christliche Gruppen die Idee verbreiten, es sei segensreich, »Gott zu fürchten«. Ich konnte einfach nicht verstehen, warum irgendjemand unseren liebevollen Gott fürchten oder danach *streben* sollte, ihn zu fürchten. Also bat ich meine Engel, mir zu helfen, dieses Glaubensprinzip zu verstehen. Kaum hatte ich meine Frage gestellt, als ich das Autoradio einschaltete und der Suchlauf bei einer christlichen Talkshow stoppte, und zwar genau in dem Moment, als der Moderator erklärte, warum die Christen Gott »fürchten« sollten. Ich stimmte mit seiner Aussage nicht überein, doch ich war sehr dankbar, die Antwort auf meine Frage zu hören … vor allen Dingen so schnell!

Gibt es eine Frage, die Ihnen auf den Nägeln brennt, oder irgendeinen Bereich Ihres Lebens, in dem Sie Führung wünschen? Nehmen Sie sich einen Augenblick Zeit und stellen Sie innerlich Gott und den Engeln Ihre Fragen. Konzentrieren Sie sich auf Ihre Absicht, diese Frage den himmlischen Kräften zu übergeben und vertrauen Sie darauf, eine Antwort zu erhalten. Selbst wenn Sie nicht sofort eine himmlische Antwort hören können, seien Sie versichert, dass der Himmel *Sie* auf jeden Fall hören kann!

Sie werden höchstwahrscheinlich innerhalb eines Tages oder etwas später eine Antwort auf Ihre Frage hören, wie auch immer sie erscheinen mag. Manchmal hören Sie die Antwort in Form eines Liedes. Vielleicht fällt Ihnen eine Melodie auf, die Sie wiederholt im Radio oder in Ihrem Kopf hören. Die Antwort auf Ihre Frage könnte in dem Text des Liedes verborgen sein. Oder, sollte das Lied Sie an jemanden erinnern, könnte es sich um die Botschaft handeln, dass diese Person (lebendig oder tot) an Sie denkt.

Wenn wir am Morgen nach dem Aufwachen hören, wie jemand unseren Namen ruft, bedeutet dies in der Regel, dass unsere Engel oder geistigen Führer uns einfach »Hallo« sagen wollen. Es ist für sie am leichtesten, uns zu begrüßen, wenn wir gerade erst aufwachen, da unser luzider Geist in diesen Momenten offener für spirituelle Kommunikation ist. Zudem sind wir im halbwachen Zustand eher in der Lage, die jeweilige Botschaft in unserem Gedächtnis zu speichern, als zum Beispiel im Schlaf. Wenn die himmlischen Kräfte ihrem Gruß eine Botschaft folgen lassen wollen, werden sie uns diese im gleichen Moment übermitteln. Fürchten Sie sich also nicht, wenn Sie gehört haben, wie jemand Ihren Namen ruft und offensichtlich zu Ihnen durchkommen will. Es ist lediglich eine liebevolle Begrüßung, die Sie wissen lassen will, dass Sie beschützt werden. Wenn Sie dem Himmel eine Frage gestellt haben und keine Antwort erhalten, kann es sein, dass Sie sie einfach übersehen haben; oder vielleicht wollen Sie die Botschaft nicht hören, die der Himmel Ihnen schickt, da Sie in der Vergangenheit die Ihnen angebotene Führung abgelehnt haben und sich daher selbst daran hindern, sie jetzt zu hören. Stellen Sie Ihre Frage immer wieder, bis Sie die Antwort hören. Bitten Sie Ihre Engel, Ihnen dabei zu helfen, und irgendwann wird Ihnen die Antwort klar. Tienna, eine Frau, die sich in der Ausbildung zur spirituellen Beraterin befand, war frustriert, da sie am dritten Tag in meinem Kurs zur Entwicklung übersinnlicher Fähigkeiten noch immer nichts von ihren Engeln gehört hatte. Tienna klagte darüber, dass sie während ihrer Engel-Readings nur abgehackte Botschaften hören konnte, die aus einem oder zwei Wörtern bestanden. Zum Beispiel hatte sie einer anderen Teilnehmerin ein Reading gegeben und in einem Ohr die Worte *Onkel* und *Autounfall* gehört. Nun, es stellte sich heraus, dass diese Frau einen Onkel durch einen Autounfall verloren hatte.

»Ich will aber mehr als nur ein oder zwei Wörter hören!«, beschwerte sich Tienna. »Ich will ein ausführliches Gespräch mit Gott und den Engeln.«

Ich bat Tiennas Engel um Hilfe und hörte, wie sie ihr sagten: »Mach einfach den Kurs weiter, Tienna, gib nicht auf. Mit Ausdauer und Geduld wirst du uns bald hören können.« Ich übermittelte Tienna diese Botschaft.

Am fünften Tag unseres Kurses für spirituelle Beratung kam Tienna aufgeregt zu mir gerannt: »Ich höre sie, ich höre sie!«, rief sie aus. Tienna hatte genau auf die Weise einen Durchbruch in ihrer Hellhörigkeit erlebt, wie ihre Engel es vorausgesagt hatten: durch die beharrliche Intention, hören zu wollen, und durch Geduld – indem sie den Engeln die Entscheidung überließ, wann es so weit war. Von jenem Tag an führte Tienna ausführliche, hörbare Gespräche mit ihren Engeln, die ihr sowohl persönliche Führung als auch Informationen für ihre Klienten zukommen ließen.

Ein Klingeln im Ohr

Die meisten Lichtarbeiter berichten, dass sie manchmal einen hohen Klingelton in einem Ohr hören. Es ist ein schriller Laut, der schmerzhaft und aufdringlich sein kann. Bei einer Untersuchung schließt der Arzt in der Regel die Möglichkeit eines Tinnitus (Störung des Hörnervs) aus. Der Grund dafür ist, dass das Klingeln einen nicht-physischen Ursprung hat. Vielmehr handelt es sich um Informationen in verdichteter Form; in elektrischen Impulsen kodiert. Der Himmel sendet auf dieser Frequenz Bandbreite Führung, Hilfe und Informationen. Das Geräusch hört sich an wie ein Computermodem, das sich ins Internet einklinkt.

Manchmal wird das Klingeln begleitet von einem zwickenden oder ziehenden Gefühl am Ohrläppchen. Das passiert, wenn die Engel und Geistführer dringend unsere Aufmerksamkeit erregen wollen. Sie müssen die in dem Klingelton enthaltene Botschaft nicht bewusst verstehen, sondern nur bereit sein, sie zu empfangen. Die in der Botschaft enthaltene Information wird in Ihrem Unterbewusstsein gespeichert, von wo aus sie Ihre Handlungen positiv beeinflusst und dafür sorgt, dass Sie nicht zögern, wenn es um die Erfüllung Ihrer Mission als Lichtarbeiter geht.

Bitte sorgen Sie sich nicht, dass das Klingeln aus einer

niederen oder dunklen Quelle kommt. Vielmehr ist der Klingelton der Beweis dafür, dass die energetische Frequenz der gespeicherten Information ihren Ursprung in einer hohen Dimension göttlicher Liebe hat. Niedere Kräfte wären nicht in der Lage, eine derart hohe Frequenz auszusenden.

Das Klingeln ist tatsächlich eine Antwort auf Ihre Gebete um Führung bezüglich Ihrer Lebensaufgabe. Wenn es zu laut, schmerzhaft oder aufdringlich wird, sagen Sie Ihren Engeln innerlich, dass der Klingelton Ihnen wehtut und bitten sie, die Lautstärke zu reduzieren. Die Information wird Ihnen dennoch übermittelt; sie wird nur einfach in einer leiseren Form kommen. Sollte das Zwicken oder Ziehen Ihres Ohrläppchens schmerzhaft sein, lassen Sie auch dies Ihre Engel und Führer wissen und bitten Sie sie, damit aufzuhören.

Nachdem ich darum gebeten hatte, dass meine Engel und Führer die Lautstärke des Klingeltons reduzieren und aufhören sollen, mir durch ihr Zwicken am Ohrläppchen wehzutun, wurde ich nie mehr durch lautes Klingeln oder schmerzende Ohren belästigt. Die Engel sind auf keinen Fall beleidigt, wenn wir sie um etwas bitten, egal was es ist. Sie brauchen unser Feedback, damit sie wissen, wie sie uns am besten helfen können.

Wie kann ich wissen, wer da zu mir spricht?

Falls Sie Bedenken haben bezüglich der wahren Identität einer Stimme, die zu Ihnen spricht, bitten Sie einfach die Wesenheit, sich vorzustellen. Wenn Sie die Antwort, die Sie bekommen, nicht glauben oder ihr nicht vertrauen, bitten Sie das Geistwesen, Ihnen seine Identität zu beweisen. Sie werden merken, dass das Wesen etwas sagen oder tun wird, das in Ihrem Inneren angenehme Gefühle auslöst; oder es wird etwas sein, das nur dieses bestimmte Wesen sagen oder tun könnte. Hier sind ein paar Richtlinien:

* Die Stimme Gottes klingt sehr laut, männlich, direkt, freundlich und gelassen, gekennzeichnet von Humor und moderner Ausdrucksweise.
* Die Erzengel sind sehr laut, formal, männlich, direkt und kommen sofort zur Sache. Sie sprechen viel über göttliche Liebe; dass wir unsere Lebensaufgabe in Angriff nehmen sollen; und wie wir Zweifel, Ängste und Zögern im Hinblick auf unsere Mission überwinden können.
* Die Engel hören sich zuweilen beinahe mittelalterlich an, mit sehr archaischen und formalen Sprachmustern.
* Unsere verstorbenen Angehörigen hören sich genauso an, wie sie es zu Lebzeiten taten, wenn ihre Stimmen manchmal auch stärker und jünger klingen können. Sie benutzen das gleiche Vokabular und dieselbe Sprechweise, wie sie es auf Erden taten.
* Unser höheres Selbst hört sich an wie unsere eigene Stimme.
* Das Ego hört sich bösartig, entmutigend, paranoid, deprimierend an und beginnt Sätze mit dem Wort *Ich*, da es egozentrisch ist.

Wie Sie Ihre Hellhörigkeit verstärken können

Wir haben alle von Natur aus übersinnliche Fähigkeiten, und dazu gehört unter anderem die Hellhörigkeit. In der Regel ist es jedoch so, dass jeder Mensch einen Hauptkanal für göttliche Kommunikation besitzt. Manche Menschen sind von Natur aus hörorientiert, und das erste, was ihnen auffällt, wenn sie jemanden kennen lernen, ist der Klang der Stimme dieses Menschen. Wieder andere haben eine ausgeprägte visuelle Begabung, und das erste, was sie bei einer neuen Bekanntschaft wahrnehmen, ist die Erscheinung der Person, einschließlich ihrer Bewegungen und Handlungen. Jene unter uns, die von

Natur aus gefühlsorientiert sind, achten darauf, welches Gefühl ein neuer Mensch bei ihnen auslöst, ob der Betreffende sie berührt und sogar, wie sich der Stoff seiner Kleidung anfühlt. Denkorientierten Personen fällt zunächst auf, ob ein neuer Mensch interessant, intelligent, potenziell hilfreich in Bezug auf ihre Karriere oder mit einem logischen Verstand ausgestattet ist.

Wenn Sie jemand sind, dessen Hörsinn besonders stark ausgeprägt ist, hören Sie mit Sicherheit bereits die Stimme Gottes und der Engel. Sollte dies jedoch nicht Ihr hauptsächlicher Kanal für göttliche Kommunikation sein, fällt es Ihnen vielleicht schwer, die Stimme des Himmels zu hören. Unter Umständen haben Sie Berichte von Personen gelesen, die Warnungen oder Botschaften Ihrer Engel hören, und Sie wundern sich: *Warum sprechen meine Engel nicht zu mir?* Hier sind einige Methoden, die Ihnen helfen können, die Stimme des Göttlichen laut und klar zu hören:

– *Klärung des Ohrchakras:* Jeder nicht-physische Sinn wird von einem Chakra bzw. Energiezentrum reguliert. Wie wir bereits besprochen haben, wird Hellfühlen vom Herzchakra reguliert; Hellwissen ist mit dem Kronenchakra verbunden; Hellhörigkeit wird von den beiden Ohrchakren regiert; und im nächsten Kapitel lesen Sie über die Verbindung zwischen Hellsichtigkeit und dem Chakra des dritten Auges.

Die Ohrchakren befinden sich über den Augenbrauen, hinter Ihrer Stirn, und scheinen von purpurroter Farbe zu sein. Stellen Sie sich also zwei purpurrote Scheiben vor, die sich im Uhrzeigersinn über Ihren Augenbrauen drehen. Sehen oder fühlen Sie, wie Ihnen Strahlen reinigenden weißen Lichts gesendet werden. Sehen oder fühlen Sie, wie dieses weiße Licht die Ohrchakren von innen her erleuchtet. Merken Sie, wie sauber und groß die Ohrchakren werden? Wiederholen Sie diese Methode täglich, oder wann immer Sie das Gefühl haben, der Kanal Ihrer Hellhörigkeit sei verstopft.

– *Entfernung psychischen Mülls:* Wenn Sie von anderen beschimpft wurden oder sich selbst durch verächtliche Äußerungen übel mitgespielt haben, sind Ihre Ohrchakren wahrscheinlich mit Giftstoffen verstopft, die von den negativen Worten direkt in Ihr Inneres gedrungen sind. Bitten Sie im Geiste Ihre Engel, Sie mit liebevoller Energie zu umgeben. Sie können die gespeicherte Negativität in Ihren Ohrchakren beseitigen, indem Sie die Namen derjenigen aufschreiben, von denen Sie verbal angegriffen worden sind (auch wenn es sich um Ihren eigenen Namen handelt) und dieses Blatt Papier in einen wassergefüllten Behälter geben. Dann stellen Sie diesen Behälter in das Tiefkühlfach Ihres Kühlschranks, was Ihnen umgehend ein Gefühl der Erleichterung vermitteln wird. Lassen Sie den Behälter mit den aufgeschriebenen Namen mindestens drei Monate lang im Tiefkühlfach. (Dies ist übrigens eine wunderbare Möglichkeit, *jede Art* von Problemen loszulassen).

– *Blockierte Frequenzen wieder öffnen:* Haben Sie als Kind die Stimme Ihrer Mutter, Ihres Vaters, Ihrer Lehrer anderer Personen abgeblockt – einschließlich Ihrer eigenen? In der Kindheit ist wahrscheinlich Ihre Fähigkeit, ständige Zurechtweisungen oder andere verbale Angriffe abzublocken, der einzige Ihnen zur Verfügung stehende Verteidigungsmechanismus gewesen. Das Problem ist jedoch, dass Sie unter Umständen auch *alle anderen* Stimmen im Frequenzbereich der Ihnen unangenehmen Stimmen abgeblockt haben. Daher fällt es Ihnen heute schwer, eine himmlische Stimme zu hören, die auf einer ähnlichen Frequenz liegt wie zum Beispiel die Stimme Ihrer Mutter. Und vielleicht hören Sie die Stimme Ihres höheren Selbst nicht, weil Sie auch Ihre eigene Stimme vor langer Zeit abgeblockt haben. Glücklicherweise können Sie einfach »Ihre Meinung ändern« und Ihre physischen sowie Ihre spirituellen Ohren erneut dem vollen Frequenzbereich öffnen. Da Ihre feste Absicht, bestimmte Laute auszuschalten, der Ursprung der Blockade in Ihren Ohrchakren war, treffen Sie jetzt einfach eine neue Entscheidung, indem Sie die Absicht äußern, von nun an alle Frequenzbereiche zu hören.

– *Größere Empfänglichkeit für Geräusche:* Nehmen Sie sich jeden Tag ein wenig Zeit, um auf die Geräusche in Ihrer Umgebung zu achten. Nehmen Sie beispielsweise bewusst das Singen der Vögel wahr, Kinderlachen und die Geräusche vorbeifahrender Autos. Machen Sie sich außerdem die Geräusche bewusst, die mit alltäglichen Verhaltensweisen und Verrichtungen wie dem Umblättern einer Buchseite, dem Schreiben einer Notiz oder dem Atmen einhergehen. Indem Sie den subtilen und weniger subtilen Geräuschen in Ihrer Umgebung Aufmerksamkeit schenken, vergrößern Sie Ihre Sensibilität für die Stimmen Ihrer Engel und geistigen Führer.

– *Wie Sie Ihre physischen Ohren schützen:* Während Ihre Sensibilität für die Tonfrequenzen der Engel zunimmt, werden Sie feststellen, dass Sie laute Geräusche störender empfinden als vorher. Sie müssen zum Beispiel Ihre Ohren bedecken, wenn Ihr Flugzeug zur Landung ansetzt, und bei lauten Rockkonzerten sollten Sie möglichst nicht in den vorderen Reihen sitzen. Darüber hinaus werden Sie Ihre Freunde bitten müssen, am Telefon leiser zu sprechen; im Restaurant werden Sie nach einem ruhigen Tisch verlangen, außerhalb der Hörweite anderer Gäste; und im Hotel Zimmer wählen, die möglichst weit von Fahrstühlen und Eismaschinen entfernt liegen.

– *Bitten Sie Ihre Engel, lauter zu sprechen:* Manche Menschen haben stille Engel und introvertierte Geistführer. Genau wie bei einem Gespräch mit einer lebenden Person müssen Sie auch bei der Konversation mit dem Himmel keine Angst haben, Ihren Gesprächspartner zu bitten: »Würdest du bitte ein wenig lauter sprechen?« Unsere himmlischen Freunde wollen gern mit uns kommunizieren, und sie brauchen unser ehrliches Feedback, damit sie wissen, wie sie am besten dafür sorgen können, dass ihre Stimmen gehört werden. Meine Mutter hatte Schwierigkeiten, ihre Engel und geistigen Führer zu hören, also bat sie sie, lauter zu sprechen. Doch sie konnte sie immer noch nicht hören, also sagte meine Mutter mit kräftiger Stimme: »Bitte, sprecht noch lauter.« Dann hörte sie die Stimme ihrer Großmutter sehr laut sagen: »Ich bin doch hier!« Meine Urgroßmutter schien zu meinen: »Du musst nicht schreien; ich stehe direkt neben dir. Ich kann dich wunderbar hören!«

Sie haben stets die Kontrolle über Ihre Gespräche mit dem Himmel, und wenn Sie möchten, dass die Engel die Lautstärke oder Intensität ihrer Botschaften reduzieren, bitten Sie einfach darum. Im nächsten Kapitel werden wir die Dimension der Hellsichtigkeit erforschen und uns Möglichkeiten anschauen, die Ihnen helfen können, die Engel und die vom Himmel gesandten Botschaften zu sehen.

Wie Sie Ihre Engel sehen können

Die Engel möchten mit Ihnen genauso gern visuell kommunizieren, wie Sie den Kontakt mit ihnen herstellen wollen, vielleicht sogar noch mehr. Sie helfen uns bei dieser Kommunikation, indem sie sich deutlich bemerkbar machen. Meine Bücher *Engel-Gespräche* und *Neue Engel-Gespräche* enthalten dutzende von Geschichten über Menschen, die Kontakt mit Engeln hatten.

Wie es ist, wenn man Engel sieht

Viele der Teilnehmer an meinen Seminaren zur Entwicklung übersinnlicher Fähigkeiten glauben irrtümlich, dass Hellsichtigkeit bedeutet, Engel als klare, undurchsichtige Figuren zu sehen, die genauso solide und dreidimensional erscheinen wie lebende Menschen. Sie erwarten, ihre Visionen mit physischen Augen zu sehen anstatt als geistiges Bild vor ihrem inneren Auge.

Jedoch sind die meisten Beispiele von Hellsichtigkeit ähnlich den mentalen Bildern, die Sie vor Ihrem inneren Auge sehen, wenn Sie Tagträume oder einen nächtlichen Traum haben. Nur weil das Bild sich vor Ihrem geistigen Auge befindet, bedeutet dies jedoch nicht, dass die Vision weniger real oder gültig ist. Wenn ich dies meinen Schülern erkläre, rufen sie oft erfreut aus: »Oh, dann sehe ich also doch Engel!«

Mit klarer Intention und Übung können die meisten Menschen die Fähigkeit entwickeln, Engel jenseits der geistigen

Sphäre mit offenen Augen zu sehen. Mit anderen Worten, Sie schauen eine Person an und sehen deutlich einen Engel, der über den Schultern des Betreffenden schwebt. Doch beginnende Hellsichtige müssen in der Regel ihre physischen Augen schließen, während sie eine Person »abtasten« und auf diese Weise die Bilder der Schutzengel ihres Gegenübers sehen.

Manche Menschen sehen im Anfangsstadium ihrer Hellsichtigkeit Lichter oder Farben. Andere sehen flüchtige Visionen des Kopfes oder der Flügel eines Engels. Manche sehen den Engel als durchsichtig und farblos; andere wieder sehen ihn als opalisierendes Wesen, von Strahlen leuchtender Farben umgeben. Und manche Menschen sehen Engel als vollkörperliche Wesen, komplett mit wehender Haarpracht und farbenfroher Kleidung.

In stressigen Zeiten oder als Folge intensiven Betens erfahren manche Menschen sehr lebhafte Engelsbegegnungen, so als würden sie eine Erscheinung sehen. Mit weit geöffneten Augen und vollkommen wach sieht der Betreffende einen Engel. Dieser Engel kann wie ein Mensch aussehen oder dem traditionellen Bild eines Engels entsprechen, einschließlich langem Gewand und Flügeln. In jedem Fall ist der Engel ganz klar anwesend. Die Person kann den Engel unter Umständen sogar berühren oder seine Stimme hören und erst dann erkennen, dass es sich nicht um einen Menschen gehandelt hat, wenn der Engel wieder verschwunden ist.

Fotografierte »Kugeln«

Eine der neuesten Methoden, in denen Engel sich uns zeigen, ist auf Fotos, und zwar in Form von »Lichtkugeln«. Wenn Sie einen Beweis für die Existenz engelhafter Wesen sehen wollen, können Sie sie heute auf Zelluloid bannen! Auf den entwickelten Fotos erscheinen die Engel wie Kugeln aus Licht.

Am besten können Sie diese Kugeln aus Licht fotografieren,

wenn Sie ein Foto von einem Neugeborenen oder einer spirituell orientierten Person machen. Oder Sie nehmen Fotos bei
einem Seminar über Metaphysik auf, vor allen Dingen wenn
es um das Thema »Engel« geht. Auf den fertigen Fotos werden
Sie dutzende von »Lichtkugeln« finden. Diese Methode funktioniert am besten, wenn Sie sich während des Fotografierens
auf Ihren Wunsch konzentrieren, die Engel sehen zu wollen.
Bitten Sie die Engel während des Fotografierens innerlich, auf
dem Bild zu erscheinen.

Andere Engel-Visionen

Zu den anderen Möglichkeiten, wie wir Engel sehen können,
gehören:

– *Träume*. Dr. Ian Stevenson von der University of Virginia
hat mehrere tausend Fälle von »Traum-Begegnungen« fest-
gehalten, in denen Menschen während eines Traumes mit
ihren verstorbenen Angehörigen oder Engeln interagiert haben. Dr. Stevenson sagt, dass der »Grad der Lebendigkeit« das
Charakteristikum ist, durch den man einen einfachen Traum
von einer echten Traum-Begegnung unterscheiden kann.*
Dazu gehören lebhafte Farben, intensive Emotionen und ein
Gefühl, dass es sich bei dem Traum um etwas handelt, das
mehr als real ist. Wenn Sie nach einer Traum-Begegnung aufwachen, bleibt Ihnen dieses Erlebnis länger im Gedächtnis als
ein gewöhnlicher Traum. Sie erinnern sich noch Jahre später
an die kleinsten Details einer solchen Begegnung.

– *Engel-Lichter*. Wenn Sie Lichtfunken oder Lichtblitze se-
hen, können Sie davon ausgehen, dass Engel in der Nähe sind.
Sie sehen die Energiefunken der Engel, wenn sie sich durch Ihr
Sichtfeld bewegen. Dieser Effekt ähnelt den Funken, die Sie

* Stevenson, I. (1992). »A Series of Possibly Paranormal Recurrent
Dreams.« *Journal of Scientific Exploratin*, Vol. 6, Nr. 3, Seiten 281–289

bei einem Feuerzeug sehen können, wenn Sie es anzünden. Es geht dabei um Reibung und bedeutet, dass Ihr geistiges Auge darauf eingestellt ist, Energiewellen zu sehen. Ungefähr die Hälfte meiner Seminarteilnehmer weltweit berichten, diese Funken und Lichtblitze regelmäßig zu sehen. Viele Menschen geben nur ungern öffentlich zu, diese Lichter zu sehen, weil sie fürchten, dass sie halluzinieren. Das tun sie nicht. Engel-Lichter zu sehen ist eine sehr reale und normale Erfahrung.

– *Bunte Nebel.* Einen grünen, purpurnen oder andersfarbigen Nebel zu sehen ist ein Zeichen dafür, dass Sie sich in der Gegenwart von Engeln befinden.

– *Engel-Wolken.* Wenn Sie in den Himmel hinaufschauen und eine Wolke in Form eines Engels sehen, so ist dies eine weitere Möglichkeit, durch die Engel uns wissen lassen, dass sie bei und sind.

– *Zeichen sehen.* Eine Feder, eine Münze, eine stehen gebliebene Uhr, flackerndes elektrisches Licht, Gegenstände in Ihrem Haus, die plötzlich nicht mehr an ihrem angestammten Platz liegen, oder andere visuelle Eigentümlichkeiten können bedeuten, dass ein Engel Ihnen zu verstehen gibt: »Hallo, ich bin hier.« Verstorbene Angehörige tun ihre Gegenwart häufig kund, indem sie Ihnen Vögel, Schmetterlinge, Motten oder bestimmte Blumen schicken.

– *Eine Vision sehen.* Eine sichtbare Vision zu haben, die Ihnen wahre Informationen über eine Person oder Situation gibt oder Ihnen Führung bezüglich Ihrer Lebensaufgabe oder einer wichtigen Veränderung gibt, ist ein Zeichen dafür, dass Engel bei Ihnen sind. Dasselbe gilt, wenn Sie einen flüchtigen Blick auf irgendein Symbol erhaschen. Wenn ich zum Beispiel jemanden treffe, der im Gesundheitswesen tätig ist, »sehe« ich unweigerlich die Kopfbedeckung einer Krankenschwester über dem Kopf der betreffenden Person. Die Engel schicken uns oft derlei Informationen – besonders wenn wir danach streben, die Welt zu verbessern.

Ein Energiezentrum zwischen unseren beiden physischen Augen, das so genannte »Dritte-Auge-Chakra«, reguliert die Qualität und Quantität unserer Hellsichtigkeit. Die Öffnung des dritten Auges ist eine entscheidende Komponente beim Blick über den Schleier hinweg in die geistige Welt.

Im Folgenden sind sieben Schritte zur Öffnung Ihres Dritte-Auge-Chakras beschrieben:

1. Zuerst affirmieren Sie: »Mir droht keine Gefahr, wenn ich eine Vision sehe.« Wiederholen Sie diese Affirmation mehrere Male, und sollten Sie irgendeine Spannung oder Angst spüren, wenn Sie diese Worte sagen, nehmen Sie ein paar tiefe Atemzüge. Bei jedem Ausatmen stellen Sie sich vor, wie Sie Ihre Ängste bezüglich Ihrer Hellsichtigkeit ausstoßen (im nächsten Abschnitt erfahren Sie mehr über das Loslassen von Angst).

2. Nehmen Sie einen Bergkristall und halten Sie ihn in Ihrer dominierenden Hand (die Hand, mit der Sie schreiben). Stellen Sie sich einen weißen Lichtstrahl vor, der von oben kommt und in Ihren Kristall fährt. Konzentrieren Sie sich nun auf die Vorstellung, dass dieses weiße Licht Ihren Kristall von jeglicher Negativität reinigt, die er vielleicht absorbiert hat.

3. Halten Sie den klaren Quarzkristall, immer noch in Ihrer dominierenden Hand, ein wenig oberhalb der Stelle zwischen Ihren Augenbrauen. Bewegen Sie Ihren Mittelfinger so, dass er durch den Kristall auf Ihr drittes Auge zeigt (welches sich zwischen Ihren beiden physischen Augen befindet, knapp über Ihren Augenbrauen).

4. Dann legen Sie den Mittelfinger Ihrer nicht-dominierenden Hand (die Hand, mit der Sie normalerweise nicht schreiben) auf den höchsten Punkt an der *Rückseite* (nicht auf den Scheitel) Ihres Kopfes.

5. Stellen Sie sich einen mächtigen, hellen Blitz vor, der aus dem Mittelfinger der dominierenden Hand hervorschießt. Der

Blitz fährt durch Ihr drittes Auge und endet am Mittelfinger Ihrer nicht-dominierenden Hand. Auf diese Weise stellen Sie einen Kreislauf her, in dem Ihre dominierenden Hand Energie sendet und Ihre nicht-dominierende Hand diese Energie empfängt. Während die Energie durch Ihren Kopf fließt, beseitigt sie jeglichen psychischen Müll und weckt Ihr drittes Auge. Dieser Prozess dauert normalerweise nicht länger als zwei Minuten, und es kann sein, dass Sie einen gewissen Druck in Ihrem Kopf, Wärme in den Fingern und ein Prickeln in den Händen fühlen. Dies sind völlig normale Empfindungen, die auf die Arbeit mit Energie zurückzuführen sind.

6. Als nächstes legen Sie Ihre rechte Hand über Ihr rechtes Ohr, während Sie nach wie vor den Kristall in Ihrer dominierenden Hand halten. Dann verfahren Sie genauso mit Ihrer linken Hand, die Sie über Ihr linkes Ohr legen. Stellen Sie sich weißes Licht vor, das aus dem Mittelfinger Ihrer dominierenden Hand strahlt. Bewegen Sie beide Hände gleichzeitig zur höchsten Stelle an der *Rückseite* Ihres Kopfes. Wiederholen Sie dies siebenmal in einer fortlaufenden Bewegung. Konzentrieren Sie sich dabei auf Ihre Absicht, den Hintergrund Ihres dritten Auges (der genauso aussieht wie der Hintergrund eines physischen Auges) am Hinterhauptslappen an der Rückseite Ihres Kopfes festzumachen. Der Hinterhauptslappen ist der Bereich des Gehirns, der Ihre Visionen registriert. Sie sieht aus wie ein dünnes, rundes Käppchen, das Sie in einem Winkel im hinteren Teil Ihres Kopfes tragen.

Mit dem weißen Licht lassen Sie eine riesige, zehn Zentimeter große Kammer entstehen, die sich vom Hintergrund Ihres dritten Auges bis zu Ihrem Hinterhauptslappen erstreckt. Diese Kammer verbindet den Visionsfluss von Ihrem dritten Auge mit dem Sehbereich Ihres Gehirns. Auf diese Weise werden Sie sich der Visionen, die Sie haben, bewusster werden und zudem ihre Bedeutung verstehen. Ich habe mit vielen Menschen gearbeitet, die ein reines, offenes drittes Auge hatten und die dennoch darüber klagten, keine oder nur eine begrenzte Hellsichtigkeit zu besitzen. *Ein reines, offenes drittes Auge reicht nicht aus, um Hellsichtigkeit zu garantieren!* Ohne die Verbindung zwischen dem dritten Auge und dem Hinterhauptslappen wäre ein Mensch sich weder seiner Visionen bewusst noch würde er sie verstehen. Es ist vergleichbar mit einem Film, den Sie nicht sehen können, weil der Projektor nicht eingeschaltet ist.

7. Der letzte Schritt besteht darin, den Mittelfinger Ihrer dominierenden Hand auf die Spitze des Kristalls über Ihrem dritten Auge zu legen (leicht oberhalb des Bereiches zwischen Ihren physischen Augen). Auf diese Weise beseitigen Sie jegliche Schutzvorrichtungen, die Sie vielleicht über Ihr drittes Auge gelegt haben. Mit federleichten, aufwärts streichenden Bewegungen bringen Sie den Schutzschild dazu, sich nach oben aufzurollen, vergleichbar dem Öffnen einer Jalousie. Achten Sie darauf zu atmen, während Sie diesen Schritt vollziehen. Das Anhalten Ihres Atems verlangsamt den Prozess. Wiederholen Sie das Hochrollen des Schutzschildes mindestens siebenmal oder bis Sie spüren, dass alle Schutzschilde beseitigt sind.

Sie können diesen Prozess auch zusammen mit einer anderen Person vornehmen. Wenn sie jemanden kennen, der spirituell eingestellt ist, einen offenen Geist besitzt und möglichst Erfahrung in der Durchführung von Energieheilung hat, bitten Sie den Betreffenden, diesen Prozess bei Ihnen vorzunehmen. Wenn Sie diese sieben Schritte auch selbst bei sich anwenden können, ist sie dennoch wesentlich machtvoller, wenn eine andere Person mit klaren Intentionen (das heißt mit einem Minimum an Skepsis) sie bei Ihnen vornimmt.

Nachdem Sie oder jemand anderes diese sieben Schritte angewendet haben, werden Sie höchstwahrscheinlich eine deutliche Verbesserung im Bereich Ihrer geistigen Visionen bemerken. Wenn Sie Ihre Augen schließen und sich einen Garten vorstellen, werden Sie wahrscheinlich kräftigere und lebhaftere Farben und Bilder sehen als vor der Prozedur. Auch

Ihre nächtlichen Träume werden unter Umständen lebhafter und unvergesslicher, und Ihr fotografisches Gedächtnis wird mit ziemlicher Sicherheit größer werden.

Um es noch einmal zu erwähnen: Es ist möglich, dass die Bilder, die Sie sehen, nicht als etwas erscheinen, das sich außerhalb von Ihnen befindet. Die geistigen Filme laufen unter Umständen auf einer Leinwand in Ihrem Kopf ab. Mit etwas Übung werden Sie jedoch bald in der Lage sein, diese Bilder zu projizieren und außerhalb Ihres Kopfes zu sehen. Letzten Endes spielt es jedoch keine Rolle, ob Sie die Visionen durch Ihr inneres Auge oder Ihre physischen Augen sehen. Ich habe festgestellt, dass es keinen Unterschied macht, ob es sich um ein geistiges Bild handelt oder um etwas, das ich mit meinen physischen Augen sehe. Wichtig ist, dass Sie die Bilder bemerken und auf sie achten, da es sich dabei sehr häufig um visuelle Botschaften unserer Engel handelt.

Heilung von Angstblockaden bei Hellsichtigkeit

Wenn Sie nach dem Sieben-Schritte-Prozess immer noch feststellen, dass Ihre geistigen Bilder zu klein, nicht klar oder nicht farbig genug sind, dann gibt es wahrscheinlich einige Ängste, die Sie blockieren. Diese Ängste sind völlig normal, und Sie können problemlos von ihnen geheilt werden, wann immer Sie dazu bereit sind.

Ihre Ängste könnten zum Beispiel auf die folgenden Dinge bezogen sein:

1. Kontrollverlust
* *Die Angst:* Vielleicht fürchten Sie, dass überall, wo Sie hingehen, Visionen von Engeln und Toten auf Sie einstürmen und Sie überwältigen, wenn Sie sich Ihrer Hellsichtigkeit öffnen. Oder Sie haben Angst, dass Gott versuchen wird, Sie zu kontrollieren, oder dass er inakzeptable Pläne für Sie hat.

* *Die Wahrheit:* Hellsichtigkeit ist mit einer Lichtquelle vergleichbar, die Sie einschalten, ausschalten oder dimmen können, ganz wie Sie möchten. Außerdem ist Gottes Wille identisch mit dem Willen Ihres höheren Selbst. Der Plan des Schöpfers hält großes Glück und reiche Fülle für Sie bereit, und Sie werden in allen Bereichen Ihres Lebens einen größeren Sinn finden, wenn Sie sich darauf einlassen.

2. Etwas Unheimliches zu sehen

* *Die Angst:* Sie können Spukhäuser oder Filme über Monster nicht ausstehen, und Sie wollen nichts sehen, was mit Gespenstern oder Kobolden zu tun haben könnte, die durch Ihre Wohnung geistern.
* *Die Wahrheit:* Wenn Sie in der Lage waren, den Film *The Sixth Sense* anzuschauen, ohne sich die Augen zuzuhalten, haben Sie bereits das Schlimmstmögliche gesehen. Die Geistwelt ist wunderschön, eine Tatsache, die Hollywood noch nicht begriffen hat. Selbst erdgebundene Seelen und auf Angst basierende Gedankenformen (die so genannten gefallenen Engel) sind nicht halb so schlimm wie die meisten Interpretationen des Lebens nach dem Tode, die uns auf der Leinwand geboten werden. Die meisten Verstorbenen sehen strahlend und jugendlich aus, umgeben von einer Aura des Glücks. Würden nicht auch Sie wunderschön aussehen, wenn Sie wüssten, dass Sie nie wieder eine Rechnung bezahlen müssen?

3. Zum Narren gehalten zu werden

* Die Angst: »Was ist, wenn ich mir alles nur einbilde oder jemand mich zum Narren halten will?« Und noch schlimmer: »Was ist, wenn ich von Geistern aus der Unterwelt kontaktiert werde, die sich als meine Schutzengel ausgeben?«
* Die Wahrheit: Der Grund, warum Untersuchungen gezeigt haben, dass Kinder überhaupt keine Probleme mit

ihrer übersinnlichen Wahrnehmung haben, besteht darin, dass sie sich keine Gedanken darüber machen, ob das Erlebnis ihrer Vorstellungskraft entspringt oder nicht. Es wird behauptet, dass Johanna von Orleans auf die Frage ihrer Inquisitoren, ob sie sich einbilde, die Stimme Gottes zu hören, geantwortet habe: »Wie sonst würde Gott zu mir sprechen, wenn nicht durch meine Einbildung?« Mit anderen Worten, nur weil es sich um unsere Imagination handelt, bedeutet dies nicht, dass das Erlebte nicht real, gültig oder zutreffend ist.

Zuweilen werde ich gefragt: »Haben Sie keine Angst davor, von einem Dämon zum Narren gehalten zu werden, der sich als Engel verkleidet hat?« Diese Frage impliziert, dass Dämonen in Kostümverleihen ein- und ausgehen, sich in weiße Federn hüllen und uns so um ihre Krallenfinger wickeln. Tatsache ist vielmehr, dass es niedere Energien und Wesenheiten gibt, die ich nicht zu mir nach Hause einladen würde, genauso wie es lebende Menschen gibt, deren Gesellschaft ich lieber vermeide. Doch das ist kein Grund, sich vor Hellsichtigkeit zu schützen.

Wenn ich Sie fragen würde, ob Sie lieber um Mitternacht durch eine gefährliches Stadtviertel gehen wollen oder am helllichten Tag, würden Sie natürlich den helllichten Tag wählen, nicht wahr? Und warum? Damit Sie sehen können, was los ist. Nun, dasselbe gilt für die Geistwelt. Da jene unerfreulichen Wesen nun einmal existieren – wären Sie nicht lieber in der Lage zu sehen, um wen es sich handelt? Dann können Sie Erzengel Michael herbeirufen, damit er als »Rausschmeißer« Position vor Ihrer Haustür bezieht und dafür sorgt, dass niemand ohne genauere Identifikation hereinkommt – und damit er alle, die er als Wesen mit hoher Aufrichtigkeit und einem hellen inneren Licht identifiziert, hereinbitten kann.

Das innere Licht ist der beste Indikator für die Aufrichtigkeit einer Wesenheit, egal ob es sich um einen lebenden Menschen oder eine Seele in der Geistwelt handelt. Durch Hellfühlen können Sie den Charakter einer Person spüren; durch Hellwissen wissen Sie einfach, ob jemand eine große Aufrichtigkeit besitzt oder nicht; und mit Hellsichtigkeit können Sie buchstäblich das strahlende Licht im Inneren eines Wesens sehen.

So genannte gefallene Engel in der Geistwelt können das hell leuchtende Licht nicht imitieren, das aus dem Bauch kommend nach oben und nach außen strahlt. Diese Wesen könnten ein Erzengel-Michael-Kostüm anziehen, doch würde es ihnen an den wesentlichen Elementen mangeln: der strahlenden Aura, die das Resultat eines in göttlicher Liebe geführten Lebens ist. In dieser Hinsicht hilft Hellsichtigkeit, unsere Freunde in der physischen und nichtphysischen Welt zu erkennen und sorgt dafür, dass wir keinen Schaden erleiden.

4. Bestraft zu werden, weil Hellsichtigkeit »böse« oder »falsch« ist.

* Die Angst: Angst davor, dass Hellsichtigkeit Teufelswerk ist und dass Gott Sie für Ihr sündhaftes Verhalten bestrafen wird.

* Die Wahrheit: Diese Angst basiert meistens auf Aussagen des Alten Testaments, die vor Zauberern, Medien und Gesprächen mit den Toten warnen. Doch im Neuen Testament lesen wir, dass Jesus und viele andere mit den Toten und mit den Engeln gesprochen haben. Paulus behauptet in seinen Briefen an die Korinther, dass wir alle das Talent der Prophezeiung haben und dass wir diese spirituellen Geschenke nutzen sollen … solange wir es mit Liebe tun.

Und genau das ist der Unterschied. Im *Handbuch für Lehrer* in *Ein Kurs in Wundern* heißt es, dass die übersinnlichen Fähigkeiten im Dienste des Ego (von dem gesagt wird, dass es der einzige Teufel auf der Welt ist) oder im Namen des Heiligen Geistes benutzt werden können. Um es anders auszudrücken; wir können Hellsichtigkeit aus Gründen der Liebe oder der

Angst anwenden. Wenn Sie dieses spirituelle Werkzeug im Namen Gottes und für Heilungszwecke anwenden, gibt es keinen Grund zur Angst. Sie werden feststellen, dass die Urteile anderer Menschen einfach an Ihnen abprallen.

5. Sich lächerlich zu machen

* Die Angst: Als »verrückt«, »komisch«, »neunmalklug« oder »zu empfindsam« bezeichnet zu werden ... oder mit dem ablehnenden Verhalten fundamentalistischer Verwandter umgehen zu müssen.

* Die Wahrheit: Wahrscheinlich sind sie ein »Lichtarbeiter« oder ein »Indigo-Kind« – also jemand, der den inneren Drang spürt, aus einer spirituellen Perspektive die Welt zu verbessern. Lichtarbeiter und ihre jüngeren Äquivalente, die Indigo-Kinder, haben sehr oft das Gefühl, anders zu sein oder nicht dazuzugehören. Wenn Menschen sich über Ihre spirituellen Interessen oder Talente lustig machen, wird dieses Gefühl noch verstärkt. Wenn man Sie in der Kindheit gehänselt hat, sind Ihnen vielleicht emotionale Wunden geblieben, die auf verschiedene Arten des Spottes zurückzuführen sind. Bitten Sie Ihre Engel, sich einzuschalten und folgen Sie ihrer Führung, wenn sie Ihnen raten, professionelle Hilfe zu suchen.

6. Eine Inventur Ihrer gegenwärtigen Lebensumstände vornehmen zu müssen

* Die Angst: Nicht vorbereitet zu sein auf Veränderungen, wenn Sie etwas sehen, was Ihnen in Ihrem Leben nicht gefällt – das heißt, dass Sie die Situation lieber weiterhin verleugnen wollen.

* Die Wahrheit: Hellsichtigkeit kann Ihr Bewusstsein hinsichtlich der Aspekte Ihres Lebens verstärken, die nicht funktionieren. Es stimmt, dass eine Inventur Ihre Unzufriedenheit in gewisser Weise vergrößern kann; jedoch erfordert

eine Inventur Ihrer Beziehungen, Karriere, Gesundheit oder irgendeines anderen Lebensbereiches nicht, dass Sie eine sofortige Drehung um 180 Grad vornehmen und alles auf einmal verändern. Unzufriedenheit kann eine treibende Kraft sein, wenn es darum geht, Schritte zur Verbesserung einer Situation vorzunehmen. Sie fühlen sich inspiriert, mit dem Joggen anzufangen, sich gesünder zu ernähren, einen Eheberater aufzusuchen und/oder sich andere Methoden zur Verbesserung Ihrer Lebensqualität zu überlegen.

7. Die Zukunft zu sehen

* Die Angst: Vielleicht fürchten Sie sich, beängstigende planetare oder soziale Veränderungen vorauszusehen.

* Die Wahrheit: Wenn Sie solche Ereignisse »sehen« und absolut sicher sind, dass sie nicht von Ihrem Ego heraufbeschworen wurden, gibt Ihnen dies ein besseres Bild Ihrer Aufgabe als Lichtarbeiter. Sie erhalten exakte Anweisungen, wie Sie dem Planeten helfen können, diese Veränderungen zu vermeiden oder damit umzugehen. Sie können zum Beispiel dazu angeleitet werden, um Frieden zu beten, heilende Energie zu senden, das Licht an verschiedenen Orte zu bringen, andere Lichtarbeiter zu unterrichten oder jene zu heilen, die von den Veränderungen betroffen sind. Sollten Sie sich von einer solchen Aufgabe entmutigt oder eingeschüchtert fühlen, vergessen Sie bitte nicht, dass Sie sich vor Ihrer Inkarnation damit einverstanden erklärt haben – und Gott und die Engel hätten Ihnen eine solch monumentale Aufgabe nicht übertragen, wenn sie nicht wüssten, dass Sie sie erledigen können. Außerdem stehen Ihnen die himmlischen Kräfte bei jedem Schritt auf Ihrem Weg hilfreich zur Seite – solange Sie um ihre Hilfe bitten und bereit sind, sie zu empfangen.

8. Zu viel Verantwortung

* Die Angst: Sie sehen eine negative Situation voraus und fragen sich: »Soll ich intervenieren?«
* Die Wahrheit: Erdenengel werden normalerweise nur um ihre Gebete bezüglich einer Situation gebeten, es sei denn, es handelt sich um eine ganz besondere Aufgabe – doch *wenn Sie* intervenieren und jemanden warnen sollen, werden Ihnen diesbezüglich sehr genaue Instruktionen gegeben.

9. Sie fragen sich, ob Sie überhaupt dazu fähig sind

* Die Angst: Sie fürchten, ein Betrüger zu sein und keinerlei Qualifikationen für übersinnliche Wahrnehmungen oder spirituelles Heilen zu besitzen; Sie fragen sich, ob Sie wirklich Engel an Ihrer Seite haben, und wenn dem so sei, ob Sie in der Lage sind, sie zu kontaktieren.
* Die Wahrheit: Jeder fühlt sich von Zeit zu Zeit wie ein Betrüger. Psychologen nennen diese Angst »Das Betrügersyndrom«. Forschungen zeigen, dass einige der kompetentesten, erfolgreichsten Menschen zu dieser Form der Angst neigen. Das bedeutet nicht, dass Sie wirklich ein Betrüger sind; es bedeutet lediglich, dass Sie Ihr Inneres (das sich in neuen Situationen fürchtet) mit dem Äußeren aller anderen vergleichen (das ruhig, cool und gelassen erscheint).

Das Ego bedient sich dieser und ähnlicher Zaubertrick-Ängste, um uns abzulenken und uns vergessen zu lassen, wer wir sind und was unsere Aufgabe in diesem Leben ist.

Blockierungen aus dem Vorleben

Manchmal basiert die Blockade, die unsere Hellsichtigkeit verhindert, auf Erfahrungen aus unserer weit zurückliegenden Vergangenheit. Selbst Personen, die nicht an Reinkarnation glauben, stimmen darin überein, dass bedeutende Ereignisse in der Geschichte sich bis auf den heutigen Tag auswirken. Eines dieser Ereignisse, wie an früherer Stelle in diesem Buch beschrieben, ist die spanische Inquisition, in deren Verlauf Tausende aufgrund ihrer spirituellen Glaubenssätze oder Praktiken, die der herrschenden Kirche nicht genehm waren, verbrannt, gehenkt, misshandelt und ihres Besitzes beraubt wurden. Der Widerhall des Schmerzes jener Zeit ist bis heute spürbar, wie Echos aus der Vergangenheit, die uns zurufen: »Gehe konform mit den traditionellen spirituellen Glaubenssätzen oder trage die Konsequenzen.« Das Resultat ist Angst und der Versuch, sich spirituell »nicht zu outen« – was dazu führt, dass Sie Ihre übersinnlichen Fähigkeiten und spirituellen Glaubenssätze geheim halten.

Doch wie können Sie wissen, ob Wunden aus einer vergangenen Inkarnation Ihre Hellsichtigkeit blockieren? Nachfolgend sind einige der sicheren Zeichen aufgeführt:

* Sie behaupten von sich, nicht visuell orientiert zu sein – das heißt, Visualisierung fällt Ihnen schwer; Sie erinnern sich selten an Ihre Träume; und Sie schenken dem Aussehen von Menschen oder Dingen keine Aufmerksamkeit.

* Sie hatten bisher, wenn überhaupt, nur wenige übersinnliche Visionen.

* Jedes Mal, wenn Sie daran denken, sich Ihrer Hellsichtigkeit zu öffnen, verspannen Sie sich und bekommen es mit der Angst zu tun.

* Sie spüren ein Gefühl undefinierbarer Angst, wenn es darum geht, sich übersinnlich zu betätigen, so als würden Sie in Gefahr geraten oder von jemand anderem, vielleicht sogar von Gott, bestraft werden.

* Bei dem Gedanken daran, wie Menschen auf dem Scheiterhaufen verbrannt oder gehenkt wurden, erstarrt Ihr Körper und reagiert mit Zittern, Atemnot oder Verspannung.

Im Gegensatz dazu sind die folgenden Zeichen ein Indiz dafür, dass Erfahrungen in der Kindheit Ihre Hellsichtigkeit blockiert haben:

* Sie haben als Kind Engel, funkelnde Lichter oder Verstorbene gesehen.
* Als Sie heranwuchsen, nahm Ihre übersinnliche Sehfähigkeit ab.
* Sie sind ein hoch empfindsamer Mensch.
* Man hat Sie als Kind oder Heranwachsenden gehänselt und behauptet, Sie seien »verrückt«, »böse« oder »komisch«.
* Sie haben Angst davor, was Ihre Familie denken würde, wenn Sie Ihre übersinnlichen Talente enthüllen würden.
* Sie fürchten, Veränderungen in Ihrem Leben vorzunehmen und Ihre Familie zu enttäuschen oder ihr zu schaden, wenn Sie Ihre übersinnlichen Fähigkeiten annehmen und ausüben würden.

Unter anderem stellen Rückführungen mit einem erfahrenen Hypnosetherapeuten oder auch meine Audiokassette *Past-Life Regressions with the Angels* wirksame Möglichkeiten dar, diese Blockaden zu entfernen. Ihr Unterbewusstsein würde Sie nie mit Erinnerungen konfrontieren, mit denen Sie nicht umgehen können, daher ist die Sorge unbegründet, von unkontrollierbaren Gefühlen überwältigt zu werden.

Sie strengen sich zu sehr an

Die am weitesten verbreitete Blockierung der Hellsichtigkeit besteht in dem übermäßig angestrengten Versuch, etwas sehen zu wollen. Wie ich bereits an früherer Stelle erwähnt habe, blockieren wir uns selbst, wenn wir uns dazu antreiben oder uns zu sehr bemühen, ein gewünschtes Resultat zu erzielen. Das liegt daran, dass jede Art von übermäßiger Anstrengung auf Angst basiert, die wiederum ihren Ursprung im Ego hat. Das Ego ist hundertprozentig *nicht* übersinnlich begabt.

Wir strengen uns zu sehr an, wenn wir tief in unserem Herzen fürchten, etwas nicht erreichen zu können, also versuchen wir es zu erzwingen. Die zugrunde liegende Negativität jedoch kann Stunden positiver Affirmationen und Manifestationsbemühungen zunichte machen. Dann wird die Angst zu einem Negativ-Gebet, das genau das anzieht, wovor wir uns fürchten.

Heilung übersinnlicher Blockierungen

Jeder hat bis zu einem gewissen Grad übersinnliche Blockierungen, daher geht es also nicht darum, sie hundertprozentig loszuwerden. Vielmehr geht es darum, sich dieser Blockaden bewusst zu sein und in dem Moment, wo sie auftauchen, sofort mit ihnen umzugehen. Manchmal schämen wir uns unserer Blockierungen und gestehen sie uns oder anderen nicht ein. Doch Blockierungen sind nichts, dessen man sich schämen müsste. Sie sind jedoch Aspekte unseres Lebens, die unserer Aufmerksamkeit bedürfen.

Ein »geheilter Heiler« (um diese Bezeichnung aus *Ein Kurs in Wundern* zu benutzen) ist nicht jemand, der keine Probleme hat. Das wäre in dieser Welt wohl ein Ding der Unmöglichkeit. Ein geheilter Heiler ist jemand, der sich seiner Probleme bewusst und bestrebt ist, weder sich noch seine göttliche Lebensaufgabe davon beeinträchtigen zu lassen.

Nichtsdestotrotz können wir Probleme heilen oder loslassen, die unsere übersinnlichen Fähigkeiten blockieren. Die folgenden Heilungstechniken führen nicht nur bei Hellsichtigkeit, sondern auch in anderen Lebensbereichen zu bemerkenswert positiven Resultaten.

– *Heilung im Schlaf:* Wenn wir schlafen, schläft auch unser skeptischer Verstand. Aus diesem Grund ist dies der perfekte Zeitpunkt, spirituelle Heilung vorzunehmen. Während der Verstand schläft, kann das Ego Ihre Engel nicht davon abhalten, wunderbare Heilungen bei Ihnen vorzunehmen.

Sobald Sie also bereit sind, sich für Ihre hellseherischen Fähigkeiten zu öffnen, bitten Sie Ihre Engel und alle anderen Wesen in der geistigen Welt, mit denen Sie zusammenarbeiten, in Ihre Träume zu kommen. Dies können Sie tun, indem Sie beispielsweise sagen: »Erzengel Raphael, ich bitte dich, heute Nacht in meinem Traum zu mir zu kommen. Bitte schicke meinem dritten Auge heilende Energie und heile jegliche Ängste, die vielleicht meine Hellsichtigkeit blockieren. Bitte hilf mir, mit meinen geistigen Augen klar zu sehen.«

– Durchtrennen von Schnüren mit Familienmitgliedern: Wenn Sie beispielsweise merken, dass Sie bezüglich Ihrer übersinnlichen Fähigkeiten Angst vor dem Urteil Ihrer Mutter haben, können Sie die an früherer Stelle beschriebenen Techniken zur Durchtrennung der ätherischen Schnüre anwenden und sie speziell darauf ausrichten, die Schnüre der Angst zu durchtrennen, die Sie mit Ihrer Mutter verbinden. Wiederholen Sie diesen Vorgang für jede Person (ob Familienmitglied oder nicht), bei der Sie fürchten, sie könnte negativ auf Ihre Hellsichtigkeit reagieren. Darüber hinaus durchtrennen sie die Schnüre mit jeder Person aus Ihrer Vergangenheit, die Sie aufgrund Ihrer übersinnlichen Fähigkeiten lächerlich gemacht oder bestraft hat.

– Unterstützung durch gleichgesinnte Seelen: Als ich mich darauf vorbereitete, mich »spirituell zu outen« und meine Hellsichtigkeit öffentlich zuzugeben, machte ich mir natürlich Sorgen bezüglich negativer Konsequenzen. Ich hatte das Glück, einen Psychiater kennen zu lernen, der auch zum ersten Mal eingestand, hellsichtig veranlagt zu sein. Dr. Jordan Weiss war Facharzt für innere Medizin und führte eine psychiatrische Privatpraxis in Newport Beach, Kalifornien. Eine Kopfverletzung

aufgrund eines Autounfalls hatte kurz zuvor sein drittes Auge geöffnet, und er stellte fest, dass er in der Lage war, in die Körper seiner Patienten zu schauen. Dr. Weiss konnte außerdem das Chakrensystem und die negativen Emotionen sehen, die in den Chakren gespeichert waren. Doch hatte er Angst, seine Hellsichtigkeit öffentlich zuzugeben und dadurch seine ärztliche Lizenz oder seinen guten Ruf zu verlieren.

Wir motivierten, unterstützten und berieten einander bezüglich der Überlegung, ob wir unsere hellsichtigen Talente öffentlich bekanntmachen sollten. Wir erinnerten uns gegenseitig immer wieder daran, dass wir unseren Patienten nur dann wirklich optimal helfen konnten, wenn wir uns selbst gegenüber ehrlich wären und für unsere Wahrheit einstünden. Mittlerweile hat Dr. Weiss sein zweites Buch geschrieben, in dem er seine übersinnlichen Erfahrungen als Psychiater beschreibt.

Ich denke, dass auch Sie die Ermutigung eines anderen Menschen, der sich in einer ähnlichen Situation befindet, als hilfreich empfinden werden. Beten Sie darum, dass ein solcher Mensch oder eine Gruppe von Gleichgesinnten in Ihr Leben kommt, und Sie werden entsprechend geführt werden. Außerdem können Sie bei Veranstaltungen in metaphysischen Buchläden, überkonfessionellen Kirchen, Kursen zur Entwicklung übersinnlicher Fähigkeiten oder in entsprechenden Internetforen bewusst nach Unterstützung suchen.

– *Durch spirituelle Zeremonien:* Mein Mann, Steven Farmer, Autor des Buches *Sacred Ceremony,* hat bei vielen Seminaren Heilungszeremonien durchgeführt. Ich war Zeugin, wie diese Zeremonien Menschen geholfen haben, ihre übersinnlichen Blockaden loszulassen. Sie können Ihre eigene spirituelle Zeremonie kreieren mit dem Ziel, Ihre Hellsichtigkeit zu fördern. Schreiben Sie zum Beispiel eine Frage an Ihre Engel auf, wie: »Was blockiert meine Hellsichtigkeit?« Dann notieren Sie alle Eindrücke, die Sie erhalten. Anschließend machen

Sie ein Feuer in Ihrem Kamin oder an einem sicheren Ort draußen. Meditieren Sie einen Augenblick lang darüber, die auf dem Papier beschriebene Blockierung zu beseitigen. Wenn Sie wirklich das Gefühl haben, sie loslassen zu wollen, werfen Sie das Papier ins Feuer. Sie werden höchstwahrscheinlich ein wunderbares Gefühl der Erleichterung spüren, wenn Sie diesen Schritt getan haben.

– *Eine Rückführungs-Session oder Audiokassette:* Ungefähr die Hälfte aller übersinnlichen Blockierungen, die ich bei meinen Seminarteilnehmern sehe, sind auf Verletzungen aus einer vergangenen Inkarnation zurückzuführen, die mit ihren übersinnlichen Fähigkeiten zu tun hatten. Wie ich bereits erwähnt habe, ist es sinnvoll, diese Blockaden mittels einer Rückführung zu beseitigen. Die meisten anerkannten Hypnosetherapeuten sind auch als Regressionsspezialisten ausgebildet. Ihre einzige Aufgabe ist es, einen Therapeuten zu finden, bei dem Sie sich wohl fühlen, da Ihr Vertrauen in den Therapeuten der Schlüssel für Ihre Fähigkeit ist, loszulassen und Ihren unbewussten Erinnerungen zu gestatten, an die Oberfläche zu kommen. Oder Sie können eine auf Kassette aufgenommene *Past-Life-Regression with the Angels* vornehmen.

– *Positive Affirmationen:* Ich bin immer wieder überrascht, wie viele intelligente, erfahrene Esoteriker sich bei mir darüber beklagen, dass sie einfach »nicht visuell« seien. Wenn ich darauf hinweise, dass diese Aussage eine negative Affirmation ist, merken sie, dass mit ihren Worten ihre Hellsichtigkeit selbst blockieren. Dann beginnen sie mit der Anwendung positiver Affirmationen, um auszudrücken, was sie erreichen wollen. »Ich bin sehr visuell« und »Ich bin extrem hellsichtig« sind Beispiele einer positiven Affirmation, mit der Sie sich selbst programmieren können, auch wenn Sie von ihrer Wahrheit noch nicht überzeugt sind. Glauben Sie mir – die Realität entwickelt sich immer gemäß Ihrer affirmativen Gedanken!

– *Die Engel der Hellsichtigkeit herbeirufen:* Es gibt spezielle

Engel für jede Situation, und die Entwicklung übersinnlicher Fähigkeiten ist da keine Ausnahme. Die »Engel der Hellsichtigkeit« überwachen unser Drittes-Auge-Chakra und helfen uns, die Fähigkeit spirituellen Sehens zu entwickeln. Sagen Sie innerlich: »*Engel der Hellsichtigkeit, ich rufe euch jetzt herbei. Bitte umhüllt mein drittes Auge mit eurer heilenden und klärenden Energie. Ich bitte um Hilfe und Unterstützung, damit ich meine Hellsichtigkeit voll entfalten kann. Ich danke euch.*« Wahrscheinlich werden Sie ein Prickeln und eine Veränderung des Luftdruckes in Ihrem Kopf fühlen – vor allem zwischen Ihren beiden physischen Augen – während die Engel der Hellsichtigkeit ihre heilende Arbeit verrichten.

– *Lebensweise und Hellsichtigkeit:* Es gibt eine entscheidende Wechselbeziehung zwischen der Art, wie wir unseren Körper behandeln, und der Ausprägung unserer Hellsichtigkeit. Wenn wir kontinuierlich eine gesunde Lebensweise führen, sind unsere Visionen klarer, detaillierter und genauer. Fitnesstraining, ausreichend Schlaf und Ruhepausen, regelmäßiger Aufenthalt in der freien Natur, vorwiegend vegetarische Ernährung und die Vermeidung von Giftstoffen in allem, was wir zu uns nehmen, hilft uns, klarere Kanäle für göttliche Kommunikation zu entwickeln.

Nachdem Sie eine oder mehrere der oben beschriebenen Heilungsprozesse angewandt haben, dürfte Ihre Hellsichtigkeit auffallend stärker und klarer geworden sein. Im nächsten Kapitel fassen wir alles noch einmal zusammen und schauen uns an, wie Sie Engelsbotschaften für sich selbst oder eine andere Person empfangen können.

Wie Sie Botschaften Ihrer Engel empfangen können

Meine Lebensaufgabe besteht nicht darin, meinen Klienten Engel-Readings und spirituelle Heilungen zu geben, sondern anderen Menschen zu zeigen, wie sie Engel-Readings und spirituelle Heilungen für sich selbst und ihre Klienten durchführen können. Darüber hinaus ermutige ich meine Schüler immer, ihr Wissen an andere weiterzugeben – und auf diese Weise einen sich immer weiter ausdehnenden Kreis zu schaffen, der beweist, dass *wir alle* Engel an unserer Seite haben, dass *wir alle* mit ihnen kommunizieren können, und dass *wir alle* spirituelle Talente besitzen, die wir zu unserem eigenen Wohl und dem Wohlergehen der Welt benutzen können.

In diesem Kapitel werden Sie einige der Schritte kennen lernen, die ich in meinen Seminaren zur Entwicklung übersinnlicher Fähigkeiten lehre, damit Sie sich selbst und anderen Engel-Readings geben können.

Wie man ein Engel-Reading vornimmt

Ein Engel-Reading ist mit anderen Formen übersinnlicher Readings vergleichbar, nur dass Sie hier Ihre Bitten um die Heilung eines Lebensbereiches und/oder um die Führung hinsichtlich der Lebensaufgabe eines Menschen an Schutzengel und Geistführer richten.

Am besten ist es, wenn Sie jemandem ein Engel-Reading geben, den Sie nicht wirklich gut kennen, jemand, der aufgeschlossen ist und frei von Vorurteilen. Beispielsweise wäre ein neuer Bekannter in einer spirituellen Gruppe ein idealer Partner für ein Engel-Reading. Doch natürlich können Sie auch einem Mitglied Ihrer Familie oder einem alten Freund ein Engel-Reading geben. Es ist nur so, dass Ihr Ego Ihnen zurufen wird: »Du kennst den anderen doch schon so lange!« Wenn Sie die Tiraden des Ego ignorieren können, mit denen es Ihnen weismachen will, dass Sie sich »alles nur einbilden«, können Sie jedem Menschen ein Reading geben, egal ob Sie ihn kennen oder nicht.

Lassen Sie uns mit einem gegenseitigen Engel-Reading beginnen, bei dem Sie und eine andere Person sich nacheinander ein Reading geben. Beginnen Sie Ihr Reading, indem Sie ein Gebet an eine Wesenheit richten, mit der Sie spirituell verbunden sind und bitten Sie sie:

»Bitte hilf mir, ein klarer Kanal göttlicher Kommunikation zu sein. Bitte hilf mir, genaue und detaillierte Botschaften klar zu hören, zu sehen und zu wissen, die meinem Partner und mir Segen bringen werden. Bitte wache über dieses Reading und hilf mir, mich zu entspannen und es zu genießen. Vielen Dank. Amen.«

Dann setzen Sie sich Ihrem Partner gegenüber. Als nächstes sollten Sie beide einen Gegenstand aus Metall nehmen, den Sie am Körper tragen – zum Beispiel Armbanduhr, Ring, Halskette, Gürtelschnalle, Haarspange, Brille oder Autoschlüssel – und ihn dem anderen geben. Sie halten beide diesen Gegenstand, den Sie von Ihrem Partner erhalten haben, in der Hand, mit der Sie normalerweise nicht schreiben. Dies ist die Hand, mit der Sie Energie empfangen – Ihre »weibliche« Hand.

Dann halten Sie die freie Hand Ihres Partners in Ihrer eigenen freien Hand. Machen Sie es sich bequem. Und jetzt möchte ich Sie beide auf eine Urlaubsreise mitnehmen, einverstanden? Bitte schließen Sie Ihre Augen und atmen sie tief ein und aus …

Stellen Sie sich innerlich vor, dass Sie sich beide in einer herrlichen violetten Pyramide befinden, die Sie auf magische Weise an einen weißen Sandstrand auf Hawaii transportiert hat. Die violette Pyramide landet mit einem sanften Ruck auf dem Sand und öffnet sich, wobei Sie eine natürliche Decke für Sie beide formt. Es ist ein traumhafter Tag auf Hawaii, und da es sich um einen vollkommen isolierten Strand handelt, der nur mit dem Schiff oder Flugzeug erreicht werden kann, sind Sie und Ihr Partner völlig ungestört.

Sie fühlen die sanfte sommerliche Brise, die über Ihre Haut und durch Ihre Haare streicht. Sie riechen das köstliche Aroma der Salzluft und hören das melodische Aufprallen der Wellen am Ufer. Sie spüren einen Sonnenstrahl, wie er warm über Ihren Kopf tanzt, so als wolle er in Sie hineinfließen und die Innenseite Ihres Kopfes und Ihres Körpers erleuchten.

In der Ferne sehen sie eine Gruppe von Delfinen, die sich verspielt in den Wellen des Meeres tummelt. Sie stimmen sich auf diese Delfine ein und fühlen, wie sie Ihnen eine riesige Welle göttlicher Liebesenergie senden. Während Ihr Herz sich öffnet und sich mit Wärme und Dankbarkeit für diese herrlichen Delfine und diesen wunderschönen Tag am Strand füllt, merken Sie, dass Sie *eins* sind mit den Delfinen. Und dann dehnt sich diese Erkenntnis immer weiter aus: Sie sind *eins* mit allem Leben im Ozean – einschließlich der Meeresschildkröten, der bunten tropischen Fische und … Sie sind auch *eins* mit den Wellen, dem Sand und der Sonne.

Sie erkennen, dass Sie eins sind mit *allem Leben*, einschließlich Ihrem Partner. Also sprechen Sie innerlich zu Ihrem Partner: »Du und ich sind eins … du und ich sind eins … Ich bin du … und du bist ich … du und ich sind eins.« Sie erkennen, dass dieses gemeinsame Einssein wirklich ist. Wenn Sie sich auch äußerlich voneinander unterscheiden, so sind Sie beide in Ihrem Inneren wahrhaftig *ein* Geist, *ein* Licht, *eine* Liebe. Mental übermitteln Sie Ihrem Partner die Worte: »Eine Liebe ... eine Liebe ... eine Liebe.«

Während sie dieses Wissen genießen, erkennen Sie gleichzeitig, dass Sie eins sind mit allen Engeln. Indem Sie Ihren Partner bei geschlossenen Augen mit Ihrem weit geöffneten spirituellen Blick betrachten, stellen Sie sich vor, wie es sein würde, wenn Sie die Engel Ihres Partners vor Ihrem inneren Auge sehen könnten. Wie könnten sie aussehen?

Sehen Sie irgendwelche Engel, die wie kleine Cherubim aussehen? Oder Engel von mittlerer Statur? Oder wirklich große? Vielleicht sehen Sie diese Engel in ihrer Gänze vor Ihrem inneren Auge, oder aber als flüchtige Erscheinungen. Oder vielleicht fühlen oder wissen Sie einfach um ihre Gegenwart.

Während Sie weiterhin auf diese Weise Ihren Partner und seine Aura abtasten, werden sie vielleicht einige Personen bemerken, die verstorbene Angehörige zu sein scheinen. Die Wesen, die direkt hinter Ihrem Partner stehen, sind in der Regel ihre verstorbenen Eltern. Sehen sie einen Mann oder eine Frau direkt hinter Ihrem Gegenüber? Wenn ja – fallen Ihnen irgendwelche deutlichen Merkmale auf, zum Beispiel ungewöhnliche Kleidung, Brillen, Frisur, Bart oder Schnurrbart, Augenfarbe oder etwas, das derjenige in der Hand hält?

Als nächstes tasten Sie innerlich den Kopf und die Schultern Ihres Partners ab. Sehen Sie irgendjemanden mit hellen oder grauen Haaren, der den Eindruck erweckt, als alter Mensch gestorben zu sein? Welche anderen Unterscheidungsmerkmale fallen Ihnen auf? Gibt es da vielleicht jemanden, der aussieht, als sei er in mittleren Jahren gestorben? Oder jemanden, der jung gestorben ist? Notieren Sie Einzelheiten bei jedem, den Sie vor Ihrem inneren Auge sehen und machen Sie sich keine Sorgen darüber, ob Sie sich das Ganze nur einbilden oder nicht.

Sehen sie Tiere in der Nähe Ihres Partners? Einen Hund

oder eine Katze? Irgendein kleines oder großes Tier? Was fällt Ihnen an seinem Fell auf? Ist es hell, dunkel oder mehrfarbig? Lang, mittellang oder kurz?

Indem Sie Ihren Partner ein weiteres Mal innerlich abtasten, achten Sie auf andere Engel, verstorbene Familienangehörige oder Tiere, die vielleicht anwesend sind. Falls eine dieser Wesenheiten Ihre besondere Aufmerksamkeit auf sich zieht, stimmen Sie sich auf dieses Wesen ein, indem Sie die Intention halten, eine telepathische Konversation mit ihnen zu führen.

Nun fragen Sie sie innerlich: »Was möchtest du mich bezüglich meines Partners wissen lassen?« Wiederholen Sie die Frage, während Sie auf Eindrücke achten, die Sie als Antwort erhalten. Achten Sie auf jegliche Gedanken, Worte, inneren Bilder oder Gefühle, die sich melden, während Sie die Frage wiederholen – »Was möchtest du mich bezüglich meines Partners wissen lassen?« Versuchen sie nicht, irgendeine Reaktion zu erzwingen. Vertrauen Sie einfach darauf, dass die Antworten jetzt zu Ihnen kommen und achten Sie auch auf die kleinsten, subtilsten Gedanken, Gefühle, Visionen oder Worte, die Sie innerlich hören.

Als nächstes bitten Sie mental die geistigen Führer und Engel Ihres Partners: »Welche Botschaft möchtest du meinem Partner durch mich übermitteln?« Achten Sie auch hier wieder auf jegliche Eindrücke, die sich als Gedanken, Gefühle, Visionen oder Worte melden. Verurteilen und verwerfen Sie diese Eindrücke nicht. Betrachten sie sie einfach vorurteilsfrei.

Dann fragen Sie die geistigen Führer und Engel Ihres Partners: »Gibt es noch irgendetwas, das ihr mich wissen lassen wollt?« Und vergessen Sie nicht, tief und ruhig zu atmen, während Sie die Antwort hören.

Schließlich fragen sie innerlich die Führer und Engel Ihres Partners noch einmal: »Gibt es noch etwas, das ihr mich wissen lassen wollt?« Und lauschen Sie auch jetzt wieder ruhig atmend auf die Antwort, die in vielerlei Form zu Ihnen kommen kann.

Der wichtigste Aspekt bei einem Engel-Reading ist der Mut, Ihrem Partner alles zu sagen, was Sie empfangen haben, selbst wenn Sie nicht sicher sind, ob diese Information stimmt oder Sie die Befürchtung haben, sie könnte unangenehm für Ihr Gegenüber sein (Sie können immer um eine diplomatische und liebevolle Art bitten, potenziell unangenehme Botschaften weiterzugeben). Wenn die Engelsbotschaften für Sie vielleicht auch keinen Sinn ergeben, werden sie für Ihren Partner wahrscheinlich absolut sinnvoll sein. Dann nehmen Sie sich ein paar Minuten Zeit und sagen dem anderen alles, was Sie während Ihres gegenseitigen Engel-Readings gesehen, gefühlt, gehört oder gedacht haben.

Wie man Automatisches Schreiben in einer sicheren, kontrollierten Art und Weise vornimmt

Die Botschaften der Engel in diesem Buch wie auch in *Das Heilgeheimnis der Engel* wurden durch den Prozess des »Automatischen Schreibens« empfangen. Diese Methode erlaubt Ihnen, detaillierte Botschaften aus dem Jenseits zu bekommen. Manche Menschen fürchten sich vor dieser Methode, da sie Geschichten über erdgebundene Geister gehört haben, die sich in den Prozess des Automatischen Schreibens einschleichen und vorgeben, Engel oder Himmlische Helfer zu sein. Doch gibt es Wege, sich hundertprozentig vor diesen Einflüssen zu schützen, wie Sie gleich lesen werden.

Sie können den Prozess des Automatischen Schreibens mit jedem Wesen der spirituellen Welt durchführen. Es ist eine wunderbare Möglichkeit, die Verbindung zu Ihren Liebsten, die verstorben sind, zu vertiefen, nie erfüllte Verbindungen und auch die Trauer zu heilen. Wenn Ihr Herz vor Trauer um verstorbene, geliebte Menschen schmerzt, werden Sie mit Hilfe des Automatischen Schreibens mit ihnen kommunizieren wollen.

Sie können diesen Prozess durchführen, um mit jedem dieser Menschen zu kommunizieren, selbst wenn es sich beispielsweise um ein Kind handelt, das noch vor seiner Geburt, als Säugling oder als Kleinkind gestorben ist. Sie können mit Menschen kommunizieren, die eine andere Sprache sprachen, geistig behindert oder stumm waren – und Sie können auch mit Ihren verstorbenen Haustieren in Verbindung stehen.

Das alles ist möglich, weil unser Geist nonverbal kommuniziert und wir diese Botschaften in unsere Sprache »übersetzen«. Sie werden wahrscheinlich bemerken, dass Sie dann beim Automatischen Schreiben Vokabular benutzen, das normalerweise nicht zu Ihrem gewohnten Sprachgebrauch gehört. Ebenso kann es passieren, dass sich Ihre Handschrift in diesem Prozess verändert und Sie plötzlich Worte buchstabieren können, die Sie vorher nicht beherrschten und umgekehrt.

Automatisches Schreiben kann Ihnen auch auf Ihrem spirituellen Weg voranhelfen. Beispielsweise können Sie durch diese Methode den Kontakt zu Gott, Ihren Schutzengeln, aufgestiegenen Meistern und Erzengeln aufnehmen. Sie können Ihre Schutzengel nach dem Namen und anderes fragen. Zudem können Sie Ihre Schutzengel und aufgestiegenen Meister bitten, Sie zu erinnern und auf Ihrem Weg zur Erfüllung Ihres Lebens zu bestärken.

Sie können das Automatische Schreiben auch nutzen, um zu einem spirituellen Lehrer Kontakt aufzunehmen (zum Spiritual-Mentorship-Programm finden Sie ausführliche Erklärungen im Kapitel »Wie Sie göttliche Ideen und profunde Gedanken erkennen und empfangen können«, beginnend auf Seite 237).

Sie können Ihre Botschaft des Automatischen Schreibens per Hand aufschreiben, können sie aber auch auf einer Schreibmaschine oder in den Computer tippen. Wenn Sie die Botschaft per Hand aufschreiben, benötigen Sie mindestens 4 Blätter im Standardformat, eine feste Unterlage und gutes Schreibgerät. Es ist eine gute Idee, im Hintergrund atmosphärische Musik laufen zu lassen und sich bequem hinzusetzen.

Beginnen Sie den Prozess des Automatischen Schreibens mit einem Gebet. Dies ist eines, das ich vor einer Sitzung verwende. Es basiert auf meinem persönlichen spirituellen Glauben, so kann es sein, dass Sie es umschreiben möchten, damit es *Ihrem* Glauben entspricht. Ich würde niemals jemandem vorschreiben, zu wem er zu beten hat, aber ich schlage dieses Gebet als ein Beispiel für die effektivste Bitte um Hilfe vor:

»Lieber Gott, Heiliger Geist, Jesus, Erzengel Michael, alle meine Geistführer und alle meine Engel, ich bitte euch, über diese Sitzung des Automatischen Schreibens zu wachen und darauf zu achten, dass jeder, der mir erscheint, ein positives, liebevolles Wesen ist. Bitte verstärkt meine Fähigkeit, hell zu hören, zu sehen, zu denken und eure Göttliche Kommunikation zu fühlen. Bitte helft mir, diese Botschaften genau zu empfangen und jene zu verinnerlichen, die mir und jedem, der sie von euch empfängt, Segen bringen. Danke und Amen.«

Als nächstes denken Sie bitte an denjenigen, mit dem Sie im Himmel Kontakt aufnehmen möchten. Fragen Sie denjenigen mental, ob er mit Ihnen Kontakt aufnehmen möchte. Sie werden eine Frage stellen und die Antwort, die Sie erhalten, in einen Frage-Antwort-Bogen eintragen, ähnlich einem Interview. Das Allerwichtigste, das Ihnen beim Automatischen Schreiben gegenwärtig sein muss, ist absolute Authentizität. Schreiben Sie jeden Eindruck auf, den Sie erhalten, selbst wenn Sie sich nicht ganz im Klaren darüber sind, ob Sie ihn sich nur einbilden oder tatsächlich empfangen. Wenn Sie keinerlei Botschaft erhalten, schreiben Sie bitte auch das auf. Wir beginnen damit, alles, was geschieht, aufzuschreiben. Dies wird schließlich automatisch in eine authentische, spirituelle Kommunikation umschlagen.

Während der Sitzung des Automatischen Schreibens werden Sie den Eindruck haben, jemand anderes führe Ihren Stift. Wie ich schon erwähnte, werden sich Ihre Handschrift, Ihr Vokabular und Ihr Stil des Buchstabierens während der Sitzung verändern. Lassen Sie sich davon nicht beängstigen, denn Furcht blockiert den Prozess der Göttlichen Kommunikation. Beachten Sie: Sie sind während der Sitzung beschützt von Gott und Erzengel Michael (der wie ein »Rausschmeißer« arbeitet und keinen an Sie heran lässt, der nicht von einer liebevollen Absicht geleitet wird). Ihre Hand könnte sogar beginnen, kleine Kreise zu malen, was die Art der spirituellen Welt ist, Sie zu grüßen und Ihnen zu sagen: »Wir sind glücklich, mit dir in Verbindung zu sein!« Sollten die Kreisbewegungen zu lange anhalten, sagen Sie ihnen, Sie seien auch glücklich, mit ihnen in Verbindung zu sein und dass Sie es nun sehr zu schätzen wüssten, wenn sie zu einer Kommunikation übergehen könnten, die Sie auch verstehen.

Ihr Ego hat während der Sitzung möglicherweise eine andere Meinung und schreit Sie an: »Das bildest du dir doch alles nur ein!«. Sollte das geschehen, führen Sie den Beweis, dass Sie tatsächlich gerade eine Botschaft von dem Wesen bekommen, mit dem Sie Kontakt aufgenommen haben. Fragen Sie denjenigen: »Wie kann ich wissen, dass ich mir dich nicht nur einbilde?« Seine Antwort wird Sie augenblicklich von der Authentizität Ihrer Göttlichen Konversation überzeugen. Sollten Sie jedoch noch immer nicht überzeugt sein, dann fragen Sie so lange weiter, bis Ihr Ego beruhigt ist. Oder bitten Sie das Wesen, Ihnen ein fassbares Zeichen zu geben, und halten Sie dann mit dem Schreiben inne. Haben Sie dieses physische

Zeichen erst einmal erhalten, sind Sie in den kommenden Sitzungen noch selbstsicherer.

Nun lassen Sie uns damit beginnen, dass Sie an eine Frage denken, die Sie generell schon immer beantwortet haben wollten. Stellen Sie Ihrem spirituellen Wesen diese Frage und schreiben Sie die Frage ganz oben auf das Blatt, während Sie sie ständig in Gedanken wiederholen. Bleiben Sie optimistisch, affirmieren Sie weiterhin im Geiste, dass Sie eine Antwort bekommen werden.

Schreiben Sie alles auf, was Sie durch irgendeinen der vier Kanäle der Göttlichen Kommunikation bekommen: Gedanken, Gefühle, Worte oder Visionen. Danach stellen Sie eine weitere Frage, bekommen Sie eine weitere Antwort und so weiter.

Wenn Ihr Schreiben mit diesem Wesen beendet ist, können Sie die Konversation mit dem nächsten aufnehmen. Wenn Ihre Kommunikation abgeschlossen ist und Sie die Sitzung beenden wollen, vergessen Sie nicht, jedem, der involviert war, zu danken. Die Engel sagen, dass sie es lieben, uns Botschaften zu senden und dass es sie glücklich macht, Gottes Willen zu erfüllen, während sie das tun. Dennoch füllt sich auch unser Herz mit Dankbarkeit, wenn wir den Engeln danken. Und dieses wärmende Gefühl von Anerkennung entspringt aus dem »Ich liebe dich«, das wir unseren geliebten Wesen sagen, wenn wir den Liebensbrief an den Himmel beenden.

Nachwort

Nimm die Hilfe des Himmels an

Jeder kann Botschaften seiner Engel empfangen. Tatsächlich erhalten wir alle ständig Botschaften unserer Engel ... *genau in diesem Moment*. Wenn wir diese Botschaften nicht verstehen, können wir unsere Engel um Hilfe bitten; wir können auch einige der Methoden anwenden, die in diesem Buch erläutert sind.

Wenn Sie die Engel um Hilfe oder Antwort bitten, ist das für die Engel keine Belästigung. Die Engel *wollen* uns in jedem Bereich unseres Lebens helfen, da sie sowohl unserem Planeten als auch jedem einzelnen Menschen Frieden bringen möchten. Wenn Sie das Gefühl haben, ein friedfertigerer Mensch zu sein, wenn Sie finanzielle Hilfe, eine große Liebe oder eine bessere Arbeitsstelle brauchen, dann werden Sie die Engel bei dem jeweiligen Vorhaben unterstützen. Für die Engel gibt es keine noch so banale oder zu monumentale Anfrage. Sie verlangen nicht zu viel von den Engeln, wie auch immer Ihre Bitte aussieht. Alles in allem übersteigt die Anzahl der Engel bei weitem der Anzahl der Menschen, die sie um Hilfe anrufen. Es gibt Milliarden von »arbeitslosen« Engeln, die sich langweilen und Ihnen gern dabei helfen würden, ein sinnvolles und von Erfolg gekröntes Leben zu leben.

Sie sollten wissen, dass Sie Liebe, Zuneigung und inspirierende Segnungen von Gott und den Engeln verdienen. Sie lieben Sie bedingungslos, welche Fehler auch immer Sie in Ihrem

Leben gemacht haben. Wenn es Ihnen hilft, dann erinnern Sie sich daran, dass Gott uns alle in gleichem Maße wunderbar geschaffen hat. Wenn Sie sich selbst herabwürdigen, würdigen Sie auch Gott herab.

Unser Ego versucht, uns einzureden, dass wir kein Recht auf Hilfe oder Zuneigung des Himmels haben, da wir so oder so schlecht und dieser Hilfe nicht wert seien. Das ist der Versuch unseres Egos, uns von der Besinnung auf unsere wahre spirituelle Identität und Stärke fernzuhalten. Bitte hören Sie nicht auf diese Stimme, denn sie kann Sie von der Arbeit an Ihrer eigentlichen Mission abbringen. Wir alle benötigen die Früchte Ihrer Mission auf diesem Planeten.

Gestatten Sie sich selbst, für die Botschaften Ihrer Engel offen zu sein. Sie werden Ihnen nichts mitteilen, womit Sie nichts anzufangen wissen. Zudem werden die Engel auch nicht damit anfangen, Ihr Leben zu kontrollieren. Ihre Botschaften helfen uns, uns sicherer und glücklicher zu fühlen und jedem Aspekt unseres Lebens mehr Inhalt und Tiefe zu verleihen.

Sie können auch zusätzliche Engel an Ihre Seite (oder an die Seite Ihrer Lieben) rufen, indem Sie ganz einfach den Gedanken daran verstärken, dass Sie mit mehreren Engeln in Kontakt sein möchten. Sie können diese Bitte direkt an Gott oder an die Engel richten. Das Resultat wird dasselbe sein, da die Engel der verlängerte Arm Gottes sind. Sie sind förmlich Gottes Gedanken der Liebe. Fragen Sie für sich und Ihre Lieben nach so vielen Engeln wie Sie möchten.

Das Himmlische Reich ist voll von Engeln, die auf jeden menschlichen Belang spezialisiert sind. Sie können Engel befragen, die Ihnen bei der Suche nach einem neuen Zuhause oder Seelenverwandten helfen oder Sie bei der Heilung Ihres Körpers zur Seite stehen. Es gibt Engel, die Sie bei der Erziehung Ihrer Kinder unterstützen, bei der Arbeit und dabei, motivierter an Ihre Aufgaben heranzugehen. Die Engel wollen Ihnen helfen und Ihnen Botschaften übermitteln, wenn Sie

sie nur lassen. Je mehr Sie sich vom Himmel helfen lassen, umso mehr haben Sie der Welt zurückzugeben.

Wenn Sie sich angewöhnen, Ihren Engeln Einlass in jeden Bereich Ihres Lebens zu gewähren, werden Sie sich bald wie ein Sportler in einem sehr erfolgreichen Team fühlen. Schließlich überlassen Sie den Engeln nicht die volle Verantwortung für Ihr Leben – Sie lassen nur den Ball zwischen Ihren Mannschaftskameraden, den Engeln, hin und her springen. Wenn Sie das regelmäßig tun, wird Ihr Leben um vieles einfacher und friedlicher verlaufen.

Wenn auch Leid der Anstoß zu spirituellem Wachstum sein kann, ist es doch in noch größerem Maße Zufriedenheit. Der innere Frieden erhöht Ihre Lernfähigkeit, und mehr noch: Durch ihn sind Sie in der Lage, Ihre Kinder und andere Menschen in Ihrer Umgebung zu lehren, während Sie sich in einem Stadium freudvoller Entspannung befinden.

Wenn Sie sich auf die Frequenz Ihrer Engelsbotschaften begeben, *können* Sie helfen, eine friedliche Welt zu schaffen … jeder einzelne von Ihnen.

Doreen Virtue
Das neue Engel-Orakel

DOREEN VIRTUE
Das Orakel
der himmlischen Helfer
Engel & Schutzheilige
44 Karten mit Anleitung
€ [D] 17,95 / € [A] 18,60
sFr 34,–
ISBN-13: 978-3-7934-2073-6
ISBN-10: 3-7934-2073-6

Auf 44 Karten begegnen uns die himmlischen Helfer. Jeder Bedeutung der einzelnen Karten ist ein Schutzengel oder Schutzheiliger zugeordnet, der hilfreiche Energie für die Beantwortung unserer Fragen und Lebensprobleme sendet. In der ausführlichen Anleitung zeigt Doreen Virtue, wie man die Karten als Orakel einsetzt und wie man sie mit den bereits erschienenen Orakel-Karten kombinieren kann.

Jetzt auch auf CD

Die Chakra-Reinigung nach der Doreen-Virtue-Methode

DOREEN VIRTUE
Chakra Clearing
Die Reinigung der sieben Energiezentrum
144 Seiten
€ [D] 18,– / € [A] 18,50
sFr 31,60
ISBN 978-3-7934-2099-6

In diesem Buch und auf der beliegenden CD werden die Funktionen der Hauptchakras erklärt und eine spirituelle Methode unterrichtet, mit deren Hilfe wir die Chakras von Angst reinigen können. Unser natürlicher Seinszustand zeichnet sich durch hohe Energie, Intuition und Kreativität aus. Es gibt nichts, was wir hinzufügen müssten, um diese Eigenschaften genießen zu können – sie sind bereits ein Teil unseres innersten Wesenskerns. So wie ein Bildhauer die Teile der Statue abschleifen muss, die nicht Aspekte der ihm vorschwebenden Kreation sind, müssen auch wir nur die Gedanken der Angst beseitigen, um unsere inneren Qualitäten freizulegen.